Cole
Kommunikation klipp und klar

Kris Cole

Kommunikation klipp und klar

Besser verstehen und verstanden werden

Aus dem Englischen
von Elisabeth Steinweg-Fleckner

Bearbeitet von
Ingeborg Sachsenmeier

4. Auflage

Beltz Verlag · Weinheim, Basel, Berlin

Kris Cole führt Beratungen und Schulungen für führende Unternehmen in Australien, Neuseeland und Asien durch. Ihre Programme helfen sowohl Einzelnen als auch Teams, ihre Fähigkeiten zu entwickeln und zu erweitern. Mit Büchern in vier Sprachen ist sie im Bereich Management eine der meistverkauften Autorinnen in Australien.

4., völlig überarbeitete Auflage 2003
Lektorat: Ingeborg Sachsenmeier

www.beltz.de
Herstellung: Klaus Kaltenberg
Satz: Mediapartner Satz und Repro GmbH, Hemsbach
Druck: Druckhaus Beltz, Hemsbach
Umschlaggestaltung: glas ag, Seeheim-Jugenheim
Umschlagfoto: Getty Images, München
Printed in Germany

ISBN 3-407-36408-3

Inhaltsverzeichnis

Fünfter Teil: Gute Informationen senden

Sechster Teil: Weiterkommen

Siebter Teil: Sich schriftlich ausdrücken

Einführung

»Sobald ein Mensch auf diese Erde kommt, ist Kommunikation der größte Einzelfaktor, der darüber entscheidet, welche Art von Beziehungen er mit anderen eingeht und was ihm widerfährt.« (Virginia Satir, 1916–1988, amerikanische Psychoanalytikerin und Therapeutin)

Kommunikation ist eine Entdeckungsreise ohne Ende – zu uns selbst und zu anderen. Wir können beobachten, wie wir und die Menschen um uns herum täglich miteinander kommunizieren und dabei lernen, uns noch klarer, erfolgreicher und reibungsloser zu verständigen. Ob mündlich oder schriftlich, symbolisch, nonverbal, absichtlich oder unabsichtlich, aktiv oder passiv: Kommunikation ist eine notwendige Voraussetzung für jede Aktivität.

Tatsächlich verbringen die meisten von uns zwischen 50 und 75 Prozent eines Arbeitstages mit der einen oder anderen Kommunikationsform, schriftlich, persönlich, telefonisch. Was wir sagen sowie die Art, wie wir es sagen, ist entscheidend für unseren Erfolg. Nur durch Kommunikation können wir viele unserer Ziele verwirklichen.

Glücklicherweise ist wirkungsvolles Kommunizieren eine Fähigkeit, die wir trainieren können. Dies setzt systematisches Üben sowie das Erlernen bestimmter Techniken voraus. Durch Üben werden nicht nur unsere kommunikativen Fähigkeiten, sondern auch unsere Einsichten in den Kommunikationsprozess weiterentwickelt.

Es ist meine Hoffnung, dass dieses Buch Ihnen und den Menschen, mit denen Sie zu tun haben, eine Hilfe sein wird. Außerdem ist es mein Wunsch, dass Sie die Bedeutung und die Prinzipien von Kommunikation besser verstehen werden. Ich möchte Ihnen sowohl elementare als auch differenzierte praktische Techniken vermitteln, mit deren Hilfe Sie gute Informationen empfangen und senden sowie Fortschritte erzielen können. Ich wünsche Ihnen, dass Ihre Kommunikation zu größtmöglicher Klarheit gelangt.

Wenn Sie sich gerne mit mir in Verbindung setzen möchten, um eigene Gedanken und Ideen zu einer erfolgreichen Kommunikation weiterzugeben oder um Erfahrungen auszutauschen, wäre es mir eine Ehre, unter KrisCole@bax.com.au von Ihnen zu hören.

Erster Teil
Kommunikation kommt von innen

Kommunikationsmuster verstehen und für den eigenen Erfolg einsetzen: In der Kommunikation bedeutet das Schleifen der Axt, sich selbst kennen zu lernen und das zu entwickeln, was man in sich hat. Das schimmert in allen Ihren Kommunikationsmustern durch.

Das Erfolgsprogramm

Wie Sie in Ihrem Leben und Ihren Kommunikationsprozessen Erfolg haben

Ist Ihnen bekannt, dass ein Mensch ungefähr zu 80 Prozent aus Wasser besteht? Richtig – Sie und ich sind zu etwa 80 Prozent identisch. Was uns unterscheidet, ist jedoch nicht Größe oder Haarfarbe, sondern das, was innen ist: »hier oben« in unseren Köpfen und »hier drinnen« in unseren Herzen – unsere Wertvorstellungen, Überzeugungen und Denkmuster. Viele dieser Wertmaßstäbe, Ansichten und Denkweisen werden in der Kindheit geprägt: von Eltern, Geschwistern, Freunden, aber auch von frühen Erfahrungen. Später entwickeln wir sie weiter und passen sie dem an, was uns das Leben, die Gesellschaft, in der wir leben, und unsere Kultur lehren. Viele sind uns so zur Gewohnheit geworden, dass sie uns nicht einmal bewusst sind – es sei denn, wir nehmen uns die Zeit, sie zu analysieren.

Diese Wertvorstellungen, Überzeugungen und Denkmuster sind wichtig, weil sie uns zu denen machen, die wir sind. Sie werden zu für uns charakteristischen Denkmodellen. Sie sind die Brille, durch die wir die Welt sehen. Sie beeinflussen, was wir sehen und hören, wie wir darüber denken, welche Schlüsse wir daraus ziehen. Sie entscheiden darüber, wie wir mit anderen kommunizieren – was und wie wir es sagen und wie wir wahrnehmen, was andere uns mitteilen. Unbemerkt bestimmen sie unser Handeln, unsere Lebensgestaltung und unsere Kommunikation mit anderen.

Wirklich wahr?

Die Wahrheit ist: Die Wirklichkeit existiert nicht! Sie besteht nur in unseren Köpfen und Herzen. Jeder von uns sieht die Wahrheit und die Wirklichkeit aus seiner eigenen Perspektive. Andere sehen sie aus einer anderen – nämlich ihrer – Warte. Ob es objektiv wahr ist oder nicht, ist irrelevant – wir alle haben unsere eigenen Wirklichkeiten und unsere eigenen Wahrheiten und verhalten uns dementsprechend. Jeder von uns schafft sich seine eigene Wirklichkeit. Außerdem neigen wir dazu, Informationen aufzunehmen, die unsere Überzeugungen unterstützen, seien diese nun »richtig« oder »falsch«.

Reich oder arm

Zur Zeit des zweiten Weltkrieges war Helga noch ein Kind. Ihre Familie, die sehr wohlhabend war, verlor alles. Viele der Dinge, die wir heutzutage für notwendig halten, besaßen sie nicht, und oft hatten sie nicht einmal genug zu essen. Während ihrer entscheidenden, prägenden Lebensjahre war Helga arm. – Heute, mit beinahe 80 Jahren, ist Helga eine reiche Frau. Obwohl sie sich alles kaufen kann, was sie möchte, tut sie es nicht. Sie spart für »schlechte Zeiten«. Wenn sie in ein Restaurant geht, stopft sie ihre Handtasche mit Brötchen und Zuckertütchen voll, die auf dem Tisch stehen – obwohl sie sich alles Brot, das sie braucht, kaufen kann und sowohl Kaffee als auch Tee ohne Zucker trinkt!
Warum verhält Helga sich so, als sei sie arm, wenn sie in Wirklichkeit doch viel Geld hat? Sie hält sich immer noch für arm. Das wirkt sich auf ihre Lebensweise und ihr Kommunikationsverhalten aus.

Das Erfolgsprogramm

Was ist maßgebend für unsere Kommunikation und unseren Erfolg? Das Glück? Die Verhältnisse, in denen wir aufgewachsen sind? Vielleicht haben sie etwas damit zu tun. Wichtiger jedoch sind unsere eigenen Wertvorstellungen, Überzeugungen und Denkmuster. Sie gestalten unsere spezifische Wirklichkeit und sind die unmittelbare Ursache für das, was wir als Nächstes sagen und tun. Sie können den Unterschied zwischen »es versuchen« und aufgeben bedeuten.
Unsere Wertvorstellungen, Überzeugungen und Denkmuster beeinflussen alles, was wir tun und sagen. Und dies wiederum bestimmt in erheblichem Maß die Ergebnisse, die wir erreichen. Die besten Athleten sagen uns, dass die Grenzen in unseren Köpfen, nicht in unseren Armen oder Muskeln liegen.

Selbsterfüllende Prophezeiung

Ist Ihnen jemals aufgefallen, dass wir sehen, was wir zu sehen erwarten? – Von unseren Wertvorstellungen, Überzeugungen und Denkmustern hängt ab, was wir sagen und tun – sie bestimmen die Ergebnisse, die wir erreichen. Diese Ergebnisse andererseits bestätigen unsere Wertmaßstäbe, Ansichten und Denkweisen. Sie werden zu selbsterfüllenden Prophezeiungen.

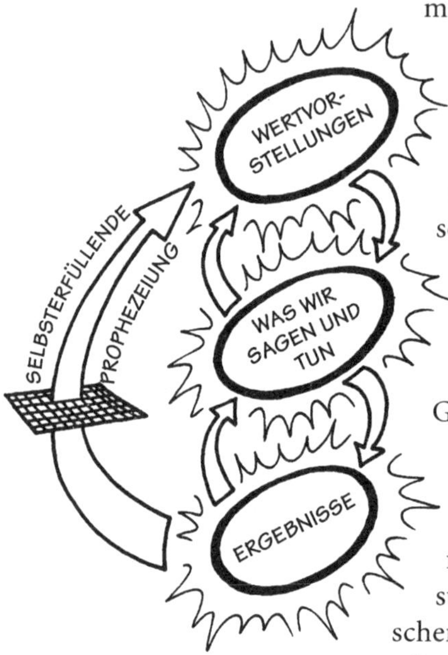

Unser Unterbewusstsein dient als Filter: Es werden nur Informationen aufgenommen, die unsere Überzeugungen unterstützen. Das Gehirn wird – in seinen Bemühungen um Ordnung und Stabilität – Informationen, die unserem Selbstbild widersprechen, entweder ignorieren oder verdrehen. Wenn man versucht, einen sehr schüchternen Menschen freundlich anzusprechen, wird er dies kaum registrieren. Das Unterbewusstsein befiehlt: »Das Selbstbild der Schüchternheit darf keinen Schaden erleiden – sorge dafür, dass es sich bewahrheitet!«

Wir gehen durchs Leben und sehen, was unsere Denkmodelle bestätigt, ignorieren jedoch, was ihnen widerspricht. Können wir gegenteilige Informationen nicht übergehen, interpretieren wir sie um oder verdrehen sie, damit sie besser vereinbar mit unseren Denkmodellen sind. Daran ist nichts Schlechtes. Es ist ganz natürlich. Unser Unterbewusstsein arbeitet hart, um eine kognitive Dissonanz, wie die Psychologen es nennen, zu vermeiden – akute Gefühle des Unbehagens und der Verwirrung, die aufkommen, wenn eine eingefleischte Wertvorstellung oder Überzeugung in Frage gestellt wird.

Unsere Wertvorstellungen, Überzeugungen und Denkmuster zusammen bestimmen unser Handeln und unsere Kommunikationsprozesse – und damit, wie der Weg zum Erfolg zeigt, auch die Ergebnisse, die wir erreichen. Sie filtern ebenso eingehende Informationen, um eine kognitive Dissonanz zu vermeiden, und unterstützen dadurch die selbsterfüllende Prophezeiung. Daher ist es, wenn wir »unsere Axt schleifen« wollen, wichtig, dass wir unsere Wertvorstellungen, Überzeugungen und Denkweisen kennen. Überraschenderweise ist das bei vielen Menschen nicht der Fall. Sie handeln, als sei das, was für sie »wahr« ist, für alle wahr. Doch das kann nicht sein, da jeder von uns unterschiedliche Erfahrungen und einen anderen Hintergrund, unterschiedliche Wertvorstellungen, Überzeugungen und Denkmuster hat. Viele unserer Einstellungen liegen in unserem Unterbewusstsein. Dennoch bestimmen sie unser Kommunikationsverhalten und unser Handeln – und damit auch die Ergebnisse, die wir erreichen. Je besser wir uns daher selbst verstehen, desto mehr werden wir unser Verhalten sowie unsere Reaktionen auf andere Menschen, Ereignisse und Situationen bewusst beeinflussen können. Da sie für unsere Kommunikation und unser Leben so wichtig sind, wollen wir uns mit Wertvorstellungen, Überzeugungen und Denkmustern etwas näher befassen.

Je mehr wir unseren Überzeugungen folgen, desto mehr Beweise erbringen wir für ihre Gültigkeit. Daher überrascht es nicht, dass es so leicht zu missglückter Kommunikation, Konflikten und Missverständnissen kommen kann.

Wertvorstellungen, Überzeugungen und Denkmuster

Wie Sie durch Denken zu maximalem persönlichen und kommunikativen Erfolg gelangen

Kommunikation fängt innen an – mit Ihren Denkmustern, Wertvorstellungen und Meinungen von sich und anderen. Lassen Sie uns diese näher in Augenschein nehmen.

Wertvorstellungen

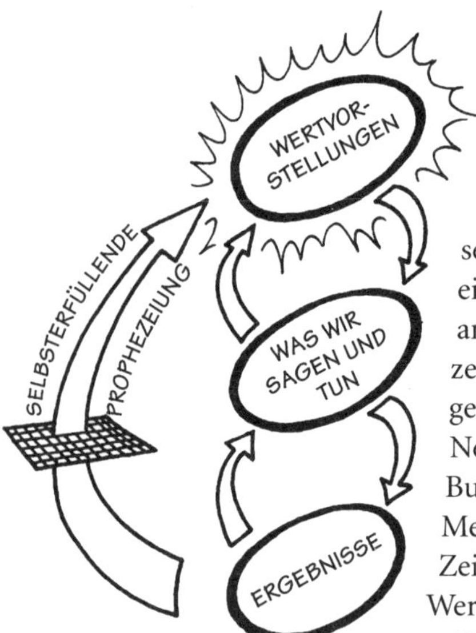

Wertvorstellungen sind tief verwurzelte Ansichten und Prinzipien über das, was richtig und falsch, gut und schlecht, wichtig und unwichtig ist, was sein und was nicht sein sollte. Manche Menschen lieben ein Leben voller Spaß, Aufregung und anderen Menschen – sie werden jederzeit eine Party feiern! Andere sind gerne allein, denken nach und lernen Neues – sie ziehen es vor, ein gutes Buch zu lesen. Manchen ist es wichtig, Menschen zu helfen, und sie nutzen ihre Zeit lieber in dieser Weise. Viele unserer Wertvorstellungen sind so tief in unserem Unterbewusstsein vergraben, dass wir nicht einmal erkennen, dass wir sie haben. Viel Ärger und Streit bleiben uns erspart, wenn wir wissen, welche Werte uns und anderen wichtig sind; wenn wir anerkennen, dass andere Menschen ein Recht auf ihre eigenen Werte haben; wenn wir uns mit anderen einig sind, dass wir unterschiedliche Standpunkte haben.

Kernwerte entdecken

Worauf legen Sie Wert? Kreuzen Sie die Dinge an, die Ihnen wichtig sind. Versehen Sie dann die zehn für Sie wichtigsten Werte mit einem Kreis. Anschließend reduzieren Sie diese auf Ihre fünf Kernwerte.

Was ist Ihnen wichtig?

- ☐ Akzeptanz
- ☐ Gutes Aussehen
- ☐ Sicherheit
- ☐ Liebe geben und empfangen
- ☐ Gewinnen
- ☐ Anderen helfen
- ☐ Wohlstand
- ☐ Professionelles Verhalten
- ☐ Höflich sein
- ☐ Viel wissen
- ☐ Loyalität
- ☐ Für andere verantwortlich sein
- ☐ Körperliche Fitness
- ☐ Neue Fähigkeiten erlernen
- ☐ Spaß haben
- ☐ Viele Freunde haben
- ☐ Gerechtigkeit
- ☐ Hart arbeiten
- ☐ Kontrolle
- ☐ Gepflegt sein
- ☐ Großzügig sein
- ☐ Ehrlich sein
- ☐ Sich wichtig fühlen
- ☐ Allein sein
- ☐ Tradition
- ☐ Religion
- ☐ Ehrlichkeit
- ☐ Pünktlich sein

- ☐ Entspannt sein
- ☐ Respektiert werden
- ☐ Ressourcen erhalten
- ☐ Meine Pflicht tun
- ☐ Handlungsfreiheit
- ☐ Autorität haben
- ☐ Teilnehmen
- ☐ Engagiert sein
- ☐ Mit anderen kooperieren
- ☐ Risiken eingehen
- ☐ Logisch sein
- ☐ Sich erfüllt fühlen
- ☐ Frieden
- ☐ Liebe
- ☐ Bescheidenheit
- ☐ Korrekt und höflich sein
- ☐ Selbstdisziplin
- ☐ Weisheit
- ☐ Begabung
- ☐ Unternehmungslustig sein
- ☐ Fantasie
- ☐ Kommunikation
- ☐ Sich würdevoll benehmen
- ☐ Logik
- ☐ Erfolg
- ☐ Mitleid
- ☐ Leistung
- ☐ Gesundheit

- ☐ Wettbewerb
- ☐ Spenden
- ☐ Wahrheit
- ☐ Glück haben
- ☐ Freundschaft
- ☐ Abenteuer
- ☐ Ordnung
- ☐ Integrität
- ☐ Humor
- ☐ Mut haben
- ☐ Die Initiative ergreifen
- ☐ Qualität
- ☐ Schönheit
- ☐ Reichtum
- ☐ Perfektion
- ☐ Beharrlichkeit
- ☐ Rücksichtnahme
- ☐ Optimismus
- ☐ Effizienz
- ☐ Zuneigung
- ☐ Kreativität
- ☐ Spontaneität
- ☐ Intelligenz
- ☐ Zuverlässigkeit
- ☐ Unschuld
- ☐ Toleranz
- ☐ Gemocht werden
- ☐ Entschlossenheit
- ☐
- ☐
- ☐
- ☐
- ☐
- ☐

Wie bestimmt unser Wertesystem unser Verhalten?

Werte sind weder »richtig« noch »falsch«. Doch die meisten von uns verhalten sich so, als ob sie es seien! Tatsächlich ist es oft schwierig, den Standpunkt eines Menschen zu verstehen oder zu akzeptieren, dessen Wertvorstellungen sich sehr von unseren unterscheiden. Aus diesem Grunde führen unterschiedliche Wertmaßstäbe oft zu Kommunikationsproblemen und zwischenmenschlichen Konflikten.

Überzeugungen

Was wir von uns selbst denken

Unsere wichtigsten Überzeugungen sind vermutlich diejenigen, die unsere eigene Person betreffen. Mit welchen Botschaften über sich selbst sind Sie aufgewachsen? Mit welchen Botschaften erziehen Sie Ihre Kinder?

- Dumm! – Klug!
- Ungeschickt! – Niedlich!
- Ungezogen! – Nett!

Solche Botschaften haben die Tendenz, »hängen zu bleiben« und wahr zu werden, wenn sie oft von Menschen wiederholt werden, die wir mögen. Das ist eine andere Form der selbsterfüllenden Prophezeiung. Es ist, als würden wir zu uns selbst sagen: »So bin ich also! Gut, dann werde ich so sein!« Was wir von uns selbst denken, ist die Wurzel unseres *Selbstwertgefühls* und wird Teil unseres *Selbstbildes.*

Selbstwertgefühl

Wie denken Sie über sich selbst? Mögen Sie sich selbst? Halten Sie sich für einen wertvollen, wichtigen Menschen? Glauben Sie, dass Sie nur das Beste verdienen? Können Sie sich selbst annehmen? In all diesem äußert sich Ihr Selbstwertgefühl. – Unser Selbstwertge-

INFO

Hohes Selbstwertgefühl	Arroganz
• Sich seiner selbst bewusst sein	• Mit sich selbst beschäftigt
• Selbstsicher	• Unsicher
• Selbstbewusst	• Egozentrisch

fühl spiegelt wider, wie sehr wir uns selbst schätzen und achten und welche Erwartung wir an uns selbst und andere stellen. Menschen mit einem ausgeprägten Selbstwertgefühl sind gelassen und selbstsicher. Sie sind fähig, klar mit anderen zu kommunizieren. Dagegen fühlen sich Menschen mit einem geringen Selbstwertgefühl wertlos und sind ängstlich. Ihnen fehlt das Selbstvertrauen zu sagen, was sie beschäftigt. Ihr Kommunikationsverhalten ist unklar.

Bitte machen Sie nun die Übung auf der nächsten Seite. Je höher die Punktzahl, desto größer ist ihr Selbstwertgefühl. Ein geringes Selbstwertgefühl lässt sich mit einer angezogenen Handbremse vergleichen. Wie wir uns selbst sehen, ob positiv, negativ oder neutral, bestimmt alles, was wir sagen und tun. Es ist entscheidend für unseren Erfolg – in unserer Kommunikation und in unserem Leben. Unser Selbstwertgefühl ist unser ständiger Begleiter, der unser Denken, unser Handeln und unsere Kommunikation beeinflusst. Für jeden von uns gibt es Dinge, die er lernen muss. Für jeden von uns gibt es Dinge, die er lehren kann. – Wie wir uns selbst einschätzen und sehen, bestimmt alles, was wir tun und sagen.

> *»Leistung beginnt damit, dass wir an sie glauben.«*
> Norman Vincent Peale, 1898–1993, amerikanischer Autor und Geistlicher)

Pflegen Sie Ihr Selbstwertgefühl

Hier sind einige Verhaltensweisen, mit denen Sie Ihr Selbstwertgefühl verbessern können:

- Anstatt anderen die Schuld zuzuweisen: *Übernehmen Sie die Verantwortung* dafür, dass Sie zufrieden sind, Ihre Ziele erreichen und Ihr Leben genießen.

Wie ausgeprägt ist Ihr Selbstwertgefühl?

	5	4	3	2	1	
Handeln Sie entschlossen?	☐	☐	☐	☐	☐	Handeln Sie unsicher?
Treffen Sie Ihre Entscheidungen selbst?	☐	☐	☐	☐	☐	Überlassen Sie die Entscheidung lieber anderen?
Suchen Sie Lösungen für Probleme?	☐	☐	☐	☐	☐	Lassen Sie sich von Problemen überwältigen?
Gehen Sie Risiken ein?	☐	☐	☐	☐	☐	Gehen Sie auf Nummer sicher?
Ergreifen Sie die Initiative?	☐	☐	☐	☐	☐	Geben Sie auf?
Bestimmen Sie selbst Ihre Stimmungen und Gedanken?	☐	☐	☐	☐	☐	Lassen Sie sich Ihre gute Laune von der schlechten Stimmung eines anderen verderben?
Wirkt intensives Arbeiten stimulierend auf Sie?	☐	☐	☐	☐	☐	Fühlen Sie sich durch intensives Arbeiten ausgelaugt – so als hätten Sie überhaupt nichts zu Stande gebracht?
Übernehmen Sie die Verantwortung?	☐	☐	☐	☐	☐	Reden Sie sich heraus und geben anderen die Schuld?
Messen Sie sich mit Ihren eigenen Maßstäben?	☐	☐	☐	☐	☐	Messen Sie sich mit den Maßstäben der anderen?
Sprechen Sie eine deutliche Sprache, setzen Sie Grenzen, sagen Sie ehrlich, was Sie denken?	☐	☐	☐	☐	☐	Schlucken Sie Ihre Meinung, Ihre Vorstellungen und Wünsche hinunter?
Halten Sie sich gerade und schauen Sie den Menschen in die Augen?	☐	☐	☐	☐	☐	Lassen Sie die Schultern hängen, schauen Sie nach unten und andere Menschen von der Seite an?
Reagieren Sie flexibel auf Veränderungen?	☐	☐	☐	☐	☐	Halten Sie sich an das, was Sie schon immer gesagt und getan haben, weil es bequem ist?
Handeln Sie redlich?	☐	☐	☐	☐	☐	Machen Sie immer das, was opportun scheint?
Sind Sie selbstsicher und selbstbewusst?	☐	☐	☐	☐	☐	Sind Sie schüchtern, nervös und linkisch?

- Anstatt sich auf Ihre Niederlagen zu konzentrieren: *Beschäftigen Sie sich mit positiven Gedanken und Gefühlen,* die Ihr Selbstvertrauen aufbauen.
- Anstatt sich mit Verlierern abzugeben: *Suchen Sie Kontakt zu Menschen, die ein positives Selbstwertgefühl haben* und Ihnen dieses auch für sich selbst vermitteln.
- Anstatt zu Hause herumzusitzen: *Nehmen Sie an Aktivitäten teil, die ihnen Spaß machen.*
- Anstatt sich selbst und andere kritisch zu betrachten: *Suchen Sie nach positiven Aspekten.*
- Anstatt andere ändern zu wollen: *Konzentrieren Sie sich darauf, so zu sein, wie Sie sein möchten.*
- Anstatt in der Zukunft oder der Vergangenheit zu leben: *Leben Sie in der Gegenwart.*
- Anstatt zu sagen »Ich kann das nicht« oder »Ich weiß überhaupt nichts darüber«: *Lesen Sie, besuchen Sie Seminare, lernen Sie von anderen* – tun Sie, was Ihnen möglich ist, um Ihre Begabungen und Fähigkeiten zu entwickeln.
- Anstatt sich auf Ihre Niederlagen zu konzentrieren: *Würdigen und feiern Sie Ihre Leistungen und Erfolge!*
- Anstatt zu viel zu essen und zu trinken und sich zu wenig Bewegung zu verschaffen: *Pflegen Sie sich selbst, kümmern Sie sich um Ihre Gesundheit – Sie verdienen es!*
- Anstatt ihre Leistungen mit Sprüchen wie »Es bedeutet eigentlich nichts« abzuwerten: *Nehmen Sie das Lob anderer an.* Sagen Sie »Danke schön« und genießen Sie die Komplimente.

Selbstbild

Unser Selbstbild ergibt sich aus unserem Selbstwertgefühl. Es richtet sich danach, wie wir uns selbst erleben. Sind wir fähig oder hilflos, schüchtern oder umgänglich, sanft oder streng, lernen wir schnell oder langsam, sind wir zuverlässig oder chaotisch.

Mit einem stabilen Selbstwertgefühl und einem positiven Selbstbild vervielfachen sich unsere Möglichkeiten. Wir haben in jeder Situation mehr Handlungsalternativen.

Ihr Selbstbild und Selbstwertgefühl verraten sich, bevor Sie überhaupt den Mund aufmachen: wie Sie sich anziehen und bewegen, wie Sie Blickkontakt halten und welche Sitzhaltung Sie einnehmen.

Der innere Monolog

Nach Schätzungen der Psychologen reden wir ungefähr 50.000-mal am Tag mit uns selbst. Dieser innere Monolog – also die Botschaften, die Sie im Laufe des Tages an sich selbst richten – spiegelt unser Selbstwertgefühl und Selbstbild unmittelbar wider und hat großen Einfluss auf unser tägliches Verhalten. Entweder er baut uns auf, oder er entwertet uns. Entweder er unterstützt, oder er sabotiert uns. Probieren Sie es mit folgender Übung, und schreiben Sie Ihre Antworten auf.

Was sagen Sie zu sich in folgenden Situationen?

- Wenn Sie gerade vor Ihren Kollegen einen Fehler gemacht haben.
- Wenn Sie etwas zum ersten Mal tun und es schwierig finden.
- Wenn Sie ein Versprechen verschwitzt haben.
- Wenn Sie in eine Gruppe kommen, deren Teilnehmer Sie nicht kennen
- Wenn Sie zu Ihrem Chef bestellt werden und nicht wissen, warum.
- Wenn Sie auf der Straße stolpern.
- Wenn Sie feststellen, dass Sie zu einem wichtigen Termin zu spät kommen werden.
- Wenn Sie Ihr Konto nicht ausgleichen können.
- Wenn Sie etwas besonders gut gemacht haben.

> Eine gute Möglichkeit, Ihr Selbstwertgefühl zu prüfen, ist, auf Ihren inneren Monolog zu achten. Denken Sie positiv, um positiv zu handeln, um positive Ergebnisse zu erzielen. Ob Sie Recht oder Unrecht haben, ist unerheblich. Ihrem inneren Monolog werden Sie immer glauben und ihm folgen.

Ihre Antworten geben Ihnen Aufschluss über den inneren Monolog, wie dieser normalerweise bei Ihnen abläuft. Im Lösungsteil (S. 318f.) werden Sie weitere Informationen dazu erhalten.

Was sagen Sie sich in Ihren Selbstgesprächen? Senden Sie sich selbst pessimistische, destruktive, missbilligende Botschaften? Oder schicken Sie sich eher aufmunternde, ermutigende, beflügelnde Mitteilungen?

Selbstgespräche gehen in Erfüllung

Wir wissen – von der selbsterfüllenden Prophezeiung her –, dass unser innerer Monolog Wirklichkeit wird. Richard Bach, der Verfasser des Buches »Die Möwe Jonathan«, hat es so ausgedrückt: »Glaube nur fest an deine Grenzen, dann wirst du sie auch nicht überwinden.« Und Henry Ford, Gründer des amerikanischen Automobilherstellers Ford, hat es so formuliert: »Ob du glaubst, du kannst es, oder ob du denkst, du kannst es nicht – du hast Recht.« – Warum? Weil wir uns unserem Selbstbild entsprechend verhalten und den Anweisungen unseres inneren Monologes folgen.

Bauen Sie Ihr Selbstwertgefühl auf (und verbessern Sie Ihre Ergebnisse) mit positiven Selbstgesprächen

Selbstgespräche funktionieren in zwei Richtungen. Sie zeigen, wie ausgeprägt unser Selbstwertgefühl ist. Wir können sie aber auch nutzen, um an unserem Selbstbewusstsein zu arbeiten. Achten Sie jedoch auf Ihre Sprache! Der Teil von uns, der dafür sorgt, dass wir uns unseren Wertvorstellungen und Überzeugungen entsprechend verhalten und unserem inneren Monolog folgen, ist unser *kreatives Unterbewusstsein* – und das ignoriert negative Aussagen.

Der Wallenda-Faktor

In ihrem Buch »Leaders: Strategies for Taking Charge« bezeichnen Warren Benis und Bert Nanus dies als den »Wallenda-Faktor«. Karl Wallenda, der berühmte Hochseilkünstler, kam 1978 während eines Drahtseilaktes in Puerto Rico durch einen *Sturz* zu Tode. Karls Frau zufolge war er das Opfer negativen Denkens. In den letzten drei Monaten vor dem Unfall hatte er sich nur noch mit der Gefahr eines Sturzes beschäftigt. »Es war das erste Mal, das er überhaupt je daran gedacht hatte, und es schien mir, als würde er alle seine Kräfte darauf verwenden, *nicht zu stürzen,* anstatt sich auf den Balanceakt zu konzentrieren.«

Wenn Sie in schwierigen Situationen ruhig und gelassen bleiben wollen, sagen Sie sich »Ich bleibe ruhig« und nicht »Ich werde nicht nervös«. Wenn Sie sich daran erinnern wollen, etwas zu tun, sagen Sie sich nicht »Ich vergesse es nicht«, sondern »Ich denke daran«.

Unser Unterbewusstsein richtet sich nach den Anweisungen, die es erhält. Welche Befehle geben Sie Ihrem Unterbewusstsein?

Was wir von anderen denken

Die Meinung, die wir von uns selbst haben, beeinflusst nicht nur unsere Einstellung zum Leben, unsere Kommunikation und unseren Erfolg, sondern auch das, was wir von anderen denken. Lesen Sie nun die Geschichte auf der gegenüberliegenden Seite. Der Philosoph demonstriert ein einfaches Prinzip, das mit der selbsterfüllenden Prophezeiung und unseren Meinungen von anderen in Zusammenhang steht: Wir sehen in anderen, was wir zu sehen erwarten. In der Regel finden wir genau das, was wir zu finden erwarten.

Was kommt zuerst – die Henne oder das Ei?

Sind die Menschen unfreundlich zu dem ersten Reisenden aus Sardis, nimmt er deswegen Menschen als feindselig wahr? Oder erwartet er Unfreundlichkeit von ihnen und behandelt sie entsprechend –

Die Männer von Sardis

In Aesops »Fabeln« gibt es eine Geschichte von einem Philosophen, der vor seinem Haus auf einem Hügel saß und die Aussicht über Athen genoss. Er wurde von einem Reisenden angesprochen. »Entschuldige«, sagte der Fremde »Ich bin dabei, nach Athen überzusiedeln und habe mich gefragt, ob du mir sagen kannst, wie die Menschen hier sind.«

»Wo kommst du her?«, fragte der Philosoph. »Ich komme aus Sardis«, sagte der Reisende, »und ich kann dir sagen, dass ich froh bin, diesen Ort zu verlassen. Die Leute in Sardis sind unfreundlich, unzuverlässig und wenig hilfsbereit. Ich hoffe wirklich, dass ich hier in Athen auf bessere Menschen treffe«. – »Nun mein Freund«, sagte der Philosoph, »es tut mir Leid, aber du wirst feststellen, dass die Menschen in Athen ganz ähnlich wie die Menschen in Sardis sind.« Enttäuscht zog der Reisende weiter.
Später am Tag wandte sich ein anderer Fremder an den Philosophen und stellt die gleiche Frage. Er sagte: »Ich bin gerade dabei, von Sardis hierher überzusiedeln, und wenn die Menschen in Athen auch nur halb so großartig sind wie die Menschen dort, bin ich ein glücklicher Mann. In Sardis ist jeder äußerst freundlich, ehrlich und hilfsbereit.«
»Mein Freund, ich bin glücklich, dir sagen zu können, dass die Menschen in Athen ganz ähnlich wie die Menschen in Sardis sind«, sagte der Philosoph. In gehobener Stimmung zog der Reisende weiter.

und daher verhalten sie sich ihm gegenüber auch so? Wenn sie zu dem ersten Reisenden unfreundlich sind, warum sollten sie zu dem zweiten Fremden dann freundlich sein? Wie könnten sich die Menschen in Athen dem einen Reisenden gegenüber so, dem anderen gegenüber aber anders verhalten?

Hat der Philosoph Recht – werden die Menschen in Athen auf den zweiten Reisenden anders reagieren?

Was ist Ihre Einstellung zu anderen? Wie gehen Sie mit ihnen um? Rufen Sie die Reaktionen hervor, die Sie erwarten?

Im Alter von 14 Jahren, mittellos und ungebildet, ging Andrew Carnegie in Schottland an Bord eines Schiffes und reiste in die Vereinigten Staaten. Er baute ein Stahl-Imperium auf und wurde um den Beginn des 20. Jahrhunderts der reichste Mann Amerikas. Er war bekannt für seine Fähigkeit, die Begabungen von Menschen zu entdecken und zu entwickeln. Wie machte er das? Hier sind seine Worte: »Menschen werden erschlossen wie Goldminen. Um eine Unze Gold zu bekommen, müssen einige Tonnen Erde weggeräumt werden. Aber man geht nicht in die Mine und sucht Erde. Man geht hinein und sucht das Gold.« Wenn wir nach Gold bei unseren Mitmenschen suchen, werden wir es finden.

»Ich mag diesen Mann nicht. Ich werde ihn besser kennen lernen müssen.«
Abraham Lincoln, 1809–1865, 16. Präsident der USA

»Behandle die Menschen so, als seien sie, was sie sein sollten, und du hilfst ihnen zu werden, was sie werden können.«
Johann Wolfgang von Goethe, 1749–1832, deutscher Dramatiker, Dichter und Wissenschaftler

Spiegeln

Manchmal können wir erleben, wie wir uns in unserer Umwelt spiegeln. Wie William Thackeray, der englische Romanautor, sagte: *»Die Welt ist ein Spiegel, in dem jeder sein eigenes Gesicht wieder findet.«*

Es gibt drei Möglichkeiten, sich in anderen zu spiegeln. Haben Sie je die Erfahrung gemacht, dass jemand etwas sagt oder tut, was Sie wirklich verärgert oder sogar erzürnt? Oder haben Sie sich wegen einer bewundernswerten Eigenschaft, die Sie in ihm gesehen haben, schon einmal stark von einem Menschen angezogen gefühlt?

Je stärker das Gefühl ist, desto größer ist die Wahrscheinlichkeit, dass ein Spiegel am Werk ist – wir sehen eine *unerkannte Eigenart* von uns selbst und schreiben sie lieber einem anderen zu, statt sie als unsere eigene anzuerkennen.

Jetzt geht das wieder los …

Im Alter von 50 Jahren ärgerte Mike sich darüber, dass Kollegen und Freunde ihn nicht genug würdigten und schätzten. Es machte ihn rasend! Eines Tages erinnerte er sich daran, wie sein Vater immer seinen jüngeren Bruder bevorzugt hatte. Ständig hatte er dessen Klugheit (Mike hielt sich selbst für klüger) und sportliche Fähigkeiten (Mike hielt sich selbst für sportlicher) bewundert. Die Aufmerksamkeit, die sein jüngerer Bruder von seinem Vater bekam, gab Mike das Gefühl, nicht beachtet und nicht geliebt zu werden. Diese Gefühle wurden Teil seines Selbstbildes.
Als Erwachsener fühlte er sich sehr verletzt, wann immer er den Eindruck hatte, dass ein anderer mehr gewürdigt wurde als er, oder dass jemand nicht anerkannte, wie klug und kompetent er war. Das kam so oft vor, dass seine Kommunikation mit anderen recht destruktiv wurde.
Nachdem er einmal die Verbindung erkannt hatte – das bekannte Gefühl »Jetzt geht das wieder los!«, »nämlich, von anderen ebenso wenig anerkannt zu werden wie von seinem Vater« –, war er fähig, besser mit den Menschen zurechtzukommen, von denen er den Eindruck hatte, dass sie seine Talente nicht anerkannten oder schätzten. Nun war er auch in der Lage zu erkennen, dass die meisten Menschen ihn tatsächlich schätzten und er nur überempfindlich war.

- »Sie ist so egoistisch!« kann bedeuten: »Ich bin wirklich egoistisch, aber ich will es nicht zugeben.«
- »Sie sind so freundliche, warmherzige Menschen« kann ausdrücken: »Ich bin freundlich und warmherzig, aber ich möchte mich damit nicht brüsten, noch nicht einmal vor mir selbst.«
- »Man muss die Leute im Auge behalten, denn sie betrügen, wenn man ihnen nur die geringste Chance dazu gibt« kann heißen: »Ich betrüge, wenn ich die Möglichkeit dazu habe.«

Auch *Situationen* können Spiegel sein. Geraten Sie immer wieder in die gleiche Situation, in der Sie sich unbehaglich fühlen oder die Sie wütend macht? Gibt es Gelegenheiten, bei denen Sie mit unangemessener Wut reagieren? Um Julian von Norwich frei wiederzugeben: »Wenn wir an anderen etwas zu kritisieren haben, sollten wir zuerst prüfen, ob das nicht besser bei uns kritisiert werden sollte.«

Der dritte Spiegel hat mit *unerkannten Wünschen in uns selbst* zu tun. Manchmal ärgern wir uns sehr über jemand anderen, der irgendetwas macht. Ein Blick in unseren »seelischen Spiegel« könn-

Keine Ausreden, junge Dame!

Als Beth ein Kind war, ließ ihr Vater keine Ausreden zu. Immer wenn sie versuchte, eine Erklärung für etwas vorzubringen, schnitt Beths Vater sie mit den Worten ab: »Ich will keine Ausreden von dir hören, junge Dame!« Beth fand das sehr unfair, denn manchmal gab es einen sehr guten Grund für das, was sie getan hatte, oder eine plausible Erklärung für das, was passiert war.
Als Erwachsene wurde sie sehr ärgerlich, wenn einer ihrer Freunde oder Kollegen versuchte, etwas zu erklären, das schief gelaufen war. Sie merkte, dass sie den anderen dann einfach – oft sehr rüde – das Wort abschnitt.
Als sie den Zusammenhang erkannte, war sie fähig, maßvoller zu reagieren und besser mit Menschen zurechtzukommen, wenn ein Problem auftrat.

te uns vielleicht verraten, dass wir gerne dasselbe tun würden, uns das aber nicht gestatten. Tut ein anderer das, macht es uns wütend!

Was sind Ihre irrationalen Auslöser? Wer oder was bringt Sie dazu, dass Sie »rot sehen«? Solche Menschen und Situationen verraten uns oft viel über uns selbst ...

Der Talmud, nach der Tradition verbindliche Kommentarsammlung des jüdischen Gesetzes, beschreibt, wie man die Regeln der Torah gebrauchen soll: *»Keiner von uns sieht die Welt, wie sie ist. Wir sehen die Welt, wie wir sind.«* Wir können Spiegel als irrationale Auslöser sehen. Sie berühren andere nicht annähernd in dem Maße wie uns!

Was wir von der Welt halten

Im Laufe unseres Lebens bilden wir aus unseren Erfahrungen und Meinungen von uns selbst, von anderen und von der Welt individuelle Denkstrukturen oder Weltbilder, die charakteristisch für jeden von uns sind. Wie unsere Wertvorstellungen liegen sie oft tief in unserem Unterbewusstsein. Diese tief verwurzelten Denkraster sind die Brille, durch die wir unsere Welt sehen, interpretieren und erfahren. Sie bestimmen unser Denken und Handeln und letzten Endes auch, wie erfolgreich wir in unserer Kommunikation und in unserem Leben sind.

Gefangen in Denkmustern

- Das Konzept ist interessant und gut formuliert, aber um eine bessere Note als eine 3 zu verdienen, müsste die Idee durchführbar sein. (Ein Management-Professor an der Yale-Universität zur Arbeit des Studenten Fred Smith, in der er die Idee eines zuverlässigen, über Nacht arbeitenden Lieferservices ausführt. Smith ließ sich nicht aufhalten und gründete den Federal Express.)
- Ich denke, ich kann unwidersprochen sagen, dass mit dem Ende der Weltausstellung auch das Ende des elektrischen Lichtes gekommen ist und man nichts mehr davon hören wird (Professor Erasmus Wilson, Universität Oxford)
- Das Fernsehen wird für die durchschnittliche amerikanische Familie niemals attraktiv sein. (New York Times)
- Ich glaube, dass es einen Weltmarkt für vielleicht fünf Computer gibt. (Thomas Watson Sr, 1874–1956, IBM-Vorsitzender)
- Vernünftige und verantwortungsbewusste Frauen wollen nicht wählen. (Grover Cleveland, 1837–1908, US-Präsident)
- Es ist nicht anzunehmen, dass der Mensch sich je die Kraft des Atoms zu Nutze machen kann. (Robert Miliham, Physik-Nobelpreisträger, 1923)
- Sie sind schwerer als Luft, daher sind fliegende Maschinen nicht denkbar. (Lord Kelvin, Präsident der Royal Society, 1895)
- Welchen Gebrauch könnte die Gesellschaft von einem elektrischen Spielzeug machen? (Die Western Union, als sie 1878 die Rechte am Telefon ausschlug.)
- 640 KB sollten jedem reichen. (Bill Gates, 1955, amerikanischer Software-Tycoon)

Sie können zeitgemäß und hilfreich sein. Oder sie können einschränken und verwirren und Entwicklung verhindern. Wie sie auch sein mögen, wir gehen davon aus, dass sie der »Wahrheit und Wirklichkeit« entsprechen und stellen sie nur selten in Frage.

Unsere Gedanken

Unser Gehirn ist komplizierter als alles, was Wissenschaftler in dem bekannten Universum bisher gefunden haben – es ist stärker als der stärkste Rechner, den wir überhaupt bauen könnten. Das Gehirn eines Durchschnittsmenschen hat ungefähr 100 Milliarden Neuronen oder Zellen. Sie können sich mit unzähligen anderen verbinden. Tatsächlich sind bis zu 1.000 Billionen Verbindungen möglich – wahrscheinlich sogar noch mehr. Das ist mehr als die bislang bekannte Anzahl von Atomen im Universum. Das bedeutet, dass wir eine unbegrenzte Zahl an Gedanken denken können.

> Tun Sie sich selbst einen Gefallen: Überprüfen Sie Ihre Gedanken. Denken Sie positiv, um positiv zu handeln und um positive Ergebnisse zu erzielen.

Wenn wir denken, sprechen oder etwas tun, werden elektrische und chemische Verbindungen zwischen bestimmten Neuronen hergestellt. Man nennt sie Nervenbahnen. Je öfter wir einen Gedanken denken, desto größer ist die Wahrscheinlichkeit, dass wir ihn wieder denken, weil wir diese Nervenbahnen herstellen und dann stärken.

Gedanken führen zu Taten –Taten führen zu Ergebnissen

Machen Sie etwas, weil Sie es tun *wollen* – und Sie werden bessere Ergebnisse erzielen. – Wenn Sie eine Hausarbeit erledigen müssen, die sie nicht mögen, sagen wir mal Geschirr spülen – wie gehen Sie daran? Sagen Sie sich: »Pfui Teufel, ich *muss* abwaschen«? Oder sagen Sie sich »Ich *will* jetzt dieses Geschirr spülen, damit es mir aus dem Weg ist«?

Zwei kleine Wörter – *wollen und müssen* – machen in unserer Einstellung zu einer Aufgabe einen großen Unterschied aus. Wenn wir etwas tun *müssen*, machen wir das in der Regel widerwillig und halbherzig. Und zu welchen Ergebnissen führt diese Einstellung? Wenn wir dagegen eine Aufgabe in Angriff nehmen, weil wir sie erledigen *wollen*, dann tun wir das mit Energie und Lust. Wir sind mit ganzem Herzen dabei. Das zeigt sich auch in den Ergebnissen.

> *»Nichts ist so einfach, dass es nicht schwierig werden kann, wenn man es widerwillig macht.«*
>
> Terenz, 185–159 v. Chr., römischer Komödiendichter

Vielleicht kommen wir nie dahin, dass es uns Spaß macht, Geschirr zu spülen – aber es gibt mehrere Gründe spülen zu wollen:

Weil es befriedigend ist, wenn der Abwasch erledigt ist; weil wir uns freuen, wenn die Küche ordentlich aussieht; oder einfach, damit wir den Rest des Tages genießen können, ohne an das Geschirr denken zu müssen. Suchen Sie sich einen Grund aus, der bei Ihnen zutrifft!

Sind wir in unseren Überzeugungen und Denkmustern gefangen?

Wie gefangen sind wir? – Viktor Frankl, österreichischer Neurologe, Psychiater und Holocaust-Überlebender der Konzentrationslager Auschwitz und Dachau, hat gesagt: *»Unsere größte Freiheit ist die Freiheit, unsere innere Haltung zu wählen.«*

Hat sich eine Wertvorstellung oder Anschauung einmal etabliert und sind Gedanken zur Gewohnheit geworden, kann es schwierig sein, sie zu ändern. Wir können unser Leben ändern, indem wir unsere Einstellungen ändern. Wir können wir das schaffen? Hier sind Konfuzius' Worte. *»Durch drei Methoden können wir Weisheit lernen: Die erste ist durch Nachdenken, welches die vornehmste ist. Die zweite ist durch Nachmachen, welches die einfachste ist. Die dritte ist durch Erfahrung, welches die schmerzlichste ist.«*

Wir können unsere Denkmodelle und Weltbilder einer kritischen Betrachtung unterziehen. Manchmal sind Meinungen destruktiv und dienen keinem nützlichen Zweck. Dann müssen wir sie durch Überzeugungen ersetzen, die konstruktiv und für uns persönlich hilfreich sind.

Wir ernten, was wir säen

Steuern Sie Ihr Reden und Handeln, um bessere Ergebnisse zu erzielen

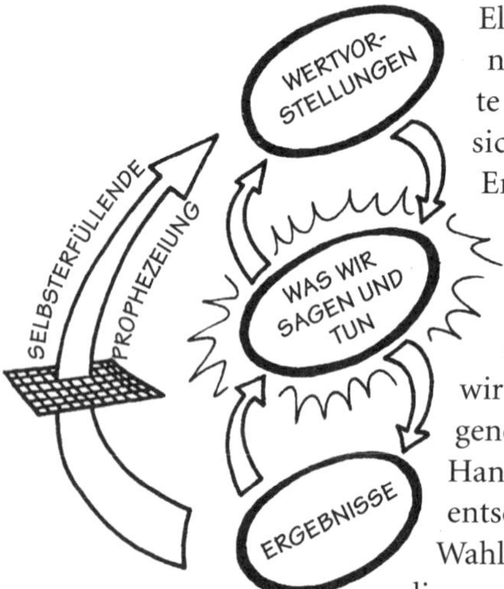

Eleanor Roosevelt, 1884–1962, amerikanische Diplomatin und Politikerin, stellte fest: »Deutlicher als in Worten drückt sich unsere Lebenseinstellung in den Entscheidungen aus, die wir treffen. Auf die Dauer formen wir unser Leben und uns selbst. Dieser Prozess hört nie auf, bis zu dem Tag, an dem wir sterben. Und die Entscheidungen, die wir treffen, sind letzten Endes unsere eigene Verantwortung.« Unser Reden und Handeln ist wichtig – und wir müssen entscheiden, was wir sagen und tun. Die Wahl, die wir treffen, führt zu Ergebnissen, die unser Leben prägen.

Körpersprache

Unsere Körpersprache ist das Bindeglied zwischen unseren Gedanken und den Ergebnissen. Wie sitzen Sie, wenn Sie unglücklich oder aufgeregt sind? Wenn Sie von dem, was Ihnen jemand erzählt, absolut fasziniert sind? Es ist kein Geheimnis, dass unsere Körpersprache widerspiegelt, wie wir uns fühlen und – oft auch – was wir denken.

Unsere Körpersprache *spiegelt wider,* wie wir uns fühlen. Sie *beeinflusst* aber auch unser Befinden. Sie wirkt in beide Richtungen. Wenn wir glücklich sind, lächeln wir. Wenn wir lächeln, sind wir glücklich, weil Lächeln in unserem Körper Endorphine, körpereige-

Ein kleines Experiment

Als Erstes lassen Sie den Kopf und die Schultern hängen. Das hat schon seine Richtigkeit – machen Sie all das, was man nicht tun sollte! Drücken Sie Ihre Brust ein, schauen Sie auf den Boden und sagen Sie mit leiser, trauriger Stimme: »Ich bin so glücklich. Dies ist der schönste Tag meines Lebens.«
Wie fühlen Sie sich? Wenn Sie diese Körpersprache für den Rest des Tages beibehalten würden, wäre das kein guter Tag für Sie – das lässt sich leicht vorhersagen!
Nun stellen oder setzen Sie sich gerade und aufrecht hin. Kopf hoch, Bauch rein, Brust raus. Blicken Sie auf und sagen Sie mit lauter, klarer, selbstbewusster Stimme: »Ich bin so unglücklich. Ich hasse, was ich tue, und ich hasse es, hier zu sein!« – Wie fühlen Sie sich jetzt?
Die Gefühle und Handlungen der meisten Menschen richten sich nach ihrer Körpersprache, nicht nach ihren Worten. Wenn Sie die glückliche, selbstbewusste Körpersprache für den Rest des Tages beibehalten würden, wären Sie von den Ergebnissen wahrscheinlich begeistert!

ne chemische Stimmungsaufheller, freisetzt. Diese wiederum lassen uns lächeln. – Was war nun zuerst da?

Lachen setzt sogar noch mehr Endorphine frei als Lächeln! Nehmen Sie sich vor, wenigstens einmal am Tag herzlich zu lachen. Sie werden bessere Ergebnisse erzielen!

Was ein einziges Lachen bewirkt

Dr. med. William Fry Jr. untersucht seit 30 Jahren, was das Lachen vermag. Er sagt, dass sich Lachen auf den ganzen Körper auswirke, eine »innere Massage« sei. Alle unsere Körpersysteme – Muskeln, Nerven, Gehirn und Verdauung eingeschlossen – seien beteiligt. Nachdem der Körper durch das Lachen stimuliert und trainiert worden sei, folge ein Zustand tiefer Entspannung.
Wie Joggen ist Lachen eine gute aerobe Übung. Es versorgt die Lungen mit neuer Luft, entspannt Muskeln, Nerven und Herz, unterstützt Atmung und Kreislauf und fördert den Sauerstoffaustausch.
Etwa 100- bis 200-mal Lachen entsprechen – so sagt er – zehn Minuten Rudern oder Jogging.

Der Zusammenhang von Körpersprache und Selbstwertgefühl

Unsere Körpersprache hängt auch mit unserem Selbstwertgefühl zusammen. Sie drückt unser Selbstbewusstsein aus und beeinflusst es. – Ist Ihnen schon einmal aufgefallen, dass Menschen mit einem geringen Selbstwertgefühl oft versuchen, kleiner zu wirken, als sie sind – so als seien sie davon überzeugt, dass es ihnen nicht zustehe, ihren vollen Raum einzunehmen. Sie haben eine schlechte Haltung – ihre Körpersprache sagt: »Ich bin nicht sehr selbstbewusst, und ich mag mich selbst auch nicht besonders.« Das drückt sich auch in ihren Handlungen aus – und in den Ergebnissen, die sie erzielen. Wie schade. Eine gerade, aufrechte, selbstbewusste Haltung würde einen großen Unterschied ausmachen.

Die Verbindung von Geist und Körper ist sehr stark. Wenn Sie sich also etwas deprimiert fühlen, dann ändern Sie Ihre Körpersprache. Lächeln Sie! Halten Sie den Kopf hoch, stehen oder sitzen Sie gerade und aufrecht. Dann werden Sie sich besser fühlen und dementsprechend handeln – und auch bessere Ergebnisse erreichen.

Ein ausgeprägtes Selbstwertgefühl hat nicht nur eine positive Körpersprache und konstruktives Handeln zur Folge, sondern hilft uns auch zu entscheiden, wie wir handeln und wie wir unsere Kommunikation gestalten wollen.

Sich selbst steuern – für niemanden eine Marionette sein

»Er macht mich wütend!« ist ein Satz, den wir alle schon gehört haben. Ist es aber tatsächlich möglich, dass ein anderer uns zwingen kann, wütend zu sein? Müssen wir unbedingt auf andere so reagieren, wie sie uns behandeln? Oder haben wir dies nicht eher selbst zu bestimmen? Eleanor Roosevelt hat darauf hingewiesen, dass uns ohne unsere Einwilligung niemand das Gefühl geben kann, minderwertig zu sein. Ebenso kann uns niemand ärgerlich machen ohne unser Einverständnis. Keiner kann uns irgendein Gefühl vermitteln, ohne dass wir es zulassen.

Manchen Leuten macht es nichts aus, ob es regnet oder ob die Sonne scheint – sie sind in innerer Harmonie mit sich. Diese besteht nicht nur aus Phrasen wie »Immer den silbernen Streifen sehen« oder »Positiv eingestellt sein«. Es geht vielmehr darum, ob wir außen- oder innengesteuert sind – wer hält die Fäden in der Hand? Wir können unsere eigenen Gedanken und unser Verhalten selbst bestimmen – oder es von jemand anderem machen lassen. Menschen, die in sich selbst ruhen, brauchen keinen Sonnenschein, um glücklich zu sein. Sie müssen nicht zuvorkommend bedient werden, um gute Laune zu bekommen; und ein schlechter Service verdirbt ihnen nicht die Laune. Sie sind innengesteuert. Sie übernehmen die Kontrolle über ihre Gefühle; Sie entscheiden selbst, was Sie sagen und tun werden. Andere dagegen verschenken die Möglichkeit, sich selbst zu steuern – sie lassen zu, dass andere sowohl ihr Verhalten kontrollieren als auch bestimmen, ob sie glücklich oder traurig, freundlich oder unfreundlich, höflich oder grob sein werden. Diese Menschen haben ihre Handlungsfreiheit verschenkt – sie sind außengesteuert.

Korris Wetter

Das Jahr war schrecklich verregnet. Der Koala Korri saß ganz niedergeschlagen in seinem Baum. »Ich habe es satt, dass ich so feucht bin. Ich habe den Geruch von triefendem Eukalyptus satt. Ich vermisse die ganzen Besucher, die auf uns zeigten und uns bewunderten.« Ihr Freund, Gum Nut, schlenderte zu ihr rüber, um sie aufzumuntern. »Gott im Himmel, Korri, ich weiß nicht, was dir fehlt. Vor sechs Monaten hast du dich darüber beschwert, dass du wegen der vielen Besucher nicht schlafen konntest! Wir haben jede Menge Blätter zu fressen, und ein sanfter Hauch wiegt uns in den Schlaf. Natürlich ist es nass hier oben, aber du darfst dich davon nicht deprimieren lassen. Du bist doch über ein bisschen Regen erhaben!«

> Reagieren Sie empfindlich auf negative Einflüsse durch andere? Bestimmen Sie, was Sie sagen und tun, oder lassen Sie zu, dass jemand anderes Sie bestimmt? Steuern Sie sich selbst, oder lassen Sie sich steuern?

Die gute Nachricht ist: Wir können wählen, was wir ernten, indem wir entscheiden, was wir säen wollen. Wenn uns jemand unhöflich gegenübertritt, haben wir die Wahl zwischen verschiedenen Reaktionsmöglichkeiten. Zum einen können wir per Retourkutsche genauso unhöflich sein, zum anderen können wir weiterhin höflich bleiben. In jedem Kommunikationsvorgang haben wir Handlungsalternativen. Jede von diesen Alternativen hat wiederum vorhersagbare Ergebnisse, da wir auch das ernten, was wir säen.

Wenn wir die Kontrolle haben, können wir uns dafür entscheiden, jemandem höflich zu begegnen, der uns gegenüber unhöflich ist. Wenn wir nicht die Kontrolle haben – die Unhöflichkeit erwidern oder uns in Tränen auflösen –, dann hat der andere die Kontrolle. Wir haben der unhöflichen Person erlaubt, unsere Reaktion zu bestimmen.

Menschen mit einem hohen Selbstwertgefühl sind innengesteuert. Sie entscheiden selber, was sie sagen und tun. Dagegen sind Menschen mit geringer Selbstachtung außengesteuert. Sie lassen andere über ihr Verhalten entscheiden. Andere Menschen können nur dann unser Verhalten und unsere Gefühle bestimmen, wenn wir es zulassen.

Wenn wir die Kontrolle beibehalten und unser eigenes Handeln und Kommunizieren selbst bestimmen wollen, dann sorgen wir dafür, dass wir innengesteuert sind. Das bedeutet, dass wir nie sagen müssen: »Er macht mich wütend!« Wir können beschließen, dass ein anderer uns nicht wütend macht; wir können zugeben, dass sein Verhalten ärgerlich ist, aber wir setzen dennoch davon ungestört unseren eigenen Tagesablauf fort. Das ist die stärkere Position: Sie gibt uns die Kontrolle über viele Interaktionen, die wir eingehen, ganz besonders die schwierigen.

> Achten Sie auf Ihre innere Stimme – dadurch werden Sie Ihrem eigenen Denkraster auf die Spur kommen und feststellen, ob Sie innen- oder außengesteuert sind.

Stehen Sie nicht nur da – tun Sie etwas! »Auch wenn du auf der richtigen Spur bist, wirst du überfahren werden, wenn du nur dastehst.« (Will Rogers, 1879–1935, amerikanischer Humorist und politischer Kommentator)

Da wir unser Verhalten bestimmen können, sind wir auch dazu in der Lage, zu einem großen Teil das Ergebnis unserer kommunikativen Interaktionen zu beeinflussen. Wir können die Kontrolle über unsere Kommunikation übernehmen, um die gewünschten Ergebnisse zu erreichen.

Überzeugungen, Körpersprache, hohes Selbstwertgefühl und Selbststeuerung – sie sind wichtig, aber sie bringen nicht von selbst Ergebnisse.

Um im Lotto zu gewinnen, ein Ziel zu erreichen, sich mit jemandem anzufreunden, müssen wir konkrete Schritte unternehmen. Oder es passiert nichts.

Der amerikanische Schriftsteller Robert Schuller sagte: »Gewinnen fängt an mit Beginnen.« Aber reicht es, irgendwie aktiv zu werden? Natürlich nicht! Handeln wir planlos, werden wir nur durch Zufall dahin kommen, wohin wir wollen! Wenn wir etwas Bestimmtes erreichen wollen, brauchen wir ein klares Ziel, um konkrete Schritte unternehmen zu können.

Um die erwünschten Ergebnisse zu erzielen, benötigen wir ein klares Ziel – zudem sollte es der Mühe wert und lohnend sein. Warum? Weil wir das bekommen, worauf wir uns konzentrieren. Setzen Sie sich daher hohe Ziele. Im nächsten Kapitel werden wir untersuchen, wie man sich klare Ziele setzt.

Welche Kiste?

In einem Raum stehen zwei Kisten. Eine ist groß und leuchtend gelb. Die andere ist klein und grau. Auf welche Kiste würden Sie schauen?

Vergewissern Sie sich, dass sich Ihre Ziele in der gelben und Ihre Probleme in der grauen Kiste befinden.

Risiken eingehen

Aktiv zu werden und etwas zu unternehmen bedeutet manchmal, dass wir Dinge tun, die wir noch nie zuvor getan haben – wir probieren Neues aus, kommunizieren auf neue Weise, lernen, erweitern unsere Fertigkeiten. Wir verlassen unseren vertrauten Bereich, jenen angenehmen, sicheren Ort, wo wir immer die gleichen, vertrauten Dinge tun, immer auf gleiche, vertraute Weise kommunizieren. Zumindest wissen wir, was dabei herauskommen wird! In unserem vertrauten Bereich werden unser Selbstbild und unser Können nicht herausgefordert. Aber wenn wir dort bleiben, werden wir auch keine Fortschritte machen. Wie lautet das Sprichwort: »*Wenn wir weiterhin das tun, das wir immer getan haben, werden wir weiterhin das bekommen, was wir immer bekommen haben.*«

Unseren vertrauten Bereich zu verlassen kann unangenehm und beunruhigend für uns sein. Wir gehen ein Risiko ein. Wir haben keine Garantie auf Erfolg. Alles, was wir wissen, ist, dass wir ein anderes Ergebnis erzielen, wenn wir etwas anderes ausprobieren.

Betrachten Sie Fehler als Lernerfahrungen

Aktiv zu werden und unseren vertrauten Bereich zu verlassen kann natürlich auch bedeuten, Fehler zu machen. Je mehr neue Dinge wir versuchen, desto wahrscheinlicher ist es, dass wir Fehler machen – wer von uns ist schließlich mit allen Fertigkeiten und Talenten ausgestattet zur Welt gekommen!

Robert Bruce, schottischer Revolutionär und König im 13. Jahrhundert, hat gesagt: »Wenn du zu Anfang keinen Erfolg hast, versuche es immer wieder.«

So tun als ob ...

William James, oft als Vater der modernen Psychologie bezeichnet, hat uns das *So-tun-als-ob*-Prinzip gelehrt. Er hat gesagt: »Handle so, als ob das, was du tust, einen großen Unterschied ausmachen würde.

Es ist so.« Er hat auch gesagt: »Wenn du dir eine Eigenschaft wünschst, handle, als ob du sie schon hättest.«

Es gibt noch eine dritte Möglichkeit, dieses Prinzip anzuwenden. Wenn Sie in einer bestimmten Situation nicht wissen, was Sie sagen oder tun sollen, dann denken Sie an jemanden, der genau wüsste, was zu sagen oder tun ist. Was wäre das? Versetzen Sie sich in den anderen und *handeln* Sie, *als* wären Sie er.

Dies wird Sie zumindest in die richtige Richtung bringen. Vielleicht wird es auch genau zu dem von Ihnen erhofften Ergebnis führen. Dieses neue Verhalten wird dann Teil Ihres Repertoires sein – zu Ihrem erweiterten Selbstbild wird eine Person gehören, die weiß, was in Situationen dieser Art zu sagen und zu tun ist. Ihr Selbstwertgefühl wird sich heben – und Ihr persönliches Erfolgsprogramm wird sich erweitern.

Es folgt nun eine weitere Möglichkeit, Verhaltensweisen zu bewirken, die zu den von uns gewünschten Ergebnissen führen:

Täusche es vor, bis du es wirklich tust

Schon Aristoteles sagte: »Wir sind, was wir immer wieder tun. Daher ist hervorragende Leistung keine Tat, sondern eine Gewohnheit.«

Was wir sagen und tun, wird von unseren Wertvorstellungen, Überzeugungen und Denkstrukturen bestimmt. Um unserem Reden und Handeln mehr Wirkung zu verleihen, müssen unsere Wertmaßstäbe, Ansichten und Denkweisen positiv, hilfreich und realistisch sein. Dann müssen wir unsere Konzentration und Bemühungen auf die Ergebnisse richten, die wir anstreben. Das nächste Kapitel wird sich näher mit Zielen befassen.

Konzentration auf Erfolg

Wie Sie das Erfolgsprogramm praktisch umsetzen können

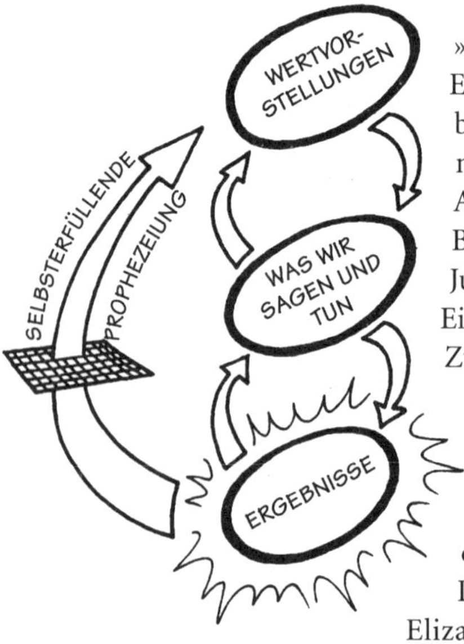

»Schicksal ist keine Frage des Zufalls. Es ist eine Frage der Wahl. Man braucht nicht darauf zu warten. Man muss es zustande bringen.« Diese Aussage stammt von William Jennings Bryan, (1860–1925, amerikanischer Jurist, Redner und Politiker).

Ein Ziel ist ein flüchtiger Blick in die Zukunft: eine Zukunft unserer Wahl, die wir jeden Tag selbst erschaffen. Herauszufinden, was wir erreichen wollen, wie wir sein möchten, wie wir unser Leben führen wollen, das gibt uns Sinn und Ziel.

Die amerikanische Schriftstellerin Elizabeth Stuart Phelps (1844–1911) konstatierte: »Welch einen gewaltigen Einfluss haben feste Ziele auf das Leben. Die Stimme, die Kleidung, der Blick, die Bewegungen eines Menschen heben sich deutlich hervor und ändern sich, wenn er oder sie beginnt, für ein Ziel zu leben.«

Ziele ermöglichen uns, unser Handeln und unsere Kommunikation so zu gestalten, dass sie uns zu den von uns gewünschten Resultaten führen. Erreichen Sie die Ergebnisse, die Sie sich wünschen?

Wir haben gesehen: Um mehr von dem zu verwirklichen, was wir uns wünschen, müssen wir über uns selbst und andere Menschen positiv denken. Wir benötigen klar umrissene Ziele, die wir anstreben können. Wir müssen zielbewusst handeln, um die von uns anvisierten Ergebnisse zu erreichen.

Wenn das, was wir tun und wie wir es tun, nicht zu den von uns gewollten Ergebnissen führt, müssen wir es entsprechend ändern – bis wir die von uns angestrebten Ergebnisse erreichen. Und beherzigen Sie die Aussage von Johann Wolfgang von Goethe (1749–1832, deutscher Dramatiker, Dichter und Wissenschaftler): »Was immer du tun willst oder wovon du träumst, beginne es. Kühnheit besitzt Stärke und magische Kraft. Beginne jetzt.«

Positive, unkomplizierte Ziele

Achten Sie darauf, dass Ihre Ziele positiv, kurz und unkompliziert sind. Es ist nicht schwer, klare Ziele im Hinterkopf zu behalten. Sie werden ein Teil von uns. Automatisch werden wir unsere Energien und unsere Bemühungen darauf richten, sie zu erreichen. Wir werden in der richtigen Richtung unterwegs sein.

- Setzen Sie sich herausragende Ziele. Lohnende, attraktive Ziele, auf die Sie stolz sind, wenn Sie sie erreichen.
- Setzen Sie sich positive Ziele. Denken Sie daran: Wir bekommen, worauf wir uns konzentrieren. Legen Sie in klaren und einfachen Worten fest, was Sie *wollen* – nicht, was Sie nicht wollen.
- Je klarer Sie sich darüber sind, was Sie erreichen wollen, desto erfolgreicher werden Sie sein.

Richten Sie Ihre Aufmerksamkeit auf Ziele, die Sie kontrollieren und beeinflussen können. Machen Sie sich eine klare Vorstellung von Ihren Zielen, damit Sie diese leichter erreichen können. Dann wird es auch einfacher für Sie, ein Feedback darüber zu bekommen, wie Sie vorankommen.

Kleine Schritte

Wenn Ihre Ziele ehrgeizig sind oder in weiter Ferne liegen, teilen Sie sie in kleinere Schritte oder Etappen auf: »Zentimeter um Zentimeter ist ein Kinderspiel. Kilometer um Kilometer ist eine Strapaze.«

Tagträume in Medaillen verwandeln

John Naber hatte einen Traum – eine olympische Goldmedaille. Wie verwandelte er seinen Traum in ein Ziel und schließlich in Wirklichkeit?
Er nahm sich vor, in vier Jahren die olympische Goldmedaille im Rückenschwimmen zu erreichen. Er errechnete, dass er seine derzeitige Zeit über 200 Meter um vier Sekunden verbessern musste. Das ist viel für einen Schwimmer. Darum teilte er diese angestrebte Verbesserung in kleinere Ziele auf. Diese Zwischenziele schränkte er immer weiter ein, bis er ein Ziel gefunden hatte, das ihm erreichbar schien: Jedes Mal, wenn er schwamm, wollte er seine Geschwindigkeit pro Bahn um 1/1200 einer Sekunde verbessern. (Das ist nicht viel, wenn man bedenkt, dass ein Augenblinzeln 1/500 einer Sekunde dauert.) Im Laufe eines Jahres würde diese winzige Verbesserung seine Bahnzeit um eine Sekunde verringern. Innerhalb von vier Jahren würde sie seine Zeit um die vier Sekunden verbessern, die er nach seiner Berechnung brauchte, um die Goldmedaille zu gewinnen. – In den nächsten vier Jahren trainierte John morgens und abends zwei oder mehr Stunden pro Trainingseinheit – zehn Monate im Jahr.
Indem er ein großes und fernes Ziel in eine Reihe kleinerer, bestimmter, messbarer und erreichbarer Ziele unterteilte und dann die erforderliche Zeit und Energie investierte, gewann John Naber 1978 insgesamt vier olympische Goldmedaillen (zwei Goldmedaillen für Rückenschwimmen über 100 und 200 Meter sowie eine Gold- und eine Silbermedaille für zwei andere Schwimmwettkämpfe).

Messbare Ziele

Formulieren Sie Ihr Ziel so, dass es konkret und möglichst messbar ist. Je präziser wir unsere Ziele benennen können, desto leichter ist es für unser Unterbewusstsein, auf sie hinzuarbeiten. Klare Ziele helfen uns zu erkennen, wo sich uns Möglichkeiten bieten und wo wir Hilfe erhalten können. Konkrete Ziele lassen uns schneller vorankommen. Messbare Ziele sind besonders klar und eindeutig.

Ergebnisse und Aktivität

Konzentrieren Sie sich auf Ergebnisse und Aktivitäten. Wirksame Ziele zeigen sowohl die Endergebnisse als auch die Schritte auf, die nötig sind, um sie zu erreichen.

Ergebnisziele	**Aktivitätsziele**
In vier Jahren die olympische Goldmedaille im 200 Meter Rückenschwimmen gewinnen.	Jedes Mal, wenn ich schwimme, die Zeit um ein 1/1200 einer Sekunde verbessern.
	In den nächsten vier Jahren jeweils zehn Monate lang zweimal am Tag trainieren.
In diesem Geschäftsjahr den Absatzplan erfüllen.	Pro Woche drei Präsentationen vor Kunden.
Den diesjährigen Verkaufswettbewerb gewinnen.	Bei 40 Prozent der Verkäufe zusätzliche Produkte verkaufen.
Bis zu meinem Geburtstag zu den besten Squash-Spielern im Club gehören.	Mindestens zweimal in der Woche mit einem Partner spielen, der etwas besser als ich ist.
Eine liebevolle Mutter bzw. ein liebevoller Vater sein.	Wenigstens einmal am Tag meine Kinder umarmen.
	Mindestens drei gemeinsame Mahlzeiten in der Woche.

Ergebnisziele zeigen uns den richtigen Weg. Oft hängen Sie auch von äußeren Faktoren ab, die wir nicht ganz beeinflussen oder kontrollieren können. Daher müssen sie realistisch genug sein, um erreichbar, und attraktiv genug, um motivierend zu sein.

Aktivitätsziele ohne Ergebnisziele sind sinnlos. Sie werden uns beschäftigen, aber unsere Kräfte verzehren. Aktivitätsziele sollten wir kontrollieren können. An ihnen können wir ablesen, wie wir von Tag zu Tag unserem Ergebnisziel näher kommen.

- Wenn nicht Sie Ihre eigene Zukunft gestalten, wird ein anderer es tun.
- Fangen Sie jetzt an, Ihre Zukunft zu planen!
- Erwarten Sie das Beste. Sie verdienen es!

Erreichbare Ziele

Setzen Sie sich Ziele, die erreichbar sind – wenn Sie sich bemühen.

> **Herausfordernd, aber nicht unmöglich, realistisch, aber nicht zu einfach**
>
> Stellen Sie sich vor, Sie seien ein guter Tennisspieler – kein professioneller Spieler, aber ein guter Amateur.
> Boris Becker oder Steffi Graf bieten Ihnen ein Spiel an. Natürlich wären Sie begeistert, hätten aber überhaupt keine Chance zu gewinnen. Würden Sie mit diesem Wissen wirklich alles geben? Oder würden Sie Ihre Kräfte für Ihren nächsten Partner schonen, der mehr auf Ihrem Niveau ist?
> Nun bietet Ihnen ein zehnjähriger Anfänger ein Spiel an. Sie wissen, dass Sie selbst dann gewinnen könnten, wenn eine Hand hinter Ihren Rücken gebunden wäre. Wie viel Mühe werden Sie wirklich aufwenden? Wie gut werden Sie schließlich spielen?

Wenn ein Ziel zu schwer ist, was für einen Sinn hat es dann, sich anzustrengen? Wir wissen, dass wir es ohnehin nie erreichen werden! Ist es dagegen zu einfach, werden wir uns gar nicht erst damit aufhalten, es zu versuchen. Wahrscheinlich werden wir noch nicht einmal die Leistung zeigen, die wir bei einem anspruchsvolleren Ziel erreicht hätten. Optimale Ziele sind realistisch und gleichzeitig attraktiv. Sie fordern uns auf, bis an unsere Leistungsgrenze zu gehen – an jenen Punkt, an dem wir uns bemühen, unsere Leistung zu steigern. Das hat zur Folge, dass wir unseren vertrauten Bereich verlassen müssen – das wiederum erfordert ein hohes Selbstwertgefühl. Und denken Sie daran: »Haben Sie keine Angst davor, große Schritte zu machen. Sie kommen nicht mit zwei kleinen Sprüngen über einen Abgrund.« (David Lloyd George, 1863–1945, britischer Politiker)

Stichtage

Erst eine Deadline macht ein Ziel zum Ziel. Setzen Sie sich Fristen. Durch Termine erhalten unsere Ziele Dringlichkeit und Bestimmtheit. Sie helfen uns auch, ein großes Ziel in kleinere – ebenfalls befristete – Unterziele aufzuteilen. Das gibt uns die Möglichkeit, unseren Fortschritt zu verfolgen. Termine können dafür sorgen, dass wir unser Ziel nicht aus den Augen verlieren.

Aktionsplan

Erstellen Sie einen Aktionsplan. Durchdachte Schritte werden wesentlich bessere Ergebnisse erzielen als zielloses Handeln. Aus diesem Grunde benötigen wir Aktionspläne. Diese Pläne müssen nicht ausgefallen sein – eine Liste von Aktivitäten oder Schritten reicht in der Regel aus. Schon die ersten drei Schritte werden uns auf den richtigen Weg bringen.

Falls Sie keinen sorgfältig ausgearbeiteten Aktionsplan aufstellen wollen, entwickeln Sie einen flexiblen Plan, auf dem jeweils die nächsten drei Schritte aufgelistet sind. Solange Sie genau wissen, welches Ziel Sie ansteuern und was Sie tun müssen, werden Sie vorankommen. Folgen Sie den drei Schritten zum Erfolg.

Schritt 1: Setzen Sie Ziele

Thomas Edison wurde 1848 in Mailand, Ohio, geboren. Als er sieben war, zog seine Familie nach Michigan, und er kam in die örtliche Schule. Drei Monate später wurde Edison von der Schule verwiesen, weil er »zurückgeblieben« und »verdorben« sei. Diese drei Monate in der Schule waren die einzige ordentliche Schulbildung, die er je erhielt. Nach einer Reihe unterschiedlicher Jobs gründete er ein wissenschaftliches Dorf in New Jersey. Sein Ziel war, alle zehn Tage eine kleinere und alle sechs Monate eine wirklich große Erfindung zu machen. Seine erste Erfindung war ein automatischer Stimmenzähler (1868, im Alter von 21 Jahren), der sich nicht verkaufte. (Das lehrte ihn, niemals etwas zu erfinden, für das keine Nachfrage bestand.) Bald beantragte Edison 400 Patente im Jahr, darunter das Grammophon und die Glühbirne.

Schritt 2: Entwickeln Sie Aktionspläne

Ein Ziel ohne einen Aktionsplan ist nur ein Wunsch. John F. Kennedy, Präsident der Vereinigten Staaten, setzte der NASA das eindeutige und hoch gesteckte Ziel, bis zum Ende des Jahrzehnts einen Mann auf den Mond und wieder sicher zurück auf die Erde zu bringen. Das wurde 1969 erreicht. Die Apollo 11 brachte Neil Armstrong auf den Mond und wieder zur Erde zurück. War Ihnen bekannt, dass die Apollo 11 auf dieser Mission mehr als 90 Prozent der Zeit nicht auf Kurs war? Sie konnte jedoch ihren Kurs korrigieren, da sie ein genaues Ziel hatte. Auch wir müssen ständig Kurskorrekturen vornehmen, um unsere Ziele zu erreichen. So gut wie nie ist der Weg einfach, gerade und glatt.

Schritt 3: Nicht nachlassen

Warum wir niemals aufgeben sollten:

- 1831 scheiterte er beruflich.
- 1832 erlitt er eine Wahlniederlage.
- 1834 scheiterte er erneut beruflich.
- 1835 starb seine Freundin.
- 1836 hatte er einen Nervenzusammenbruch.
- 1838 erlitt er eine Wahlniederlage.
- 1843 unterlag er in der Wahl zum Repräsentantenhaus.
- 1848 verlor er abermals die Wahl zum Repräsentantenhaus.
- 1855 unterlag er in der Wahl zum Senat.
- 1856 verlor er die Wahl zum Vizepräsidenten.
- 1858 verlor er erneut die Wahl zum Senat.
- 1861 wurde er zum Präsidenten der Vereinigten Staaten gewählt.

Dieser Mann war Abraham Lincoln, der 16. Präsident der Vereinigten Staaten, der das Land durch einen schlimmen Bürgerkrieg brachte und die Sklaven befreite.

- Edison experimentierte mit 10.000 unterschiedlichen Stoffen, bevor er das richtige Material für die Glühbirne fand.
- Woher kommt die Bezeichnung T-Modell? Weil Henry Ford die Buchstaben A bis S durchlaufen hatte, bevor er seinen Wagen mit Erfolg produzierte und verkaufte.
- Als Bob Dylan in einer Talentshow der Oberschule auftrat, wurde er von seinen Klassenkameraden so ausgebuht, dass er die Bühne verließ.

Louis Pasteur (1822–1895, französischer Bakteriologe, Biologe, Chemiker und Pathologe) stellte fest: »Meine Stärke liegt allein in meiner Beharrlichkeit.« Pasteurs Beharrlichkeit führte dazu, dass Bakterien mit Krankheiten in Verbindung gebracht wurden, die französische Seidenindustrie vor dem Ruin bewahrt wurde, Impfungen gegen Milzbrand und Hühnercholera sowie eine Behandlung von Tollwut bei Menschen und Hunden entwickelt wurden und sich die Bakteriologie zu einer wissenschaftlichen Disziplin entwickelte.

- Engagieren Sie sich für Ihren Erfolg: Machen Sie sich einmal im Jahr, vielleicht an Ihrem Geburtstag, ein unbezahlbares Geschenk – nehmen Sie sich einige Stunden Zeit, um Ihre Zukunft zu planen und gestalten. Setzen Sie sich hin und denken Sie über Ihr Leben nach. Was haben Sie bisher erreicht? Was können Sie gut? Woran müssen Sie arbeiten, um noch besser zu werden? Was möchten Sie in den nächsten zwölf Monaten erreichen?
- Nutzen Sie diese oder andere für Sie zutreffende Stichworte: Gemeinschaft, Ehe, sozial, Familie, Karriere, spirituell, persönliches Wachstum, Gesundheit.

Denken Sie nicht nur darüber nach – schreiben Sie es auch auf. Halten Sie in einem Notizheft einige attraktive Ergebnisziele fest. Teilen Sie diese dann in kleinere, besser erreichbare Aktivitätsziele auf. Formulieren Sie Ihre Ziele so positiv und eindeutig wie möglich. Legen Sie für jedes Ziel einen zeitlichen Rahmen fest. – Entwerfen Sie anschließend einen Aktionsplan.

Haben Sie dieses Notizbuch immer griffbereit und schlagen Sie oft darin nach, um Ihren Fortschritt zu überprüfen. Vielleicht erreichen Sie nicht jedes Ziel zu 100 Prozent. Aber wie viel mehr werden Sie dadurch erreichen, dass Sie Ihre Ziele schriftlich festhalten? Viel mehr.

Erbringen Sie Spitzenleistungen

Das Geheimnis von Spitzenleistern

Haben Sie sich je gewundert, warum manche Menschen scheinbar ohne besondere Mühe Herausragendes leisten? Leichtfüßig gleiten sie durchs Leben und erreichen außerordentliche Ergebnisse, während andere sich abmühen, aber trotz all ihrer Bemühungen nur wenige Erfolge vorweisen können. Umfangreiche wissenschaftliche Untersuchungen über Spitzenleister aus allen gesellschaftlichen Gruppierungen haben gezeigt, dass sie sehr ähnliche Meinungen von sich selbst und anderen haben. Auch ihre Denkstrukturen gleichen sich. Daher agieren sie in ähnlicher Weise.

Dieses Kapitel erläutert, was wir über Menschen mit einem hohen Leistungspotenzial wissen. Menschen, die sich die folgenden fünf Denkweisen und Grundhaltungen zu Eigen machen, werden ebenfalls Spitzenleistungen erbringen.

Spitzenleister haben ein hohes Selbstwertgefühl ...

Wie wir gesehen haben, führt ein hohes Selbstwertgefühl zu einem positiven inneren Monolog und dazu, dass wir innengesteuert sind, also fähig, unsere Gedanken, Gefühle, Handlungen und kommunikativen Interaktionen zu wählen. Menschen können nur ihr Bestes geben, wenn sie ein ausgeprägtes Selbstwertgefühl haben. Die Körpersprache selbstbewusster Menschen fordert andere zum Respekt auf, so wie auch sie anderen respektvoll begegnen.

Ein hohes Selbstwertgefühl ermöglicht uns, unser Verhalten und unsere kommunikativen Interaktionen zu kontrollieren und dahingehend zu steuern, dass wir die attraktiven Ziele, die wir uns selbst gesetzt haben, erreichen. Wenn wir ein ausgeprägtes Selbstwertgefühl haben, erwarten wir von und für uns selbst das Beste. Darum sind Spitzenleister Menschen mit einer positiven Einstellung. Sie sind Optimisten, die Fehler als Lernerfahrungen und Probleme als Sprungbretter betrachten. Sie haben das nötige Selbstvertrauen, um Verantwortung zu übernehmen und die Initiative zu ergreifen.

... und fördern das Selbstbewusstsein von anderen

Manche Menschen haben es nötig, sich selbst aufzuwerten, indem sie andere kritisieren. Andere dagegen können die besten Seiten in Menschen zum Vorschein bringen. Sie teilen Ideen und Erfahrung. Sie bauen das Selbstvertrauen anderer auf und geben ihnen das Gefühl, gut und fähig zu sein. Stellen Sie sich einmal die Fragen: Wem geben Sie das Gefühl, wichtig zu sein? Sind Ihre Überzeugungen es wert, an andere weitergegeben zu werden?

Es ist ein großartiges Gefühl, ein Kompliment zu erhalten, nicht wahr? Menschen mit einem hohen Selbstwertgefühl, die das Selbstvertrauen anderer aufbauen, sind großzügig mit Anerkennung.

Wie man ein Kompliment macht

- Achten Sie darauf, dass das Kompliment echt ist. Zehn Prozent der 100 Milliarden Neuronen in unseren Gehirnen sind »Täuschungsdetektoren« – in Sekundenschnelle werden sie unaufrichtiges Lob entlarven!
- Sorgen Sie dafür, dass es spezifisch ist: Erwähnen Sie die Zeit, Ort, das, was der andere gesagt oder getan hat, und warum sie es anerkennen. Dann weiß die Person genau, wofür es sich lohnt, sich einzusetzen.
- Sprechen Sie Ihre Anerkennung in direktem zeitlichem Zusammenhang aus, wenn alle noch wissen, wovon Sie sprechen. Wenn Sie zu lange warten, könnte das den Anschein erwecken, die Sache sei belanglos oder nicht wirklich wichtig.
- Sprechen Sie auch über Ihre Gefühle. Das verleiht Ihrem Kompliment noch mehr Gewicht.
- Nutzen Sie die positive Kraft des Lobs, um das Selbstwertgefühl anderer Menschen zu stärken.
- Indem wir andere aufwerten, werten wir uns selbst auch auf: Sprechen Sie Lob laut und Vorwürfe leise aus.

Lob stimuliert das Gehirn und setzt Neuropeptide (natürliche Opiate) sowie Endorphine (die Glückshormone) frei – sowohl bei dem, der lobt, als auch bei demjenigen, der gelobt wird. Das stimmt: Es gibt auch uns ein gutes Gefühl, wenn wir einem anderen ein Kompliment machen.

Denken Sie einmal über folgende Punkte nach:

- Wann haben Sie das letzte Mal jemandem ein Kompliment gemacht?
- Sind Sie freundlich, geduldig und interessiert?
- Stellen Sie hohe Ansprüche und erwarten das Beste von anderen?
- Bieten Sie Hilfe an, wenn Sie sehen, dass es nötig ist?
- Beziehen Sie andere Menschen in Gespräche ein?
- Konzentrieren Sie sich auf das Positive bei anderen?
- Machen Sie sich die Mühe zu grüßen?
- Sind Sie aufgeschlossen für die Gedanken und Ideen anderer?
- Sind Sie großzügig mit Ihrem positiven Feedback?
- Begrüßen Sie andere Menschen herzlich?
- Danken Sie anderen für ihre Hilfe?
- Fragen Sie nach der Meinung anderer?
- Erkennen Sie die Fachkenntnisse anderer Menschen an?
- Loben Sie jemanden vor anderen?
- Erkundigen Sie sich nach der Gesundheit, den Erfahrungen, den Schwierigkeiten anderer Menschen?
- Setzen Sie anderen lohnenswerte Ziele, die sie anstreben können?
- Lachen Sie mit anderen?

Denken Sie daran: »Lob ist für den menschlichen Geist wie Sonnenlicht. Ohne es können wir nicht blühen und gedeihen.« Überdenken Sie also:

- Kritisieren Sie *oder* bieten Sie Verbesserungsvorschläge an?
- Sind Sie destruktiv *oder* konstruktiv?
- Befehlen Sie *oder* bitten Sie?
- Versuchen Sie, andere niederzumachen *oder* sie hervorzuheben?
- Unterbrechen Sie andere Menschen, um Ihre eigenen Ideen und Meinungen auszubreiten, *oder* lassen Sie andere ausreden?
- Entmutigen Sie andere, wenn sie etwas Schwieriges versuchen, *oder* ermutigen Sie sie?

Und beherzigen Sie den Spruch von Victor Borge (1909, amerikanischer Komiker und Pianist dänischer Abstammung): »Der kürzeste Weg zwischen zwei Menschen ist ein Lächeln.«

Spitzenleister stellen hohe Ansprüche

Ist Ihnen schon einmal aufgefallen, dass Menschen, die Herausragendes leisten, sich mit Leuten umgeben, die ebenfalls Spitzenleistungen erbringen? Sie stellen hohe Erwartungen an die, mit denen sie zu tun haben – die Menschen, mit denen sie arbeiten, ihre Freunde und Partner, ihre Familie. Natürlich keine unrealistisch hohen Erwartungen, aber sie geben sich ganz sicher nicht mit halben Sachen zufrieden. Warum sollten sie auch?

Wenn wir hohe Maßstäbe haben, setzen wir Ziele, die uns herausfordern, und arbeiten hart, um diese zu erreichen. Wir erwarten das Beste von uns und für uns selbst. Wir begegnen anderen mit Respekt und erwarten das Gleiche von ihnen.

Auf Grund ihrer hohen Maßstäbe bemühen sich leistungsorientierte Menschen ständig um Verbesserung – sie möchten ihre Methoden perfektionieren, die Systeme, mit denen sie arbeiten, genau genommen alle Dinge, mit denen sie zu tun haben. Sie stellen sich immer wieder zwei entscheidende Fragen:

- Wie kann ich das besser machen?
- Wie kann ich das anders machen?

Dr. Peter Honey, der in Großbritannien lebt und mit Tausenden von Spitzenleistern arbeitet, fand heraus, dass Menschen, die sehr viel leisten, sich jeden Tag die Zeit nehmen zu überdenken, was sie getan und wie sie es getan haben; darüber nachzudenken, was gut funktioniert hat und was besser werden muss. Anschließend überlegen sie, was sie beim nächsten Mal machen werden, um zu besseren Resultaten zu kommen.

Dr. Honey hat die Ergebnisse seiner Untersuchungen in einen Optimierungszyklus gefasst und Menschen aus allen gesellschaftlichen Schichten darin angeleitet, diesen Zyklus täglich anzuwenden – zehn Minuten reichen aus. Die Verbesserung ihrer Ergebnisse ist verblüffend.

! Gehen Sie bis zu Ihrer persönlichen Leistungsgrenze und genießen Sie es.

Der Optimierungszyklus

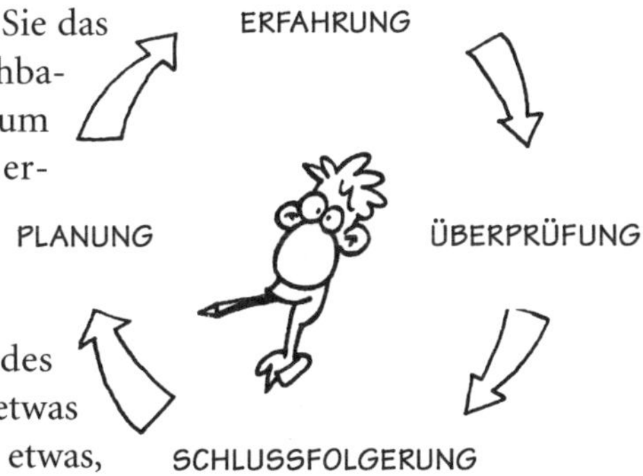

- **Planung.** Überlegen Sie, was Sie das nächste Mal in einer vergleichbaren Situation tun können, um ein besseres Ergebnis zu erzielen. Dies ist Ihr Aktionsplan.
- **Erfahrung.** Wählen Sie etwas aus, das Ihnen während des Tages passiert ist. Das kann etwas Positives oder Negatives sein, etwas, das gut funktioniert hat oder auch nicht, etwas, das Sie verbessern wollen, oder etwas, von dem Sie denken, dass Sie es besonders gut gemacht haben.
- **Überprüfung.** Überlegen Sie genau, was sich abgespielt hat, was Sie und die andere Person gesagt und getan haben.
- **Schlussfolgerung.** Was ist gut gelungen? Was ist schlecht gelaufen? Was hätten Sie anders machen oder sagen können?

Spitzenleister übernehmen Verantwortung

Spitzenleister setzen Ziele und arbeiten auf sie hin. In dieser Weise bestimmt die Zukunft ihr Handeln in der Gegenwart. Dies geschieht vor dem Hintergrund der Vergangenheit, weil unsere Wertvorstellungen, Überzeugungen und Denkstrukturen – die alle von früheren Erfahrungen bestimmt sind – Einfluss auf die Ziele haben, die wir setzen, und darauf, ob wir schwierige oder leichte Ziele wählen. Sie verlassen sich nicht auf andere Menschen oder zufällige Ereignisse, wenn es darum geht, ihre Ziele zu erreichen. Sie wissen, dass sie diejenigen sind, die aktiv werden müssen, und sie überlegen genau, was sie tun müssen, um die gewünschten Ziele zu erreichen. Statt sich passiv zurückzulehnen und zu warten, dass etwas passiert, ziehen Spitzenleister es vor, sich aktiv an der Gestaltung ihrer eigenen Zukunft zu beteiligen.

Anstatt zu leugnen, anderen die Schuld zu geben oder sich herauszureden – übernehmen Sie Verantwortung!

Es war ein harter Tag. Sie sitzen im Wohnzimmer, haben es sich bequem gemacht und die Füße hochgelegt. Sie fühlen sich wohl und fangen an, sich zu entspannen. Zwei Kinder sind in der Küche. Plötzlich ertönt aus der Küche lautes Klirren. Zu müde, um aufzustehen und nachzusehen, fragen Sie: »Was ist passiert?« – Wie lautet die Antwort? Richtig – »*Nichts!*« Das ist Leugnen. – Nun sagen Sie: »Erzähl mir nicht ›nichts‹! Ich habe doch gehört, dass etwas zerbrochen ist! Was ist passiert?« – Was ist die Antwort? Richtig – »*Es war nicht meine Schuld, es war seine Schuld!*« Das bedeutet, jemand anderem die Schuld zu geben. – Sie erwidern: »Es interessiert mich nicht, wer schuld ist – was ist passiert?« –Sie haben es schon erraten: »*Die Flasche war glitschig und ist mir aus der Hand gefallen.*« Das ist eine Ausrede. Wäre es nicht schön, stattdessen zu hören: »*Ich habe die Milchflasche fallen gelassen. Ich hole gerade einen Lappen, um aufzuwischen*«? Das heißt, Verantwortung zu übernehmen.

Viele Erwachsene haben geradezu eine Kunst daraus gemacht: leugnen, anderen die Schuld geben und sich herausreden. Wenn wir ein Problem – statt es zu überwinden – leugnen, andere dafür verantwortlich machen oder uns herausreden, übernehmen wir nicht die Verantwortung. Nichts wird sich ändern.

Setzen Sie sich dort ein, wo es darauf ankommt

Was für einen Zweck hat es, über das Wetter, den Teepreis in China oder die Weltpolitik zu jammern und zu klagen? Wir können uns dafür interessieren, aber wir haben ganz sicher keinen direkten Einfluss darauf! Wir sollten unsere Aufmerksamkeit, unsere Kräfte und Bemühungen auf Dinge richten, die wir kontrollieren und beeinflussen können. Wir können unser eigenes Verhalten, Handeln und Kommunizieren steuern. Und mit unserem Tun und unserem Kommunikationsverhalten ist es uns möglich, die Menschen um uns herum zu beeinflussen. Anstatt die Konjunktur verantwortlich zu machen oder einen zu hoch angesetzten Etat oder finanzielle Probleme oder andere Menschen – oder irgendeine der unzähligen Ausreden zu benutzen, die andere gebrauchen – schätzen Spitzenleister die Situation ab. Sie erkennen, was sie vom Erreichen ihrer Ziele abhalten könnte, und unternehmen Schritte, um diese Hindernisse zu beseitigen, zu umgehen oder zu verringern. Menschen mit einem hohen Leistungspotenzial halten sich nicht mit Schwierigkeiten auf, sondern konzentrieren sich auf Möglichkeiten, diese zu überwinden. Sie richten ihre Aufmerksamkeit und Bemühungen auf Dinge, die sie kontrollieren oder beeinflussen können – und zwar da, wo sie ins Gewicht fallen.

> *»Schenke mir die Kraft, die Dinge zu ändern, die ich ändern kann, den Mut, die Dinge anzunehmen, die ich nicht ändern kann, und die Weisheit, das eine vom anderen zu unterscheiden.«*
>
> Reinhold Niebuhr, 1892–1971, amerikanischer Theologe

Akzeptieren Sie Fehler!

Natürlich sind Spitzenleister nicht immer erfolgreich. Aber das hat schon seine Richtigkeit – wie es Soichera Honda, Gründer der Honda Motor Corporation, formulierte: »Erfolg besteht zu 99 Prozent aus Misserfolg.« Aufgrund ihres hohen Selbstwertgefühls können Spitzenleister gut mit Fehlern umgehen. Sie betrachten sie als Feedback zu ihrer Leistung und als Gelegenheiten zu lernen.

Ein Irrtum wird erst dann zu einem Fehler, wenn du dich weigerst, ihn zu korrigieren. Das stellte schon Rabindranath Tagore (1861–1941, indischer Pädagoge, Dichter und Nobelpreisträger) fest: »Wenn du die Tür vor allen Fehlern verschließt, wird die Wahrheit ausgesperrt.«

Ihr hohes Selbstwertgefühl ermöglicht Menschen mit einem hohen Leistungspotenzial auch, ihren vertrauten Bereich zu verlassen, um neue Vorgehensweisen auszuprobieren, wenn sie nicht erfolgreich sind. Tatsächlich verlassen Spitzenleister sehr oft ihren vertrauten Bereich!

Erfolgreiche Menschen machen viele Fehler, das heißt, sie haben viele Lernmöglichkeiten, schon allein deshalb, weil sie mehr ausprobieren und weil sie nicht aufgeben. Sie unternehmen immer wieder

- Nutzen Sie den Optimierungszyklus (s. S. 51), um aus Ihren Fehlern zu lernen. Wenn Sie einen Fehler machen:
  - Gestehen Sie ihn ein.
  - Korrigieren Sie ihn.
  - Lernen Sie daraus.
  - Machen Sie weiter.
- Behandle Misserfolge als Übungsmöglichkeiten.
- Konzentrieren Sie sich auf Ihre Ziele, aber leben Sie in der Gegenwart.

neue Versuche, bis sie die Resultate erzielen, die sie anstreben. Sie machen sich keine Vorwürfe, wenn sie keinen Erfolg haben, und sie betrachten Fehler nur als vorübergehende Rückschläge.

Spitzenleister behalten ihre Ziele im Auge

Gleich zu Anfang lernen Rennfahrer, was sie tun müssen, wenn sie die Kontrolle über ihren Wagen verlieren und ins Schleudern geraten. Die natürliche Reaktion ist, auf die Wand (oder die Bäume) zu starren, auf die man zusteuert, aber wenn sie das tun, werden sie auch genau dort landen. Aus diesem Grunde lernen sie, sich darauf zu konzentrieren, wo sie hingelangen möchten (oder auf die Lücke zwischen den Bäumen) – ihr Ziel.

Konzentrieren Sie sich auf Lösungen, nicht auf Probleme

Spitzenleister achten darauf, dass ihre Gedanken, Worte und inneren Bilder in Einklang stehen mit der Richtung, die sie einschlagen, den Zielen, die sie erreichen, und den Menschen, die sie sein wollen.

Wir können die Vergangenheit nicht ändern, aber wir können daraus lernen. Wenn wir unsere Ziele fest im Auge behalten, finden wir leichter einen Weg an den Problemen vorbei. Konzentrieren wir uns dagegen nur auf die Schwierigkeiten, kommen wir nicht weiter! Denn: »Hindernisse sind diese furchtbaren Dinge, die man sieht, wenn man das Ziel aus den Augen verliert.« (Henry Ford, 1863–1947, Gründer der Ford-Motoren-Gesellschaft)

- Konzentrieren Sie sich auf Ihre Ziele, wenn Sie einen Weg an den Problemen vorbei finden wollen.
- Sehen Sie Schwierigkeiten in jeder Möglichkeit oder Möglichkeiten in jeder Schwierigkeit?

Es ist bekannt: »Keiner stolpert über Berge. Es ist der kleine Kieselstein, der uns stolpern lässt. Geh über all die kleinen Steine auf deinem Weg, und du wirst entdecken, dass du einen Berg überquert hast.« (Quelle unbekannt) Der Unterschied zwischen Trittsteinen und Stolpersteinen besteht darin, wie man sie nutzt. Wenn Sie sich vorstellen, dass Sie etwas machen werden – denken Sie dann an Erfolg, Anerkennung und Gelingen oder an Misserfolg, Scheitern und Kritik? Visualisieren kann für oder gegen uns arbeiten. Es hängt davon ab, ob wir uns Erfolg oder Misserfolg vorstellen. Arnold Schwarzenegger, der bekannte, in Österreich geborene, Bodybuilder, Schauspieler und jüngste Mister Universum in der Geschichte, stellte sich den Erfolg bildlich vor. Wir haben alle schon das Sprichwort »Übung macht den Meister« gehört. Tatsächlich aber macht nur perfekte Übung den Meister. Und wo ist der einzige Ort, an dem wir Perfektion einüben können? In unserer Vorstellung. Jedes Mal, wenn wir in Gedanken Perfektion einüben, knüpfen und stärken wir Nervenbahnen in unserem Gehirn. Wenn wir richtig visualisieren, macht das Gehirn keinen Unterschied zwischen körperlichem und geistigem Tun. Das macht geistige so gut wie tatsächliche, physische Übung!

Wir bekommen, worauf wir uns konzentrieren. Wenn Sie sich vorstellen, dass Sie nicht vorankommen und scheitern, werden Sie genau das tun. Wenn Sie sich vorstellen, dass Sie sich bemühen und Erfolg haben, werden Sie es tun! – Das Probehandeln in der Fantasie verändert die Programmierung des Gehirns.

Tatsächlich werden wir uns schneller verbessern, wenn wir etwas immer wieder im Geiste proben, weil wir uns unsere Fehler und Unvollkommenheiten, die mit tatsächlicher Übung zwangsläufig verbunden sind, nicht einprägen. Je mehr wir uns in Gedanken in Perfektion üben, desto stärker werden die Nervenbahnen werden und desto besser werden wir unsere Sache machen, wenn es so weit ist. – Sportler und Athleten haben über Jahre visualisiert. Tatsächlich führt Jack Nicklaus, einer der besten Golfspieler der Welt, 50 Prozent seines Erfolges auf Visualisierung zurück.

Finden Sie es schwierig zu visualisieren? Im Folgenden wird beschrieben, wie man es macht.

Verbalisieren

1. Setzen Sie sich ein klares und lohnenswertes Ziel. Dies kann ein allgemeines Ziel sein wie die Vermittlung eines positiven Images bei einer Sitzung oder ein spezifisches Ziel – beispielsweise die exakten Bewegungen eines Golfschwunges. Formulieren Sie so deutlich wie möglich, was Sie wollen.

Visualisieren

2. Entspannen Sie sich. Das fördert die Bereitschaft Ihres Gehirns, die Nervenbahnen zu bilden und zu stärken.
3. Richten Sie Ihre ganze Aufmerksamkeit auf die bevorstehende Aufgabe.
4. Stellen Sie sich Ihr Ziel, soweit möglich, in allen Einzelheiten vor. Lassen Sie vor Ihrem geistigen Auge alles erstehen, was ins Spiel kommen wird: der Ort, die Umstände, andere Menschen, die da sein werden, und so weiter.

Emotionalisieren

5. Beziehen Sie Ihre Gefühle ein. Wie fühlt es sich an, Ihr Ziel perfekt und hervorragend zu erreichen? Die Beteiligung Ihrer Gefühle verstärkt die Nervenbahnen.

Wiederholen

6. Visualisieren Sie dieselbe Sache immer wieder.
7. Üben Sie in Gedanken jeden freien Augenblick, wenigstens dreimal am Tag: wenn Sie aufwachen, bevor Sie einschlafen und mindestens noch einmal während des Tages.

Wiederholen Sie die Schritte 2 bis 5 vor dem tatsächlichen Ereignis.

- Wenn man etwas einmal gemacht hat, und sei es nur in Gedanken, wird es einfacher, es ein zweites Mal zu machen. Proben Sie in Gedanken eine herausragende Leistung.
- Der schnellste Weg, Leistungen zu verbessern, ist die Verbindung von regelmäßigem praktischen und regelmäßigem gedanklichen Üben.

Karl Pibram zufolge, einem Neurophysiologen an der Stanford University, stimuliert das gedankliche Probehandeln das Nervensystem und bewirkt mikromuskuläre Bewegungen. Es hilft uns, ein Leistungsniveau zu akzeptieren, zu dem wir sonst möglicherweise nicht bereit sind. Was wir während der Übung sehen, hören und fühlen, wird in unserem Gehirn gespeichert und gibt uns so eine klare Zielvorgabe. Hier folgt noch eine andere Methode der Visualisierung.

Legen Sie Ihr Ziel genau fest.

1. Bestimmen Sie ein klares Ziel mit einem greifbaren Ergebnis.

Stellen Sie den inneren Bildschirm auf.

2. Stellen Sie einen inneren Bildschirm auf und sehen Sie sich zu, wie Sie Ihr Ziel erreichen – als würden Sie sich selbst im Fernsehen oder auf einer Kinoleinwand sehen. Sehen und hören Sie, was auf dem Bildschirm geschieht.
3. Stellen Sie nun mit Hilfe Ihrer »Fernbedienung« Helligkeit, Entfernung, Schärfe, Farbe, Größe, Lautstärke, Klang und Geschwindigkeit ein, bis Sie alles deutlich sehen und hören können. (Die Entfernung sollte so sein, dass Sie sich selbst objektiv zuschauen können.) Wenn es Ihnen nicht gelingt, zu sehen und zu hören, wie Sie Ihr Ziel erreichen, versuchen Sie, ein »Gefühl« dafür bekommen.
4. Entspannen Sie sich, während Sie zuschauen und zuhören, wie Sie Ihr Ziel erreichen.

Entscheiden Sie, welche besonderen inneren Ressourcen Sie brauchen.

5. Während Sie zuschauen, wie Sie Ihr Ziel erreichen, überlegen Sie, was funktioniert und was nicht. Identifizieren Sie die inneren oder persönlichen Ressourcen, die Ihnen helfen, diese Spitzenleistung zu vollbringen. Zum Beispiel: Selbstvertrauen, eine positive Einstellung, ein Gefühl der Freude, um die Gefühle anderer Menschen wissen, die Dinge aus der Perspektive eines anderen sehen, ruhig und tief atmen. Schreiben Sie das auf.

Wenn es schwierig ist, die inneren Ressourcen zu bestimmen, die Sie benötigen, können die folgenden drei Techniken hilfreich sein:

- Überlegen Sie, wann Sie etwas Ähnliches erfolgreich durchgeführt haben. Welche inneren Ressourcen haben Sie damals eingesetzt?
- Wen kennen Sie, der diese Sache wirklich gut macht und den Sie als Vorbild nehmen können? Schauen Sie im Geiste zu, wie Ihr Vorbild sein Ziel erreicht. Achten Sie genau darauf, wie er oder sie es angeht. Auf welche Ressourcen greift Ihr Vorbild zurück? Nun setzen Sie sich an die Stelle Ihres Vorbilds. Nutzen Sie die gleichen Ressourcen.
- Tun Sie so, als hätten Sie genau die persönlichen Eigenschaften, die Sie benötigen – handeln Sie also so, als ob Sie diese bereits besitzen würden. Auf welche inneren Ressourcen greifen Sie zurück?

6. Schauen Sie weiterhin auf den Bildschirm, während Sie Ihr Ziel genau auf dem von Ihnen gewünschten Wege erreichen. Machen Sie ganz bewusst von jenen inneren Ressourcen Gebrauch, die Sie benötigen. Achten Sie auf alle Einzelheiten – was spielt sich ab? Nutzen Sie die Feinabstimmung Ihrer Fernbedienung, wenn es Ihnen nötig erscheint.

Nehmen Sie die Realitätsprüfung vor

7. Woher wissen Sie, dass Sie Ihr Ziel genau auf dem von Ihnen gewünschten Weg erreichen? Was könnte im wirklichen Leben schief gehen?
8. Gehen Sie Ihren Fantasiefilm noch einmal in aller Ruhe durch. Dieses Mal stoßen Sie auf das Problem und lösen es. Machen Sie diesen Ablauf so oft wie nötig, bis Sie alle Dinge, die in der Realität misslingen könnten, ausgemacht und in den Griff bekommen haben. Falls Sie noch weitere innere Ressourcen brauchen, gehen Sie wieder zu Schritt 5 zurück.

»Live-Aufführung«

9. Lassen Sie Ihren Fantasiefilm noch einmal ablaufen. Diesmal steigen Sie ein – Sie schauen sich selbst nicht länger zu, sondern sind selbst daran beteiligt, wie Sie Ihr Ziel erreichen. Was machen Sie? Wie fühlen Sie sich? Was sagen Sie, und wie sagen Sie es? Vergegenwärtigen Sie sich vor Ihrem geistigen Auge, wie Sie Ihr Ziel erreichen, und erleben Sie es bewusst mit.
10. Achten Sie darauf, dass es »sich richtig anfühlt«. Nehmen Sie so lange Veränderungen vor, bis Sie vollauf zufrieden sind.

Weiterkommen mit Affirmationen

Durch *Affirmationen* können wir unser Unterbewusstsein mit positiven Gedanken und Anweisungen bewusst programmieren. Affirmationen sind kurze, einfache, eingängige Anweisungen, die als entschiedene, positive Aussagen in der Gegenwart formuliert werden und unser Handeln sowie unsere Kommunikation auf die von uns gewünschten Ergebnisse ausrichten. Je öfter wir sie wiederholen, desto stärker programmieren wir unser Unterbewusstsein, Wege zu unserem Ziel zu finden.

Wenn Sie, sagen wir ein-, zwei- oder dreimal am Tag, sechs Affirmationen schreiben und wiederholen, werden Sie wahrscheinlich nach drei Wochen die ersten Resultate erleben.

Affirmationen werden am besten wiederholt, wenn das Gehirn in einem entspannten Zustand und aufnahmefähiger ist – direkt nach dem Aufwachen und beim Einschlafen. Wir können sie verstärken, indem wir in unserer Vorstellung das mit der Affirmation verbundene Gefühl erleben und uns in Gedanken den Selbsthilfesatz als Wirklichkeit vorstellen. Affirmationen allein werden jedoch nicht unser Verhalten ändern. Aber sie können in Verbindung mit anderen Schritten, die wir unternehmen, dazu beitragen, unsere Ergebnisse drastisch zu verbessern. Viele Studien haben dies bestätigt.

INFO

Richtlinien für Affirmationen

- Verwenden Sie die erste Person Präsens (Ich bin ...).
- Halten Sie die Sätze kurz und klar.
- Formulieren Sie positiv. Bekräftigen Sie, was Sie wollen, nicht, was Sie nicht wollen. (Ich bleibe unter Druck mühelos ruhig und gelassen – nicht: Ich gerate nicht in Panik.)
- Gestalten Sie die Selbsthilfesätze lebendig und anschaulich, sodass Sie sie sehen, hören und fühlen können, während Sie die Sätze sprechen.
- Wiederholen Sie die Affirmationen, mindestens ein-/zweimal am Tag.
- Schreiben Sie die Sätze auf Karteikarten, damit Sie sie lesen können, bis Sie die Affirmationen kennen.

- Spitzenleister haben ein hohes Selbstwertgefühl und fördern das Selbstbewusstsein anderer Menschen.
- Ich habe ein hohes Selbstwertgefühl und fördere das Selbstbewusstsein anderer Menschen.
- Spitzenleister stellen hohe Anforderungen.
- Spitzenleister suchen immer nach Möglichkeiten, sich zu verbessern.
- Spitzenleister übernehmen Verantwortung.
- Spitzenleister setzen sich dort ein, wo es darauf ankommt.
- Spitzenleister lernen aus ihren Fehlern.
- Spitzenleister verlieren ihre Ziele nicht aus den Augen.
- Spitzenleister konzentrieren sich auf Lösungen, nicht auf Probleme.
- Spitzenleister kommunizieren und arbeiten erfolgreich mit anderen.

Um zu einer guten Zusammenstellung von Affirmationen zu kommen, sehen Sie sich die oben aufgeführten Beschreibungen von Spitzenleistern durch. Setzen Sie diese Aussagen beim Durchlesen in die erste Person.

Spitzenleister kommunizieren und arbeiten erfolgreich mit anderen

Für Andrew Carnegie, einst der reichste Mann der Vereinigten Staaten, arbeiteten zu einem Zeitpunkt 43 Millionäre. (1 Million Dollar waren damals mehr wert als 26 Millionen heute.) Als er gefragt wurde, warum diese Menschen so wertvoll für ihn seien, erwiderte er, dass sie es nicht auf Grund ihrer Kenntnisse der Stahlbranche, sondern ihrer Menschenkenntnis seien.
Sie konnten anscheinend hervorragend kommunizieren und effektiv mit anderen arbeiten.

Sofern sie nicht spezielle Ziele verfolgen, die sie nur ganz allein erreichen können, haben Spitzenleister gelernt, wie man mit anderen kommuniziert und erfolgreich mit ihnen arbeitet. Oft können wir weit mehr erreichen, wenn wir nicht allein, sondern mit anderen zusammenarbeiten. Um mehr darüber zu erfahren, wie man mit anderen erfolgreich kommuniziert und arbeitet ... – lesen Sie weiter!!

Zweiter Teil
Grundlagen der Kommunikation

Verständlich und verantwortlich kommunizieren

Beim Kommunizieren geht es nicht darum, dass wir andere mit Informationen versorgen oder dass andere uns von ihrem Standpunkt überzeugen. Es geht um Beziehungen, Verstehen und Erwartungen. Kommunikation ist mit einer chemischen Reaktion zu vergleichen, bei der zwei Elemente eine unlösbare, interdependente Verbindung bilden. Kommunikation ist ein Tanz – etwas, das zwischen Menschen stattfindet. Jeder Tanz ist verschieden, und auch jeder Tänzer ist anders.

Alles ist Kommunikation

Die sechs Grundregeln der Kommunikation

Es ist uns unmöglich, nicht zu kommunizieren. Jeden Tag kommunizieren wir auf vielfältigste Weise. Wir äußern unsere Gedanken, unsere Gefühle, unsere Wünsche. Wir zeigen Glück, Unsicherheit, Freude, schlechte Laune. Ob absichtlich oder unabsichtlich, geplant oder spontan, aktiv oder passiv: Kommunikation ist eines der Hauptmittel, mit denen wir uns durchsetzen und unsere Ziele verwirklichen. Unser Kommunikationsverhalten spiegelt wider, wer wir im tiefsten Innern sind, was wir können und wie selbstsicher wir sind. Unsere Begabungen und Leistungen werden hervorgehoben oder bleiben verborgen. Es lässt erkennen, wie viel Anerkennung und Respekt wir von anderen erwarten. Unsere Fähigkeit zu kommunizieren beeinflusst, mit wem wir Freundschaft schließen, ob wir im Beruf befördert werden, eine Gehaltserhöhung bekommen und welche Verantwortungsbereiche uns übertragen werden. Die ganze berufliche Laufbahn steht damit in engem Zusammenhang. Von unserem Kommunikationsverhalten hängt auch ab, wie gut wir mit anderen zusammenarbeiten, ob wir uns durchsetzen und unsere Vorstellungen verwirklichen können. Wie gut wir Informationen und Empfindungen aufnehmen und vermitteln können, entscheidet darüber, wie gut wir Probleme lösen, Entscheidungen treffen, Einigungen erzielen und Meinungsverschiedenheiten beilegen können.

Warum kommunizieren wir?

Aus Untersuchungen wissen wir, dass 70 Prozent aller Fehler am Arbeitsplatz auf mangelhafte Kommunikation zurückzuführen sind. Aber Fehlervermeidung ist nur eines von vielen Motiven, weshalb

Menschen miteinander reden. Es gibt viele Gründe für die menschliche Kommunikation. Wir kommunizieren miteinander, um ...

- Vertrauen zu gewinnen
- Vorkehrungen zu treffen
- höflich zu sein
- zu warnen
- Anweisungen zu geben
- herumzualbern
- Informationen einzuholen
- Freundschaften zu knüpfen
- gesellig zu sein
- etwas zu bekommen
- jemanden zu täuschen
- etwas zu berichten
- uns die Zeit zu vertreiben
- zu begrüßen
- zu verkaufen
- Geld zu verdienen
- eine Arbeit zu erledigen
- geachtet zu werden
- Hilfe zu erhalten
- zu helfen
- zu lernen
- zu motivieren
- uns Respekt zu verschaffen
- zu überleben
- uns zu beschweren
- zu beruhigen
- zu schummeln
- zu verhandeln
- zu loben
- zu unterhalten
- zu beleidigen
- Rat zu erteilen

Wenn diese kommunikativen Interaktionen nicht gelingen, werden daraus Probleme erwachsen. Es existieren folgende Ursachen von Kommunikationsproblemen:

- Es fehlen Informationen,
- man hört nicht zu,
- Zeitmangel,
- Prioritäten oder Ziele werden nicht klar vermittelt,
- man denkt nicht gründlich genug nach, zieht voreilige Schlüsse,
- man verliert die Geduld, wird nervös und emotional,
- man weiß zu wenig vom Thema,
- Voreingenommenheit,
- schlechte Laune,
- man kümmert sich nicht um die Bedürfnisse anderer,
- man versteht nur zum Teil und fragt nicht nach,
- Alternativen werden nicht in Betracht gezogen.

Wenn diese Probleme nicht erkannt und beseitigt werden, leidet die Effektivität der Kommunikation spürbar. Und diese Kommunikationsprobleme haben Folgen:

- Aufträge kommen nicht zu Stande,
- Stress und Schlaflosigkeit sowie Fehler treten auf,
- geringes Selbstwertgefühl,
- Unzufriedenheit mit anderen,
- Verlust an Teamgeist,
- das persönliche oder das Firmenimage erleidet Schaden,
- Kreativitätsverlust,
- mangelhafte Zusammenarbeit und Koordination,
- Renommee geht verloren,
- Klatsch, Gerüchte, Missverständnisse,
- geringe Motivation,
- Frust, Aggression, Spannungen,
- Konflikte und Auseinandersetzungen,
- Freunde gehen verloren,
- hohe Fluktuation,
- Krankfeiern,
- verminderte Produktivität,
- Erstarrung in Routine.

Dies gilt es zu verhindern.

Sechs Grundregeln der Kommunikation

Erste Grundregel: Alles, was wir tun, ist Kommunikation

Menschen senden fortwährend verbale und nonverbale, beabsichtigte, unbeabsichtigte und unbewusste Botschaften. Was wir explizit aussprechen, bildet nur die Spitze des Eisbergs – je nach Situation macht es 7 bis 30 Prozent der Gesamtinformation aus. Die Lautstärke, der Tonfall, der Blickkontakt, die Körperhaltung, die Kopfneigung – dies alles sind Faktoren, die anderen helfen, unsere Worte zu interpretieren.

Kommunikation prägt also unser tägliches Leben und unsere Beziehungen zu anderen Menschen. Von ihr hängen unsere ganze Lebensqualität und unser Erfolg ab.

Wenn wir uns morgens überlegen, was wir anziehen, so suchen wir etwas aus, das unser Selbstbild und unser Selbstwertgefühl widerspiegelt. Unser Auto, unser Haus oder unsere Wohnung, unsere Kleidung – all das teilt mit, wie wir uns selbst einschätzen, wie wir gerne gesehen und behandelt werden möchten. Wenn wir persönliche Gegenstände auf unseren Schreibtisch stellen, so zeigen wir, was wir als wichtig und wertvoll erachten. Wenn wir uns bewegen, unsere Körperhaltung oder die Miene verändern, drücken wir etwas über unsere Einstellungen und Gefühle aus. Genauso aussagekräftig ist unsere Wortwahl und die Art, wie wir sprechen.

INFO

Die drei Vs der Kommunikation

- **Visuell:** Die Wirkung unserer Mitteilungen wird zu 55 Prozent durch unsere Körpersprache bestimmt
- **Vokal:** Unser Tonfall, unser Sprechtempo und unsere Lautstärke machen 38 Prozent aus.
- **Verbal:** Sie hängt zu 7 Prozent von den Wörtern ab, die wir tatsächlich gebrauchen.

Menschen ohne kommunikative Kompetenz haben nur ihre eigenen Gedanken, Gefühle und Ideen im Kopf. Ihre Augen, Ohren, Herzen und Gedanken sind nicht bereit, die Botschaften anderer aufzunehmen. Menschen mit kommunikativer Kompetenz beachten dagegen alles, was andere sagen – symbolisch, nonverbal und verbal.

Zweite Grundregel: Der Gesprächsbeginn bestimmt meistens das Unterhaltungsergebnis

Jeder hat schon erlebt, dass einem die Art, wie jemand sprach, sofort unsympathisch war. Wenn wir nicht aufpassen, können schon unsere ersten Worte dazu führen, dass die anderen abschalten oder sich verschließen – und so unsere ganze Botschaft ablehnen. Untersuchungen zeigen, dass wir nicht viel Zeit haben, bis der andere entschieden hat, ob er uns mag, uns vertraut, Geschäfte mit uns machen möchte. Jede Sekunde zählt. Anscheinend haben wir ungefähr zwei Minuten, wenn wir jemandem persönlich gegenüberstehen, 30 Sekunden am Telefon und 10 bis 15 Sekunden beim Anrufbeantworter, ehe der andere entschieden hat, was wir *wirklich* sagen wollen, und ob er bereit ist, darauf einzugehen.

Menschen mit einem schwach entwickelten Kommunikationsverhalten platzen sofort mit ihrer Botschaft heraus. Sie reden erst, dann denken sie. Menschen, die erfolgreich kommunizieren, überlegen dagegen genau, wie, wann und wo sie ihre Botschaft einbringen. Sie fragen sich, ob sie diese mit einem Beispiel, mit Fakten oder einer Anekdote einleiten? Sie denken darüber nach, wie sie sich dem anderen verständlich machen und ob Sie sich auf etwas beziehen können, das ihm wichtig ist. Sie haben ihr Gesamtziel im Auge und überlegen, was sie mit ihrer Kommunikation erreichen wollen.

Dritte Grundregel: Die Art, wie eine Nachricht übermittelt wird, beeinflusst stets auch den Empfang

Wie wir etwas sagen ist oft wichtiger als das, was wir sagen. – Die Menschen nutzen verschiedene Sinne, um unsere Botschaften zu hören und zu deuten.

Machen Sie einen Versuch!

Hier ist ein kleines Experiment. Sprechen Sie die folgenden zehn Worte zehnmal. Das erste Mal betonen Sie das erste Wort. Das zweite Mal legen Sie die Betonung auf das zweite Wort und so weiter.

Ich habe nie gesagt, dass er unser Geld gestohlen hat.

Schlechte Gesprächspartner denken nicht darüber nach, wie sie eine Botschaft mitteilen. Sie bringen lediglich ihr Argument vor und übernehmen keine Verantwortung dafür, ob der Zuhörer ihre Botschaft richtig aufnehmen und interpretieren kann.

Gute Gesprächspartner denken erst nach, vor allem bei wichtigen Gesprächen. Sie setzen ihre Körpersprache ein, sie kleiden sich angemessen, sie achten auf ihren Tonfall. Diese Faktoren haben *immer* großen Einfluss darauf, wie eine Botschaft aufgenommen wird.

Vierte Grundregel: Die entscheidende Kommunikation ist nicht gesendete, sondern empfangene Botschaft

Haben Sie in einem Gespräch schon einmal etwas in der Art sagen müssen: »Das ist es nicht, was ich gemeint habe! Was ich gemeint habe, ist ...«? Dann ist es oft schon zu spät – der Schaden ist angerichtet. Es ist alarmierend, wie leicht eine Botschaft ganz anders ankommt, als wir erwartet hatten. Daher kann man zu Recht behaupten, dass die *wirkliche* Kommunikation aus der empfangenen Botschaft besteht – unseren Absichten zum Trotz. Menschen, denen die kommunikative Kompetenz fehlt, sind nicht anpassungsfähig. Sie sagen die gleiche Sache zehn verschiedenen Menschen auf die gleiche Weise, obwohl diese zehn Leute jeweils ein unterschiedliches intellektuelles Niveau, einen anderen Hintergrund und verschiedene Bedürfnisse haben. Und dann wundern sie sich, dass sie nicht verstanden werden!

Menschen, die erfolgreich kommunizieren, »machen ihre Hausaufgaben« – sie finden heraus, was ihrem Gesprächspartner wichtig ist, wie viel der andere bereits weiß und welche Erfahrung er hat. Auf diese Weise ist es ihnen möglich, ihrer Botschaft einen Rahmen zu geben und sich damit der Gedanken- und Erfahrungswelt des anderen anzunähern. Sie achten auch darauf, wie ihr Gegenüber reagiert, während sie ihre Botschaft übermitteln, damit sie – soweit nötig – sich darauf einstellen können.

Fünfte Grundregel: Kommunikation ist keine Einbahnstraße

Wir wollen unseren Standpunkt klar, fair und überzeugend darstellen. Doch wenn es nur dabei bleibt, ist es keine Kommunikation, sondern ein Monolog. Wenn ein wirkliches Gespräch stattfinden soll, müssen wir uns den Standpunkt des anderen sorgfältig anhören. Das hilft uns auch, unsere Meinung wirkungsvoll darzulegen.

Nachdem wir gute Informationen sowohl empfangen als auch gesendet haben, sind wir bereit für den nächsten Schritt: eine Entscheidung zu treffen, ein Problem zu lösen, einen Kompromiss auszuhandeln, einen Umsatz zu tätigen, eine Freundschaft zu schließen, eine Meinungsverschiedenheit beizulegen, eine Einigung zu erzielen, ein Geschäft abzuschließen ...

! Erfolgreiche Kommunikation bedeutet: gute Informationen senden, gute Informationen empfangen und dann einen Schritt weiter gehen.

Schlechte Gesprächspartner glauben, dass die Kommunikation beendet ist, wenn sie gesagt haben, was sie wollten. Gute Gesprächspartner dagegen erkennen, dass die Kommunikation in der Regel dann erst beginnt!

Sechste Grundregel: Kommunikation ist ein gemeinsamer Tanz

Kommunikation ist ein Prozess, der auf Wechselseitigkeit beruht. Sie kommt im gemeinsamem Tun zum Tragen. Dieses Buch ist zum Beispiel noch keine Kommunikation. Erst wenn Sie als Leser oder Leserin die Informationen entnehmen, findet Kommunikation statt. Sie sind dann Teil des Kommunikationsprozesses. Würde niemand dieses Buch lesen, dann hätten wir nur Schriftzeichen auf dem Papier, und es fände auch keine Kommunikation statt. Kommunikation ist ein gemeinsamer Tanz. Wir reden mit anderen, wir sprechen nicht zu ihnen. Menschen, die erfolglos kommunizieren, haben niemals den Tanz guter Gesprächspartner gelernt. Sie sind nicht in der Lage, ihr Tempo oder ihre Schritte dem Gegenüber oder den Umständen anzupassen. Gute Gesprächspartner tanzen dagegen im Rhythmus der jeweiligen Musik.

Haben Sie jemals etwas mit jemandem besprochen und dabei entdeckt, dass Ihre Ideen beim Sprechen plötzlich klarer wurden, obwohl Sie sich über das gleiche Thema schon mit anderen unterhalten hatten? Der Unterschied liegt im Prozess – in dem, was sich zwischen Ihnen und Ihrem Gesprächspartner abspielt. Das ist der »Kommunikationstanz«. Wie lautet der alte Spruch: »Zum Tanzen gehören zwei«.

Selbst wenn wir die gleiche Botschaft verschiedenen Menschen mitteilen, wird sie doch stets unterschiedlich ausfallen. Es kann sein, dass wir mit der ersten Übermittlung dazugelernt haben: Wir können einen Sachverhalt jetzt anders darstellen, da wir ihn noch einmal durchdacht haben; oder wir sind einfach in einer anderen Verfassung. Außerdem unterscheiden sich die Gesprächspartner – auch hinsichtlich ihres Hintergrundes, ihrer Erfahrung und ihrer Denkstrukturen – und damit unterscheidet sich die jeweilige Beziehung zueinander.

Dies sind also die sechs Grundregeln der Kommunikation. Ich werde im Folgenden darstellen, wie man sie am besten einsetzen kann.

Machen Sie sich nun Gedanken zu folgenden Fragen:

- Was geschieht zwischen zwei Menschen, die versuchen, miteinander zu kommunizieren?
- Welche Gedanken gehen Ihnen durch den Kopf, wenn Sie mit einem Fremden, einem Freund, einem Kollegen, einem Vorgesetzten sprechen?
- Wenn Sie jemanden kennen lernen?
- Wenn Sie anderer Meinung sind?
- Von welchen Annahmen gehen Sie aus?
- Welche Erwartungen hegen Sie?
- Wie wirkt sich Ihre bisherige Erfahrung auf die Gegenwart aus?

Den Hindernislauf meistern

Wie Sie Kommunikationshürden erkennen und überwinden

Effektiv kommunizieren ist in vielerlei Hinsicht wie ein Hindernisrennen. In jedem von uns stecken Barrieren und Widerstände, Kommunikationsfilter genannt, die Informationen und Botschaften abblocken und dadurch unser Verständnis und die Wirksamkeit unserer Kommunikation einschränken. Gleichzeitig existieren in unserer äußeren Umgebung Hindernisse, die die Verständigung scheitern lassen können. Und ebenso gibt es zwischen uns und den anderen Gesprächsteilnehmern persönliche Gegensätze, die leicht zu Missverständnissen und sogar zu Konfliktsituationen führen können.

Das Bedürfnis nach Ordnung und Berechenbarkeit, die Tendenz, nur das zu sehen, was wir erwarten, und dabei gegenteilige Informationen zu ignorieren, sowie die absolute Macht von gewohnheitsmäßigem Denken fügen sich zusammen und bilden äußerst wirksame, starre Kommunikationsfilter. Diese haben gewissermaßen eine psychische Schutzfunktion – sie helfen uns, die Welt zu verstehen sowie Gefühle des Unbehagens und der Verwirrung zu vermeiden.

Diese Filter sind wie zerfurchte Wege oder ausgetretene Pfade in unserem Gehirn. Weil unser Gehirn so schnell arbeitet, treten diese Filter augenblicklich in Aktion. Da die meisten unserer Denkfilter bzw. -strukturen unterhalb unserer Wahrnehmungs-

INFO

Vorsicht: Kommunikationsfilter!

1. Tatsache In Kapitel 2 haben wir gesehen: Unsere Eltern und andere in unserem Leben maßgebliche Personen prägen zusammen mit unseren Erfahrungen bestimmte Wertvorstellungen, Denkstrukturen sowie unsere Weltsicht.

\+

2. Tatsache Wir haben ebenfalls gelernt, dass das Gehirn nach Ordnung und Berechenbarkeit strebt und in diesem Bestreben diejenigen Gedanken, Meinungen und Informationen aufnimmt, die unsere Überzeugungen bestätigen, die anderen aber herausfiltert. Das hilft uns, eine unangenehme kognitive Dissonanz zu vermeiden.

\+

3. Tatsache In seinem weiteren Bemühen, Ordnung herzustellen, interpretiert das Gehirn automatisch neue Erfahrungen nach unseren festgelegten Denkstrukturen. Unsere Denkmuster haben dieTendenz, als selbsterfüllende Prophezeiungen täglich verstärkt zu werden.

=

Sehr starke Kommunikationsfilter

schwelle arbeiten, werden sie uns auch nicht bewusst. Daher neigen wir nicht dazu, sie daraufhin zu prüfen, ob sie überhaupt noch realistisch, aktuell, nützlich oder überhaupt gültig sind.

Natürlich haben manche dieser Denkweisen durchaus ihren Wert. Zum Beispiel sind: »Ich sollte höflich und respektvoll meinem Chef gegenüber sein« und »Man bekommt nur so viel raus, wie man reinsteckt« zwei durchaus nützliche Ansichten, die von vielen geteilt werden.

Andere eingefahrene Denkmuster dagegen sind weniger hilfreich, besitzen weniger Gültigkeit und verhindern zwischenmenschliche Kommunikation. So sollten alle Vorstellungen, wie Menschen sich benehmen »sollten«, Mutmaßungen über ihren Charakter etc. gelegentlich auf ihre Wirklichkeitsnähe überprüft werden.

Ganz egal, ob unsere Denkstrukturen und festen Vorstellungen zutreffend bzw. nützlich sind oder nicht, sie werden leicht bestätigt und bestärkt. Wenn wir zum Beispiel die vorgefasste Meinung haben: »Ich bin schüchtern, und die meisten Menschen mögen mich nicht«, dann nehmen wir leicht Signale wahr, die sich von uns auf diese Weise interpretieren lassen: »Er mag mich nicht.« Auf diese Weise werden tatsächliche Anzeichen von Freundlichkeit oder der Wunsch, uns zuzuhören, ignoriert. Wir empfangen und verarbeiten dann nur Signale, die Abneigung und Desinteresse zeigen, um so gerade diese Annahme zu verstärken. Da sich unsere Denkstrukturen als »richtig« erweisen sollen, wird sich unser Verhalten anderen gegenüber nach der »Tatsache« richten, dass wir »wissen«, dass sie uns nicht leiden können. Konsequenterweise werden wir uns auch dementsprechend benehmen, sodass andere geradezu aufgefordert werden, uns nicht zu mögen. Dazu kommt, dass unser Gegenüber auch sein eigenes Denkraster hat.

Sobald Sie das Gefühl bekommen, dass Sie nicht mit dem realen Menschen, sondern mit Ihrer Vorstellung von ihm reden, halten Sie inne und überlegen Sie: Welche Denkstruktur beeinflusst mich jetzt? Welcher inneren Vorstellung, welchem Vorurteil oder Klischee falle ich jetzt zum Opfer? Von welchen – möglicherweise ungültigen – Annahmen bin ich jetzt ausgegangen? Überprüfen Sie Ihre Vermutungen und vorgefassten Meinungen und revidieren Sie diese gegebenenfalls anhand Ihrer neuen Erfahrungen und Einsichten.

In einem solchen Fall reden zwei Menschen nicht miteinander, sondern mit ihren Vorstellungen voneinander. Sicher können Sie sich vorstellen, wie ineffektiv sich ein solches Gespräch gestalten wird. Sobald wir solche Denkstrukturen und Vorurteile erkennen, können wir diese aktualisieren bzw. revidieren, damit sie nützlicher und realistischer werden. Falls dies nicht möglich sein sollte, wäre es für uns am besten, ein Vorurteil zuzugeben und ad acta zu legen.
Wir alle besitzen sehr viele verschiedene Filter, die den Kommunikationsprozess blockieren können.

Werden Sie sich bewusst, wie Sie mit anderen kommunizieren. Erkennen Sie die Filter, die Ihre Kommunikation behindern. Bekennen Sie sich dazu und unternehmen Sie etwas, um diese Filter entweder zu beseitigen oder ihre Wirkung zu verringern.

Einige häufige Kommunikationsfilter sind:

- Vorschnelle Einschätzung
- Zerstreutheit
- Voreilige Schlüsse ziehen
- Vorurteil
- Ihre Gedanken schweifen ab
- Ungerechtfertigte Annahmen
- Verallgemeinern
- Selbstüberschätzung
- Eingeschränkte Wahrnehmung
- Stress
- Schlecht zuhören können
- Schlechtes Gehör
- Unaufmerksamkeit
- Fixe Ideen
- Vorgefasste Meinungen
- »Selektives Gehör«
- Informationen ignorieren oder zurechtbiegen.

Kommunikationshindernisse reduzieren

Auch in unserer Umgebung gibt es Kommunikationshindernisse: Lärm, Ablenkung, zu viele Dinge, die alle gleichzeitig ablaufen. Diese Störungen können die Konzentration erschweren und dazu führen, dass wir nur einen Teil einer Botschaft bzw. eine verzerrte Nachricht hören. Solche Störungen können dafür sorgen, dass wir uns unwohl fühlen, oder sie können uns nervös machen.

Was Sie tun können, um solche Hindernisse zu überwinden: Schließen Sie Lärm und andere Ablenkungen aus und schenken Sie Ihre Aufmerksamkeit einzig und allein Ihrem Gesprächspartner. Verlegen Sie Ihr Gespräch an einen ruhigeren Ort bzw. schalten Sie die Ablenkungen weitestgehend aus. Sollte dies nicht möglich sein, vertagen Sie Ihre Besprechung auf einen besseren Zeitpunkt. Bitten Sie darum, nicht gestört zu werden. Konzentrieren Sie sich auf das Gespräch, indem Sie aufmerksam zuhören und gedanklich die wesentlichen Punkte für sich resümieren.

Persönliche Unverträglichkeiten überwinden

Manchmal vertragen wir uns so wenig mit einem anderen Menschen, dass es schwierig, peinlich oder unangenehm für uns ist, mit ihm ein Gespräch zu führen. Alters-, Geschlechts- und Rassenunterschiede, unterschiedliche Herkunft, Bildung, Persönlichkeit, Wertvorstellungen oder auch ein anderer Lebensstil können ebenfalls die Ursache für solche Schwierigkeiten sein. Diese Unterschiede können Kommunikationsfilter wie Klischees, Vorurteile, zu frühe Bewertung und sogar Stress erzeugen, häufig ohne dass uns dies bewusst wird. Wenn sich unsere Ansichten völlig von denen eines anderen unterscheiden, kann es schwierig sein, eine »gemeinsame« Sprache zu finden.

Manchmal drücken wir uns ungeschickt aus: Vielleicht ist auch einer der Gesprächspartner schwerhörig oder redet nicht deutlich; möglicherweise will ein Gesprächsteilnehmer zu viele Punkte auf einmal abhaken, mit dem Ergebnis, dass dies die anderen verwirrt. Unter Umständen sendet der andere eine mehrdeutige Botschaft, die verschieden interpretiert werden könnte, oder unsere Körpersprache stimmt nicht mit unseren Worten überein. Vielleicht ist auch der Zeitpunkt für die Mitteilung falsch gewählt. In Kapitel 10 werden wir besprechen, welche Bedeutung das Einfühlungsvermögen hat, und untersuchen, wie damit grundsätzliche Unterschiede und Unverträglichkeiten überwunden werden können.

In erster Linie sollten wir uns vor Augen halten, dass das »Hindernisrennen« ständig stattfindet. Jeder von uns hat seine eigenen Hindernisse.

!

Erkennen Sie solche Hindernisse und versuchen Sie, diese zu überwinden, um erfolgreiche Gespräche führen zu können. Stellen Sie Fragen, formulieren Sie Ihre Botschaft neu, reden Sie langsamer oder lauter – was immer notwendig ist, um eine bessere Verständigung zu erreichen.

Was zählt ist das Wie

Ihre Stimme ist ein Instrument

Manche Stimmen sind melodisch, strahlen und tanzen, andere klingen voll. Manche sind kräftig und sonor, andere lebhaft und dynamisch. Bei manchen Menschen merken wir auf, wenn sie sprechen – ihre Stimmen vermitteln Herzlichkeit, Kraft oder Leidenschaft. Wenn andere etwas sagen, schalten wir ab – ihre Stimmen sind flach und monoton oder arrogant und wichtigtuerisch. Es gibt forsche, strenge, freundliche, geheimnisvolle Stimmen. Von manchen Stimmen wollen wir mehr hören, von anderen dagegen weniger – viel weniger!

Unsere Worte bilden nur einen Bruchteil der Botschaft, die wir senden. Wie wir die Worte aussprechen, ist oft von größerer Bedeutung als die Worte selbst.

Überlegen Sie: Wie klingt Ihre Stimme?

- Ist der Klang Ihrer Stimme rau, sanft, scharf oder ausdruckslos?
- Ist Ihre Stimmlage hoch oder tief? Wechseln Sie selten oder oft die Stimmlage?
- Sprechen Sie laut, leise oder irgendwo dazwischen?
- Ist Ihre Sprechmelodie ansteigend, fallend oder eintönig?
- Ist Ihr Sprechtempo schnell oder langsam?
- Wie betonen Sie Ihre Worte?
- Sprechen Sie deutlich oder undeutlich?
- Sprechen Sie mit Nachdruck?
- Ist Ihr Sprechrhythmus moduliert oder abgehackt?

Alle diese Faktoren zusammen erzeugen den Gesamteindruck unserer Stimme und verleihen (oder nehmen) unserer Mitteilung zusätzliche Bedeutung.

Unsere Stimme bestimmt den ersten Eindruck, den andere von uns bekommen, und wie die Botschaft beim Empfänger ankommt. Tatsächlich basieren 38 Prozent des Ersteindrucks bei unseren Zuhörern auf der Qualität unserer Stimme.

Achten Sie auf Ihren Tonfall

Die Klangfarbe ist die Eigenart und Ausdrucksfähigkeit einer Stimme. Durch Modulation drückt sie Stimmungen, Gefühle und Bedeutungsnuancen aus. Linguisten und Psychologen haben herausgefunden, dass wir in unseren Gesprächen mit anderen die Gewohnheit haben, in einem bestimmten Ton zu sprechen.

Überlegen Sie: In welchem Ton sprechen Sie wann?

- Anklagend und vorwurfsvoll.
- Besänftigend und begütigend.
- Übermäßig sachlich und nüchtern.
- Belehrend und rechthaberisch.
- Aggressiv und streitbar.
- Kindlich und hilflos.
- Jammernd und klagend.
- Klar und deutlich.
- Kompetent und sachlich.
- Herablassend und überlegen.
- Gelangweilt und blasiert.
- Herrisch und tyrannisch.
- Warm und freundlich.
- Positiv und heiter.
- Nachdenklich und ruhig.
- Dramatisch und überschwänglich.

Präsentieren Sie sich mit Ihrer besten Stimme

Der Begriff Stimmlage beschreibt, ob wir mit hohen oder tiefen Tönen oder einer interessanten Mischung aus beiden sprechen. Zu viele gleiche Töne können einschläfernd wirken, während ein ständiger Wechsel zwischen extremen Stimmlagen uns jung oder albern klingen lässt. Eine hohe Stimme kann den Eindruck von Nervosität, Aufgeregtheit, Unreife oder mangelndem Selbstvertrauen vermitteln. Tiefere Stimmen klingen selbstbewusster und tüchtiger.

Die Lautstärke kann einer Mitteilung mehr Bedeutung verleihen und Aufmerksamkeit fordern. Sprechen Sie lauter, oder flüstern Sie, um die Aufmerksamkeit auf einen wichtigen Punkt zu lenken. Eine Stimme wird stärker und voller, wenn sie aus dem Zwerchfell kommt und nicht oben in der Kehle gebildet wird.

Beenden Sie Ihre Sätze in einer hohen Stimmlage, als ob Sie eine Frage stellen würden? Oder mit fallender Betonung, um zu zeigen, dass Sie etwas mitzuteilen haben? Ein Heben der Stimme vermittelt den Eindruck von Unsicherheit. Fallende Betonungen klingen gewichtiger.

Wie schnell sprechen Sie? Überstürzen Sich Ihre Worte, sodass es schwierig wird mitzukommen? Oder zögern Sie so oft, dass die anderen ungeduldig werden und den Faden verlieren?

Stimmen Sie Ihr Sprechtempo auf zwei Faktoren ab:

- **Das Thema:** Wie schwierig ist es? Sind Ihre Zuhörer vertraut damit? Bei schwierigen oder neuen Themen brauchen die Zuhörer mehr Zeit, um das Gesagte zu verarbeiten.
- **Den bzw. die Zuhörer:** Versuchen Sie, Ihr Sprechtempo Ihrem Gesprächspartner anzupassen. (s. S. 116ff. und 227ff.)

Auch die Pausen oder Abstände zwischen unseren Worten unterstreichen, was wir sagen.

Stimmlage und Sprechtempo erzeugen eindrucksvolle Kombinationen: Die Stimmen mancher Menschen sind zähflüssig wie Sirup, andere zwitschern atemlos und schnell; wieder andere stoßen Wörter aus wie ein Maschinengewehr.

Beachten Sie also:

- Sprechen Sie in einer tieferen Stimmlage, um glaubwürdiger zu klingen.
- Atmen Sie tief ein und entspannen Sie dabei Ihre Halsmuskulatur und die Stimmbänder. Üben Sie, indem Sie laut vorlesen – am besten mit einem Kassettenrekorder –, bis Sie die Klangfarbe, Stimmlage, Modulation und Deutlichkeit erreichen, mit der Sie zufrieden sind.
- Sie sollten bestrebt sein, etwa 70 Prozent fallende Betonungen am Satzende zu erreichen. Nachrichtensprecher werden darauf trainiert. Ihre Ausführungen klingen dann gewichtiger.
- Sprechen Sie langsamer, um nachdenklicher und ernsthafter zu wirken. Damit geben Sie zu verstehen, dass Sie Ihre Worte sorgfältig wählen. Ihre Mitteilung wird dann gewichtiger klingen.
- Sprechen Sie schneller, um Enthusiasmus, Energie und Entschlossenheit auszudrücken. Ein schnelleres Sprechtempo fordert mehr Konzentration von den Zuhörern, deren Gedanken dann nicht so schnell abschweifen werden.
- Machen Sie eine Pause, wenn Sie zu einem wichtigen Punkt kommen, um zu signalisieren: »Beachte, was ich jetzt sagen werde.«

Die richtige Betonung schafft Klarheit

Erinnern Sie sich an unser Experiment aus Kapitel »Alles ist Kommunikation«? (s. S. 62ff.) – *Ich habe nie gesagt, dass er unser Geld gestohlen hat.* – Wenn Sie diesen Satz einige Male laut oder im Stillen lesen und jeweils ein anderes Wort betonen, wird deutlich, dass sich die Bedeutung des ganzen Satzes verändert, wenn nur die Betonung eines einzelnen Wortes wechselt. Wie wir unsere Worte betonen, kann darüber entscheiden, wie unsere Mitteilungen verstanden werden! Häufig verraten wir durch Betonung, was wir eigentlich denken, ohne uns dessen bewusst zu sein.

Optimieren Sie Ihr stimmliches Instrument

Man wird uns besser zuhören, wenn wir unsere Worte deutlicher artikulieren. Wenn wir undeutlich sprechen oder Worte »verschlucken«, werden die anderen abschalten – das Zuhören wird zu anstrengend. Betonung und Rhythmus sind der Nachdruck, die Begeisterung und die Geschwindigkeit, mit denen wir sprechen. Sie können einschläfernd wirken – oder anregen, begeistern, überzeugen und beflügeln.

Unsere Sprechweise ist nicht angeboren, sondern entwickelt sich durch Erfahrung und Gewohnheit, ohne dass uns dies bewusst ist. Das ist eigentlich schade, denn die menschliche Stimme ist ein sehr vielseitiges und klangvolles Instrument. Mit etwas Übung können wir die Wirkung unserer Äußerungen erhöhen und somit erreichen, dass die von anderen empfangene Nachricht auch der von uns beabsichtigten entspricht.

Wir neigen dazu, zu schnell zu sprechen. Die meisten Menschen denken aber nicht in Wörtern, sondern benutzen sie, um Bilder im Kopf zu erzeugen. Zu viele Wörter pro Minute gestatten es aber nicht, dass »Bilder« erzeugt werden. Als Zuhörer gibt man dann einfach auf. Ein häufiger Fehler bei der Aussprache ist, dass wir unsere Lippen zu dicht zusammenpressen. Oder wir beenden Sätze und Phrasen mit steigender Betonung, sodass es klingt, als ob wir Zustimmung suchten. Kurzum, es lässt sich an unserer verbalen Kommunikation vieles verbessern.

Um sicherzugehen, dass wir unsere beste Stimme zur Geltung bringen, sollten wir unsere Gespräche überprüfen und darauf achten, was und wie wir es sagen, sowie die Wirkung unserer Worte auf andere bewusst verfolgen.

- Ihre Botschaft kann durch die Art, wie Sie etwas sagen, untergraben oder wirkungsvoll unterstrichen werden. Denken Sie darüber nach, wie Sie Ihre Worte vorbringen, und arbeiten Sie daran.
- Mindestens zweimal täglich sollten Sie Ihr Gesprächsverhalten überprüfen. Wie klingen Sie? Wie können Sie diesen Eindruck verbessern? Je häufiger Sie dies machen, desto eher wird es zur Gewohnheit. Schließlich werden Sie Ihre Gespräche ganz automatisch überprüfen und verbessern.

Verhalten erzeugt Gegenverhalten

Für niemanden eine Marionette sein: Behalten Sie die Kontrolle über Ihre Kommunikationssituationen

»Behandle andere so, wie du behandelt werden möchtest.« »Du erntest, was du säst.« – »Wie du mir, so ich dir.« Diese Sprüche sind vielen von uns bekannt. Was bedeuten sie eigentlich? Das Gesetz der »psychologischen Reziprozität« klingt für diejenigen unter uns, die Fachjargon mögen, imponierend. Doch was ist damit gemeint?

Verhalten erzeugt Gegenverhalten

Wir wissen, dass andere Menschen dazu neigen, so zu reagieren, wie wir sie behandeln.

Wir ernten, was wir säen

- Sei unhöflich – und meist werden dir die anderen auch unhöflich begegnen.
- Sei höflich – und im Allgemeinen wird man auch höflich zu dir sein.
- Sei rücksichtsvoll – und in der Regel werden dir andere Menschen ebenfalls rücksichtsvoll entgegenkommen.
- Respektiere andere – und meist werden sie auch dich respektieren.

In der Regel reagieren Menschen so, wie sie behandelt werden. Haben Sie schon einmal erlebt, dass Sie unerwartet zuvorkommend bedient worden sind und sich die Freude darüber auf Ihr Wohlbefinden ausgewirkt hat? Hatte dies zur Folge, dass Sie dann anderen gegenüber freundlicher waren? Leider haben viele von uns auch das Gegenteil erlebt: unhöfliche Bedienung, die uns noch gereizter als sonst machte und uns selber unhöflich reagieren ließ. Lassen wir uns von anderen beeinflussen, so lassen wir zu, dass das Verhalten eines anderen unser eigenes Verhalten bestimmt. Dies geschieht, wie wir im Kapitel »Wir ernten, was wir säen« (s. S. 30ff.) gesehen haben, wenn wir außengesteuert sind.

Das Gegenteil passiert, wenn wir innengesteuert sind: Haben Sie nicht auch schon einmal einen anfangs unkooperativen Gesprächspartner so beeinflusst, dass er lächelte und freundlicher wurde, und zwar durch Ihr Lächeln oder Ihr freundliches Verhalten ihm gegenüber? Dies spielt sich ständig ab. Wenn Sie aufpassen, können Sie es jeden Tag in Restaurants, Läden und Büros beobachten – denn wir Menschen neigen von Natur aus dazu, Gleiches mit Gleichem zu vergelten. Genau das besagt das Gesetz der »psychologischen Reziprozität«: Sei nett zu mir, und ich bin nett zu dir; und wenn du nicht freundlich bist, dann zahle ich es dir mit gleicher Münze heim.

Anderen eine Freude machen!

Betty ging bei der Reinigung vorbei, um einen Pullover abzuholen. Die Verkäuferin hinter dem Ladentisch suchte gerade etwas für eine andere Kundin heraus, die so aussah, als hätte sie einen schweren Tag hinter sich. Sie sah ausgesprochen müde und missmutig aus. Während sie schweigend warteten, drehte Betty sich zu der Frau um und sagte: »Der Ring, den Sie tragen, ist wunderschön!« »Danke«, erwiderte die andere Kundin ziemlich kurz angebunden. – Die Verkäuferin kam mit den gereinigten Kleidern der Frau zurück und nahm ihr Geld entgegen. Als sie sich umdrehte, um den Laden zu verlassen, wandte sich die missmutige Dame an Betty, lächelte sie freundlich an und sagte: »Und Sie haben eine sehr hübsche Halskette an. Ich habe das gleich gesehen!« – Bettys Freundlichkeit entlockte der fremden Dame ebenfalls eine freundliche Reaktion und besserte wahrscheinlich deren Stimmung.

Indem wir innengesteuert bleiben, können wir dafür sorgen, dass wir diejenigen sind, die unsere Gespräche lenken und die darüber entscheiden, in welcher Atmosphäre sie verlaufen sollen.

Vorausgesetzt, Sie wissen dies, können Sie die Kontrolle über einen wesentlichen Teil Ihrer Kommunikationssituationen übernehmen. In welcher Atmosphäre wollen Sie das Gespräch führen – soll es entspannt, leger, ungezwungen zugehen?

- Geben Sie sich gelöst und locker, und Ihr Gesprächspartner wird wahrscheinlich Ihrem Beispiel folgen. Höflich und liebenswürdig? Seien Sie höflich und liebenswürdig anderen gegenüber, damit diese auch Ihnen gegenüber freundlich sind. Wenn Sie partnerschaftlich und offen sind, fördern Sie bei Ihrem Gegenüber das gleiche Verhalten.
- Nutzen Sie das Gesetz der »psychologischen Reziprozität«, um Ihre Gespräche zu lenken und deren Ergebnisse zu beeinflussen. Sie werden so viel ernten, wie Sie säen.
- Eines der besten Mittel, um Respekt zu bekommen, ist, anderen Respekt zu erweisen.

Alles, was wir machen müssen, ist, uns zu entscheiden, wie wir von anderen behandelt werden möchten. Wir verhalten uns ihnen gegenüber entsprechend und ... schon klappt es! (In Wirklichkeit ist es natürlich nicht immer ganz so einfach, aber es funktioniert – häufiger als man meint.)

Es war Ostersonntag. Mary ging in ein Café, um Kaffee für sich und ihre Freunde zu bestellen. Die Glocke bimmelte laut, als sie die Tür öffnete. Aus dem hinteren Raum waren zwei Stimmen und andere Geräusche zu hören – offensichtlich wurde abgewaschen. Mary wartete und hoffte, bald wieder nach draußen zu ihren Freunden gehen zu können, die an einem Tisch in der Sonne saßen. Nach einigen Minuten fing sie an, ungeduldig zu werden – bestimmt hatte man sie hereinkommen hören – man hätte taub sein müssen, um diese Türglocke zu überhören! Als ein Mann das Café betrat, ertönte wieder das laute Bimmeln der Glocke. Er und Mary standen da und warteten, während sie die zwei Stimmen aus dem hinteren Raum hörten. Schließlich kam eine Frau heraus und trocknete sich die Hände ab. Sie schaute keinen von den beiden direkt an und sagte: »Und? Bei Ihnen alles klar?«
Zum Glück für sie alle sprach der Mann zuerst. »Mann, ich wette, Sie finden das schlimm, dass Sie heute arbeiten müssen! Bestimmt würden Sie an diesem schönen Ostersonntag lieber etwas ganz anderes machen!«
»Ja, ich sollte eigentlich gar nicht arbeiten, aber es hat sich jemand krankgemeldet. Ich habe meine ganze Familie zu mir nach Hause zum Grillen eingeladen und kann selber nicht dabei sein! Na ja, so ist es eben – was kann ich Ihnen bringen?« Sie lächelte sogar, als sie das fragte.
Der Mann zeigte auf Mary und sagte: »Die Dame hier war zuerst da.« Mary bestellte den Kaffee, und zu ihrer Überraschung sagte die Frau: »Gehen Sie schon einmal raus, meine Liebe – ich bringe Ihnen den Kaffee nach draußen. Ich soll das eigentlich nicht tun, aber ich mach es einfach.«

Haben Sie diesen Spruch schon gehört? »Man fängt mehr Fliegen mit Honig als mit Essig!« – Hätte Mary als Erste das Wort ergriffen, wäre sie nicht so freundlich gewesen wie der Mann, der nach ihr gekommen war. Im Gegenteil, sie wäre ziemlich unfreundlich gewesen, weil sie verärgert war, dass man sie so lange warten ließ. Auf dieses Verhalten hätte die Bedienung sicher nicht mit dem Angebot reagiert, den Kaffee nach draußen zu bringen! Doch mit seiner guten Laune und Freundlichkeit bewirkte der Mann die entsprechende Reaktion bei der Frau – davon profitierten alle drei. Manche Menschen können Höflichkeit bei unhöflichen, Freundlichkeit bei unfreundlichen und Hilfsbereitschaft bei rücksichtslosen Zeitgenossen wecken. Weil sie innengesteuert sind, können sie die Kontrolle über ihre Kommunikationssituationen übernehmen und die besten Seiten in anderen Menschen zum Vorschein bringen.

Wie Sie mit Ärger umgehen sollten

Haben Sie schon einmal mit einer aufgebrachten, verärgerten Person fertig werden müssen? Vielleicht hatte der andere einen schlechten Tag; möglicherweise hat er den aufgestauten Ärger einer ganzen Woche an Ihnen ausgelassen. Was auch immer der Grund sein mag: Der Umgang mit Menschen, die sich von ihren Gefühlen hinreißen lassen, kann schwierig und unerfreulich sein. Und die Versuchung, es mit gleicher Münze heimzuzahlen, ist möglicherweise groß!

Wenn wir innengesteuert bleiben, sind wir in der Lage, Kontrolle über die Situation zu übernehmen und sie positiv zu beeinflussen. Indem wir den Kommunikationsstil vorführen, den wir uns wünschen, erreichen wir, dass unser Gesprächspartner sich beruhigt.

- Lassen Sie sich nicht vom Ärger oder der schlechten Laune anderer Menschen beeinflussen. Bestimmen Sie selbst, wie Sie reagieren wollen. – *»Geduld ist dann am wichtigsten, wenn wir kurz davor stehen, sie zu verlieren.«*
- Wenn wir uns gut fühlen, neigen wir dazu, Gutes zu tun. Wenn Sie also jemandem eine Freundlichkeit erweisen, wird vermutlich diese Person auch wieder einem anderen freundlich begegnen. Das ist eine Kettenreaktion. Kleine freundliche Gesten haben eine breite Wirkung.

Das eigene Gesprächsverhalten nutzen, um andere zu beeinflussen – diese Strategie ist nicht auf den privaten Bereich beschränkt. Das Prinzip »Verhalten erzeugt Gegenverhalten« ist auch in beruflichen Situationen von großer Bedeutung.

Übernehmen Sie die Kontrolle über Ihre Kommunikation!

Da unser Verhalten ein Gegenverhalten erzeugt, können wir es dazu nutzen, um die Kontrolle über unsere Gesprächssituationen zu übernehmen und das, was wir wollen – Freundlichkeit, Höflichkeit, Respekt – in höherem Maße und häufiger zu erfahren.

Beachten Sie auch die Perspektive des anderen

Entwickeln Sie Einfühlungsvermögen

Zwischen diesen drei Wörtern liegen Welten:

Apathie | **Sympathie** | **Empathie**

- **Apathie.** Apathie, also Gleichgültigkeit, entspricht der Einstellung: »Das geht mich nichts an!« Diese Haltung versetzt jeder Kommunikation den Todesstoß. Wir können nicht sehr lange und nicht besonders gut mit jemandem kommunizieren, dem wir als Person gleichgültig sind und den das, was wir zu sagen haben, nicht interessiert.
- **Sympathie.** Sympathie bzw. Mitgefühl ist in Gesprächssituationen nur unwesentlich besser. Denn Sympathie beinhaltet eine so nahe Verbundenheit mit einem anderen Menschen, dass das, was den einen bewegt, auch den anderen ähnlich berührt. In den meisten kommunikativen Situationen ist dies aber nicht notwendig, zum Teil noch nicht einmal wünschenswert.
- **Empathie.** Empathie, also Einfühlungsvermögen, ist dagegen ganz anders. Empathie bedeutet, eine Situation aus der Perspektive eines anderen betrachten zu können. Dies bedeutet aber nicht unbedingt, dass man seiner Betrachtungsweise zustimmt – man könnte sie sogar völlig ablehnen und sie doch verstehen.
  Das Einfühlungsvermögen bringt uns anderen Menschen insoweit näher, als wir uns in deren Lage versetzen und ihren Standpunkt verstehen können. So können wir miteinander reden, und ein möglicher Widerstand unseres Gesprächspartners wird verhindert. Das wiederum erleichtert es ihm, sich unser Anliegen anzuhören.

Wichtige Geschäftsabschlüsse

Lou war einer der tüchtigsten Verkäufer seiner Firma. Er fühlte sich blendend, wenn er ein Geschäft abschließen konnte, aber er wurde sehr deprimiert, wenn ihm ein Geschäft danebenging. Er war fest davon überzeugt, er könnte noch erfolgreicher sein, wenn ihm seine Vorgesetzte mehr Handlungsspielraum bezüglich der Preise einräumen würde.
Als Lou mit dieser Forderung zu seiner Chefin ging, entgegnete ihm diese: »Lou, ich kann schon einsehen, wie wichtig dir deine Geschäftsabschlüsse sind. Ich kann auch deinen Wunsch verstehen, Preisnachlässe zu gewähren. Natürlich kann ich auch deine Meinung nachvollziehen, dies könnte sich absatzsteigernd auswirken. Der Absatz ist der Firma wichtig – aber das gilt auch für unsere Preisstruktur. Daher sollten wir zuerst einmal versuchen, ob wir unseren Absatz dadurch steigern können, indem wir unseren Service verbessern. So könnten wir Preisnachlässe vermeiden.«
Lous Chefin zeigte ihm gegenüber Empathie: Obwohl sie seine Meinung nicht teilte, konnte sie seine Sicht verstehen.
Vergleichen wir dies mit Apathie. Wie effektiv könnten Lou und seine Chefin zusammenarbeiten, wenn sie seiner Forderung, Preisnachlässe zu gewähren, um Vertragsabschlüsse zu erhalten, gleichgültig gegenübergestanden hätte?
Oder was wäre geschehen, wenn sie Mitgefühl gezeigt hätte: wenn sie sich von seiner Besorgnis über den vermeintlichen Absatzverlust hätte mitreißen lassen und ihm das Recht eingeräumt hätte, Preisnachlässe zu gewähren, obwohl dies ein Verstoß gegen die Firmenrichtlinien bedeutet hätte? Sie würde dann ihre Position nicht sonderlich gut ausfüllen.

Sie haben vielleicht schon einmal den Ausspruch gehört: »*Ehe wir einen anderen Menschen wirklich verstehen können, müssen wir erst eine Meile in seinen Mokassins gehen.*« Das war ursprünglich ein indianisches Sprichwort. Der zweite Teil lautet: »*Ehe wir in den Mokassins eines anderen Menschen gehen können, müssen wir zuerst unsere eigenen ausziehen.*«

Wir müssen der Meinung und den Überzeugungen eines anderen nicht zustimmen, um ihn zu verstehen.

Manche Menschen sind so sehr von ihren Überzeugungen erfüllt, dass sie keinen Raum für die Auffassungen anderer Menschen haben. Wir alle müssen von Zeit zu Zeit unsere Mokassins ausziehen!

Die volle Tasse

Ein sehr arroganter Mann ging einmal in einem buddhistischen Tempel und bat den Priester, ihn den Pfad der Erleuchtung zu lehren. »Bitte trinke eine Tasse Tee mit mir«, erwiderte der Priester. Sie setzten sich nieder und der arrogante Mann hielt dem Priester seine Tasse hin. Mit einiger Sorge sah er, wie sich die Tasse schnell füllte und der Priester keine Anstalten machte, die Teekanne wegzunehmen. Die Tasse begann überzulaufen und der heiße Tee lief dem arroganten Mann über die Hände. »Dies muss eine Form der Prüfung sein«, dachte er und schwieg.
Schließlich konnte er es nicht länger ertragen. »Halt!« sagte er. »Meine Tasse ist zu voll. Es geht nichts mehr hinein!« »Mein Freund«, sagte der Priester, »wie deine Tasse bist auch du zu voll – mit deinen eigenen Gedanken, Meinungen und Wünschen. Es ist kein Raum für den Buddhismus da. Wenn du einige deiner eigenen Gedanken, Meinungen und Wünsche loslassen und Platz für andere schaffen kannst, komme wieder zu mir, und ich werde dich unterrichten.«

Den Bezugsrahmen des anderen verstehen

Unser Bezugsrahmen setzt sich zusammen aus unserer Herkunft, unseren Erfahrungen, Wertvorstellungen, Überzeugungen, Denkstrukturen und -rastern. Unser Persönlichkeitstypus und unser Arbeitsstil sind ebenso Teile unseres Bezugrahmens. Schätzen Sie detaillierte Informationen, oder interessieren Sie sich nur für das Endergebnis? Benötigen Sie ein freundliches Arbeitsklima, oder konzentrieren Sie sich eher darauf, dass die Arbeit reibungslos erledigt wird? Ziehen Sie es vor, sich Informationen anzulesen oder sich durch ausgiebige Gespräche zu informieren? Jeder hat seine eigenen Prioritäten, und jeder verhält sich auf seine eigene Weise.

Ohne Einfühlungsvermögen können wir den Bezugsrahmen eines anderen Menschen nicht verstehen. Die Mühe lohnt sich, denn je besser wir den Bezugsrahmen eines anderen verstehen können – woher er kommt und was ihm wichtig ist –, desto leichter fällt es uns, mit ihm zu kommunizieren. Wenn wir wissen, was für unsere Gesprächspartner von Bedeutung ist, können wir unsere Informationen ihren Bedürfnissen entsprechend strukturieren. Wenn wir ihre Herkunft und ihre Erfahrungen kennen, können wir ihnen die Informationen so anbieten, dass sie diese auch einordnen können. Wir können Gemeinsamkeiten in unseren Sichtweisen finden und darauf aufbauen. Das hilft uns, die gleiche Sprache zu sprechen und unsere Informationen so darzubieten, dass wir gute Gesprächsergebnisse erzielen.

Wir müssen also unsere Bezugsrahmen – unsere unterschiedlichen Weisen, die Welt zu sehen – so weit wie möglich zur Deckung bringen, um erfolgreich zu kommunizieren. Da unsere Erfahrungen nie denjenigen anderer Menschen gleichen können, ist eine vollständige Deckungsgleichheit unmöglich.

In anderen Fällen dagegen bestehen so viele Unterschiede zwischen dem anderen und uns (s. S. 70ff.), dass eine Deckungsgleichheit nur begrenzt möglich ist. In diesen Fällen ist unser Einfühlungsvermögen für ein erfolgreiches Gespräch entscheidend.

Je mehr Deckungsgleichheit wir erzielen können – ob durch bewusst herbeigeführte oder durch natürliche Empathie, die aus gleichen Erfahrungen, Überzeugungen und Wertvorstellungen resultiert –, desto besser werden unsere Gespräche.

Dies ist die eigentliche Bedeutung von Empathie und erklärt ihre zentrale Bedeutung für effektive Kommunikation.

Wie man Empathie entwickelt

Empathie ist eine erworbene Fähigkeit. Wie alle Fertigkeiten müssen wir sie so lange üben, bis sie zu unserer zweiten Natur wird. Stellen Sie Fragen, um die Situation zusammen mit Ihrem Gesprächspartner zu erkunden. Überprüfen Sie Ihre Empathie, indem Sie mit Ihren Worten wiederholen, wie Sie die Vorstellungen und den Standpunkt des anderen verstehen. Sagen Sie ihm, wie Sie es erleben würden, wenn Sie an seiner Stelle wären und wie er empfinden würde.

- Wirkungsvolle Kommunikation bedeutet eine gegenseitige Annäherung unserer Bezugsrahmen. So können wir gleiche oder zumindest ähnliche Gedanken und Ideen miteinander austauschen.
- Entwickeln Sie Empathie, indem Sie bei jeder sich bietenden Gelegenheit versuchen, sich in die Lage eines anderen zu versetzen, eine Situation aus seiner Perspektive zu erleben und seinen Bezugsrahmen zu ergründen.
- Das Gelöbnis: »Gleichgültig, ob ich dem, was du sagst, zustimme oder nicht: Ich will dein Recht, es zu sagen, respektieren. Ich will auch versuchen, es aus deiner Perspektive zu verstehen. Das wird mir wiederum helfen, dir auch meinen Standpunkt deutlicher zu machen.«

Versuchen Sie das zuerst mit Bekannten, zu denen Sie ein positives Verhältnis haben. Sobald sich Ihre Fähigkeiten weiterentwickeln, sollten Sie den Schwierigkeitsgrad allmählich erhöhen. Üben Sie Ihre Empathie auch mit Leuten, die sich stärker von Ihnen unterscheiden, und schließlich mit Menschen, deren Ideen und Meinungen für Sie besonders schwierig zu verstehen sind.

Kommunikation beruht auf Gegenseitigkeit

Sie ernten ebenso wie Sie auch geben müssen

Nach Schätzungen der Linguisten gibt es ungefähr 4500 Sprachen auf der Welt. Tatsächlich aber sind es etwa 6 Milliarden! Wir alle reden, hören und denken in unserer eigenen, individuellen Sprache – geprägt von unserer Kultur, unserer Erfahrung, unserem Hintergrund, unserer Persönlichkeit, unseren Überzeugungen und Wertvorstellungen. Die Chancen, jemanden zu treffen, der genau unsere Sprache spricht, sind ziemlich gering! Wie wir im letzten Kapitel gesehen haben, geht es bei der Kommunikation darum, unsere Bezugsrahmen so weit wie möglich zur Deckung zu bringen.

Die drei Säulen erfolgreicher Kommunikation

In den Kapiteln »Alles ist Kommunikation« (S. 62) und »Den Hindernislauf meistern« (S. 70) haben wir gesehen, dass Kommunikation ein zwischenmenschlicher Prozess ist. Jeder kommunikative Vorgang – auch schriftlich – beinhaltet Interaktion. Wir müssen mit äußeren Hindernissen, wie zum Beispiel Lärm, fertig werden. Sowohl in anderen als auch in uns selbst müssen wir mit inneren Begrenzungen wie unbegründeten Annahmen, früheren Erfahrungen, unserem Selbstbild, Erwartungen und Vorurteilen, umgehen. Wir müssen Unterschiede überwinden. Der »Kommunikationstanz« ist überaus kompliziert.

Gegenseitige Achtung

Gegenseitige Achtung ist das Fundament des Kommunikationsprozesses, der sich aus drei Komponenten zusammensetzt: gute Informationen empfangen, gute Informationen senden und Fortschritte erzielen. Wir haben im Kapitel »Verhalten erzeugt Gegenverhalten« (s. S. 80ff.) gesehen, dass Respekt auf Gegenseitigkeit beruht. Im Kapitel »Wertvorstellungen, Überzeugungen ...« (s. S. 14ff.) haben wir besprochen, dass Selbstachtung, die nicht mit der Achtung für andere Menschen verbunden ist, zu Arroganz führt. Niemand kommuniziert gerne mit arroganten Menschen. Ihr Mangel an Respekt für andere hindert sie an einem erfolgreichen Gesprächsverhalten. In ähnlicher Weise führt fehlende Selbstachtung zu missglückter Kommunikation. (Diesen Punkt werden wir im Kapitel »Sprechen Sie für sich selbst, ... (s. S. 191ff.) näher untersuchen.)

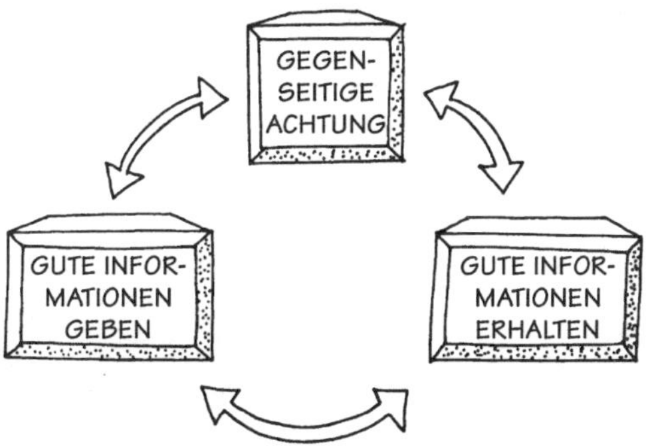

> Zwei Voraussetzungen müssen also erfüllt sein, wenn wir den Respekt anderer Menschen erlangen wollen: Zuerst müssen wir Selbstachtung haben; und zweitens müssen wir auch den anderen Menschen achten. Respekt zu erweisen ist ein bewährtes Mittel, um Respekt zu erhalten.

Ohne gegenseitigen Respekt kann erfolgreiche Kommunikation nicht stattfinden. Die gegenseitige Achtung ermutigt uns in unserem Bemühen, gute Informationen zu bekommen und zu geben. Wenn wir dabei effektiv und gründlich sind, werden wir buchstäblich automatisch Fortschritte machen!

Gute Informationen geben

Gute Informationen geben bedeutet, Ihren Standpunkt klar und ruhig darzustellen und alle Tatsachen aus Ihrer Perspektive zu schildern. Dies sind wir sowohl uns selbst als auch unserem Gesprächspartner schuldig.

Gute Informationen erhalten

Oft können wir gute Informationen nur geben, wenn wir zuvor gute Informationen bekommen haben. Was wir über den Bezugsrahmen eines anderen erfahren haben, wird uns helfen, unsere Informationen so zu präsentieren, dass unser Gesprächspartner diese verstehen und darauf eingehen kann. Außerdem versetzt uns dieses Wissen in die Lage, dem anderen Menschen unsere Achtung zu zeigen, ihn zum interessierten Zuhören zu ermutigen und die Formulierung unserer Botschaft auf die Anliegen und Bedürfnisse unseres Gesprächspartners abzustimmen.

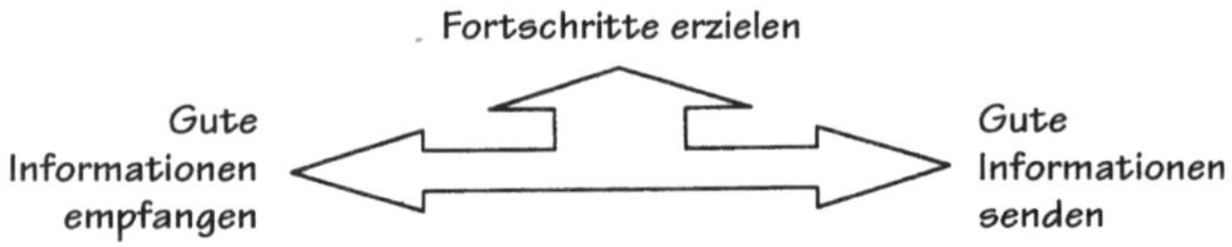

In den folgenden Teilen dieses Buches werden wir die Komponenten des erfolgreichen Kommunikationsprozesses untersuchen: gute Informationen empfangen, gute Informationen senden und Fortschritte erzielen.

Dritter Teil

Achten Sie auf die Körpersprache!

Besser kommunizieren durch Beherrschung der Körpersprache

»Achte auf den Mann, dessen Bauch sich nicht bewegt, wenn er lacht.«
(Kantonesisches Sprichwort)

»Menschen kommunizieren bewusst und unterbewusst. Das Unterbewusste teilt uns oft wichtige Informationen mit – wenn wir darauf achten.«

»Taten sprechen lauter als Worte.«

Es kommt auf den ersten Eindruck an!

Wie Körpersprache uns vorwarnen kann

Denken Sie einmal über die folgenden Redensarten nach:

- Er sitzt mir im Genick.
- Ich habe kalte Füße bekommen.
- Sie geht mir auf die Nerven.
- Eine Laus ist ihm über die Leber gelaufen.
- Er hat den Ton angegeben.
- Sie sprach mit zusammengebissenen Zähnen.
- Ich könnte einen Freudensprung machen.
- Ich bekam eine Gänsehaut.
- Das liegt mir wie ein Stein im Magen.
- Es juckt mich in den Fingern.
- Da stehen mir die Haare zu Berge.
- Das schnürt mir den Hals zu.
- Beiß dir auf die Zunge!
- Das habe ich auf dem Herzen.
- Das brennt mir unter den Nägeln.
- Reißen Sie sich zusammen!
- Er hat mir die kalte Schulter gezeigt.
- Sie sitzt auf dem hohen Ross.

»Die stumme Sprache« – so bezeichnet Professor Michael Argyle, einer der führenden Psychologen auf diesem Gebiet, die Körpersprache. Obwohl die Körpersprache häufig auf einer unbewussten Ebene wirkt, ist sie der maßgebliche Faktor in unseren Beziehungen.

Körpersprache ist ein wesentliches Element erfolgreicher Kommunikation. Tatsächlich wird die Bedeutung unserer Worte bis zu 93 Prozent davon bestimmt, wie wir sie vortragen. Welche Botschaft nehmen Sie ernst, wenn die Körpersprache Ihres Gesprächspartners etwas ganz anderes sagt als seine Worte? Wenn es Ihnen so geht wie den meisten Menschen, werden Sie der Körpersprache glauben und die verbale Botschaft ignorieren. Die Körpersprache ist sehr aussagekräftig – es ist äußerst nützlich, sie zu beherrschen!

Obwohl manche Menschen Körpersprache besser deuten können als andere, sind wir darin eigentlich alle Experten. Wir deuten sie jeden Tag, meistens unbewusst. Wir erkennen augenblicklich, ob jemand freundlich oder unzugänglich, unsicher oder selbstbewusst, ehrlich oder unaufrichtig ist. – Das ist auch gut so, weil Körpersprache den größten Teil jeder gesprochenen Botschaft ausmacht.

Die stumme Sprache

Wir können unsere Kommunikation mit anderen wesentlich verbessern, wenn wir ein Bewusstsein für Körpersprache entwickeln. Wenn wir Informationen senden, können wir dafür sorgen, dass die Signale unserer Körpersprache unserer verbalen Botschaft entsprechen. Wir können unsere Körpersprache nutzen, um andere Menschen zu ermutigen, mit uns zu kommunizieren – oder auch, um sie davon abzuhalten. Wir können Fragen stellen und Erklärungen abgeben, ohne ein Wort zu sagen. Wir können besser beurteilen, wann wir etwas sagen, wann wir auf Zustimmung drängen oder abwarten, wann wir lockerlassen oder Druck ausüben sollten.

Wenn wir Informationen empfangen, kann uns die Körpersprache auf Probleme hinweisen, wie beispielsweise mangelndes Verständnis, Ablehnung oder einen aufkeimenden Konflikt. Wir können auch eher Signale aufnehmen, die Unterstützung, Zustimmung oder Ermunterung bedeuten. Ein besseres Verständnis der Körpersprache kann uns helfen zu erkennen, ob unsere Gesprächspartner hinter ihren Worten stehen.

Körpersprache läuft auf vielen Ebenen ab, häufig unbewusst. Sie ist oft aufschlussreicher als die verbale Sprache. Wir können erfolgreicher Gespräche führen, wenn wir unsere eigene Körpersprache steuern und wir diejenigen der anderen berücksichtigen.

Ob zu Recht oder zu Unrecht, die ersten Eindrücke sind bleibend. Sie können uns einen guten Start ermöglichen, oder sie können sich noch lange negativ auswirken.

Ihr Image – Kleider machen Leute

Der erste Eindruck beruht zu einem großen Teil auf unserem Aussehen: Kleidung, Schmuck, Accessoires, Frisur etc. Andere Faktoren, über die wir weniger Kontrolle haben, wie Körpergröße und Gewicht, bestimmen ebenfalls mit, welches Bild sich andere Menschen spontan von uns machen.

Fangen wir mit der eher symbolischen Kommunikation durch die Kleidung an. Zu Hause können Sie anziehen, was Sie wollen. Im Berufsleben sollten Sie sich jedoch gepflegt kleiden und sich nach der ungeschriebenen, aber bestehenden »Kleiderordnung« in Ihrem Betrieb richten. Modische Extreme sollten vermieden werden.

Wenn Sie es noch nicht getan haben, dann werfen Sie einen Blick auf die Menschen in Ihrer Umgebung und entwerfen Sie Ihr eigenes Image. Wenn Sie Karriere machen wollen, wäre es sinnvoll, sich in Ihrer Kleidung an den Menschen der nächsthöheren Stufe zu orientieren. Oder Sie richten sich nach den Mitarbeitern einer Abteilung, in die Sie gerne wechseln würden. Es wird dann eher so aussehen, als ob Sie schon dazugehörten, und Ihre Chancen auf eine Beförderung bzw. einen Wechsel werden wesentlich erhöht.

Wenn Sie als kompetenter Vertreter Ihres Berufes angesehen werden wollen, tragen Sie Kleidung und Accessoires von der besten Qualität, die Sie sich leisten können. Zugegeben, Ihre Kleidung hat nichts mit Ihrer Kompetenz zu tun; auf symbolischer Ebene signalisieren Sie jedoch eine deutliche Aussage über sich selbst und bestimmen, wie Sie von anderen wahrgenommen werden.

Körpersprache – Gestik und Haltung

Der Rest des Eindrucks wird durch unsere Körpersprache bedingt. Wie ist Ihre Körperhaltung? Gehören Sie zu den Menschen, die unaufhörlich auf und ab schlurfen? Oder zu jenen, die ihr Gewicht ständig von einem Fuß auf den anderen verlagern? Zählen Sie vielleicht zu den Leuten, die sich ständig irgendwo »hinlümmeln« müssen? Oder sehen Sie immer so aus, als wären Sie müde und hätten kaum die Kraft zu sitzen, zu gehen oder zu stehen? Zeigt Ihre aufrechte Körperhaltung, dass Sie ruhig, beherrscht, selbstsicher und kompetent sind?

Untergraben Sie Ihre Botschaft und Ihre Autorität, indem Sie an einem Füller lutschen, mit einer Büroklammer, Ihrer Krawatte, Ihrem Haar oder Ihrem Halstuch herumspielen, sich kratzen, räuspern, mit Ihrem Fuß auf den Boden klopfen oder mit Ihrem Bein wippen?

Menschen, die während eines Gesprächs ihr Haar oder ihre Kleidung in Ordnung bringen wollen, werden oft als nervös und schüchtern wahrgenommen. Geballte Fäuste wirken unsicher und verkrampft. Dagegen können in die Hüften gestemmte Arme einen aggressiven, herablassenden, feindseligen oder trotzigen Eindruck machen. Wer die Hände in die Taschen steckt, wird auch oft als nervös empfunden.

Eine Körpersprache, die einen vorteilhaften Eindruck hinterlässt, die uns Aufmerksamkeit und Respekt verschafft, enthält zwanglose Gesten mit offenen Händen sowie eine aufrechte Körperhaltung mit erhobenem Kopf.

Ebenfalls wesentlich sind fester Blickkontakt (ohne zu starren), entweder mit neutralem Ausdruck oder einer Miene, die unsere Gefühle widerspiegelt, sowie eine entspannte, aber nicht schlaffe Kieferhaltung. Lächeln Sie – es sei denn, dies wäre eindeutig unangebracht. Ein herzliches Lächeln setzt Endorphine frei. Es kann nicht ausbleiben, dass dies sowohl unseren Ersteindruck wie auch den ganzen Kommunikationsprozess verbessert.

Die Hand zum Gruß ist besonders dann angebracht, wenn Sie jemanden kennen lernen oder wenn Sie ihn längere Zeit nicht gesehen haben. Der körperliche Kontakt führt eine herzliche Atmosphäre herbei und bereitet eine freundliche Begegnung vor. Dieses Gefühl können Sie verstärken, indem Sie Ihre Freude über die Begegnung offen zeigen.

Lassen Sie Ihre Stimme klingen!

Ihre ersten Worte – und wie Sie diese sagen – werden den Ton für das folgende Gespräch angeben. Ihre Stimme sollte fest, ruhig und stark klingen, ohne zu laut oder zu leise zu sein. Ihre Wörter sollten ohne ungeschicktes Zögern, in einem gleichmäßigen, ruhigen Tempo fließen. Dabei sollten Sie Schlüsselbegriffe betonen.

- Erste Eindrücke sind immer entscheidend. Sorgen Sie dafür, dass sie zu Ihren Gunsten ausfallen.
- Erzeugen Sie einen positiven Ersteindruck durch Haltung, Gestik und Mimik sowie durch Ihre Selbstdarstellung – vor allem durch Kleidung und Accessoires.
- Die Art, wie Sie sitzen, stehen und gehen, verrät anderen Menschen eine Menge über Sie.

Lenken Sie Ihre Körpersprache

Ihre Körpersprache ist »SO CLEAR«

Jemand hat einmal gesagt: »Es ist den Leuten egal, wie viel du weißt, bis sie wissen, wie viel Anteil du nimmst.« Wie können wir zeigen, wie viel Anteil wir nehmen? Wir können mit unserer Körpersprache anfangen.

Es kann Spaß machen und aufschlussreich sein zu lernen, die Körpersprache anderer Menschen bewusst zu deuten (wir werden uns damit im nächsten Kapitel näher befassen), aber es ist ebenfalls wichtig, unsere eigene Körpersprache zu steuern. Wir wollen sicherstellen, dass sie die richtigen Signale aussendet.

Je mehr wir auf unsere eigene Körpersprache achten, desto besser haben wir unsere nonverbalen Botschaften – und damit letztendlich den Kommunikationsprozess an sich – unter Kontrolle. Die richtige Körpersprache hilft uns, gute Informationen zu empfangen und zu senden.

Erinnern Sie sich an die ersten drei Grundregeln der Kommunikation?

- Alles, was wir tun, ist Kommunikation.
- Die Art, wie wir eine Botschaft beginnen, entscheidet oft darüber, was bei dem Gespräch herauskommt.
- Die Art, wie eine Nachricht übermittelt wird, beeinflusst stets auch den Empfang.

Es ist wichtig, Kontrolle über unsere eigene Körpersprache zu gewinnen. Wir wollen, dass unsere Botschaften auf allen Kommunikationsebenen übereinstimmen. Je besser wir unsere Körpersprache beherrschen, desto ausdrucksvoller wird die Kommunikation.

Im Englischen gibt es eine Eselsbrücke, um sich die sieben wichtigsten Faktoren bei der Kontrolle der Körpersprache zu merken:

SO CLEAR

Es folgen nun die einzelnen Komponenten der Körpersprache. Dabei sollten Sie bedenken, dass Körpersprache auch kulturell bedingt ist.

S steht für die Art, wie Sie sitzen oder stehen, sowie für den Umgang mit dem persönlichen Raum

Drei Aspekte sind zu berücksichtigen:

1. Jemandem direkt gegenüberzusitzen oder -zustehen bzw. sehr nahe an jemanden heranzutreten wird als Konfrontation erlebt. Es bringt die Beteiligten leicht in Abwehrstimmung. Die meisten von uns setzen sich automatisch neben jemanden, mit dem sie zusammenarbeiten wollen.
   Um den Rahmen für ein offenes und partnerschaftliches Gespräch zu schaffen, sollten Sie eher schräg oder fast im rechten Winkel zu Ihrem Gesprächspartner sitzen oder stehen. Dadurch wird Kooperationsbereitschaft signalisiert. Beide Parteien haben so einen offeneren Raum, wo sie beim Überlegen hinschauen können.

> Bei Gesprächen, in denen Problemlösungen gefunden werden sollen, oder wenn die Atmosphäre besonders gespannt ist, können Sie noch eine andere Anordnung versuchen – stellen Sie sich nebeneinander. In dieser partnerschaftlichen Stellung sind Sie buchstäblich, aber auch im übertragenen Sinn »auf derselben Seite«. Das erleichtert die Kommunikation.

2. Höhe signalisiert etwas. Sie verleiht Würde und Autorität – man denke nur an den erhöhten Platz des Richters im Gerichtssaal, den Monarchen auf dem Thron, den Olympiasieger auf dem Treppchen. Wir »schauen auf« zu Menschen, die wir achten und

bewundern. Wir stellen jemanden »auf ein Podest«. Die Königin von England erhebt Leute in den Adelsstand. Menschen stehen erhobenen Hauptes.
Soweit es Ihnen möglich ist, sollten Sie versuchen, auf der gleichen Höhe wie Ihr Gesprächspartner zu sitzen oder zu stehen. Körpergröße kann dazu eingesetzt werden, anderen ein Gefühl der Unterlegenheit zu vermitteln. Wenn Sie überdurchschnittlich groß sind, sollten Sie darauf achten, dass andere von Ihrer Körpergröße nicht eingeschüchtert werden. Wenn Sie ein bisschen auf Abstand gehen, muss sich Ihr Gesprächspartner nicht den Hals verrenken, um Ihnen ins Gesicht zu schauen.

Wenn Sie ernster genommen werden oder etwas besonders überzeugend vorbringen wollen, stehen Sie auf.

3. Achten Sie auf die Wahrung des persönlichen Raums. Wir haben alle um uns herum eine unsichtbare persönliche Zone. Wehe, wenn jemand diese Zone unbefugt betritt. Wir sind normalerweise empfindlich, was unseren eigenen, persönlichen Raum angeht. Es gibt drei Arten der »Grenzüberschreitung«:
   - Wir dringen in die persönliche Zone eines anderen Menschen ein.
   - Wir setzen oder legen unsere Sachen im Bereich eines anderen ab (Kaffeetasse, Papiere, Bücher, Einkaufstasche, Aktenmappe).
   - Wir gebrauchen die Utensilien, Besitztümer oder den Raum eines anderen Menschen, als seien sie unsere eigenen.

Grenzüberschreitungen führen zu Verstimmungen. Die betroffenen Menschen werden ärgerlich oder sogar böse. Wir fühlen uns unbehaglich und »überfremdet«, wenn jemand unaufgefordert in unseren Bereich eindringt.

Es gibt bei der Minimaldistanz kulturelle Unterschiede, die wir bei Kontakten mit Menschen aus anderen Ländern berücksichtigen müssen. Nordeuropäer, Nordamerikaner und Asiaten scheinen einen größeren persönlichen Raum zu beanspruchen als Südländer und Menschen aus dem Mittleren Orient.

INFO

Minimaldistanz

Vertraut:	enge Freunde oder Verwandte	bis 45 cm
Persönlich:	Freunde oder enge Mitarbeiter	zwischen 45 und 120 cm
Gesellschaftlich:	Mitarbeiter und Bekannte	zwischen 120 und 150cm
Öffentlich:	Fremde	etwa 150 cm (je nachdem, wie freundlich Sie diese einschätzen)

Alter und Persönlichkeit machen ebenfalls einen Unterschied aus: Kinder, ältere und extrovertierte Menschen halten beim Gespräch einen geringeren Abstand ein als Leute mittleren Alters oder introvertierte Personen. Auch die innere Einstellung hat Einfluss darauf, wie viel persönlichen Raum wir brauchen. Grundsätzlich kann man sagen, dass wir bei Menschen, die wir mögen, mehr räumliche Nähe suchen.

Während Körperberührung bei uns im geschäftlichen Rahmen eher selten ist, kommt sie doch manchmal vor: Jemand klopft einem anderen auf die Schulter oder legt ihm die Hand auf die Schulter. Zum Beispiel vermeiden aber Asiaten stärker körperliche Berührungen.

!

Bei Kontakten mit Menschen aus einem anderen Kulturkreis richten Sie sich nach deren Gepflogenheiten. Taktvolles Vorgehen kann Peinlichkeiten und Missverständnisse verhindern.

O steht für Offenheit in Gesichtsausdruck und Bewegungen

In diesem Cartoon sind die nonverbalen Botschaften der beiden dargestellten Männer grundverschieden. Die Haltung des Mannes auf der linken Seite vermittelt die eindeutige nonverbale Botschaft, dass er nicht angesprochen werden will. Er ist neuen Gedanken und Informationen gegenüber verschlossen. Er wirkt defensiv, sich abschirmend und vielleicht sogar ängstlich. Mit einer solchen Körpersprache schadet man sich selbst. Der Kommunikationsprozess wird dadurch auch behindert. Und auf Grund der starken Wechselwirkung von Körper und Geist, die wir im Kapitel »Wir ernten, was wir säen« (s. S. 30ff.)besprochen haben, macht eine solche negative Körpersprache das Empfangen guter Informationen praktisch unmöglich: Wenn unser Körper sich verschließt, sind wir innerlich auch nicht aufnahmebereit.

Im Gegensatz dazu zeigt die Figur rechts eine offene Haltung und Mimik. Dieser Mann vermittelt den Eindruck von Aufnahmebereitschaft und Offenheit. Man erlebt ihn als offen für die Kommunikation, für die Meinungen anderer, sogar als vertrauenswürdig. Es fällt leichter, gute Informationen einer aufgeschlossenen als einer verschlossenen Person zu geben – so wie es auch weitaus leichter ist, gute Informationen zu erhalten, wenn unsere Körpersprache Offenheit ausdrückt.

Nehmen Sie eine offene Körperhaltung ein, um auch innerlich aufgeschlossen zu sein. !

C steht für Centre (Konzentrieren) – Sie sollten Ihre Aufmerksamkeit dem anderen schenken

Die Kommunikation wird entscheidend verbessert, wenn wir unsere Aufmerksamkeit auf den Sprecher konzentrieren. Dadurch wird unser Gesprächspartner ermuntert, gute Informationen zu geben. Andererseits wird unsere Aufnahmefähigkeit eindeutig verbessert.

Je mehr Bedeutung einer Botschaft zukommt, desto wichtiger ist es, alle anderen Gedanken aus dem Bewusstsein zu verdrängen und sich völlig auf den Sprecher und das, was er sagt, zu konzentrieren. Nehmen Sie auch eine aufmerksame Körperhaltung ein und wenden Sie sich Ihrem Gegenüber zu. Das ermuntert den Gesprächspartner ebenfalls weiterzureden und verringert die Wahrscheinlichkeit, dass Sie durch äußere Störungen abgelenkt werden.

Kurzum, machen Sie den Sprecher und sein Thema zum Mittelpunkt Ihrer Aufmerksamkeit.

L steht für »Lean« – sich nach vorne beugen, um Aufmerksamkeit zu zeigen, aber auch, um Druck auszuüben oder zu verringern

Beim Zuhören können wir unsere Aufmerksamkeit auch dadurch signalisieren, dass wir uns dem Sprecher entgegenneigen. Das vermittelt unser Interesse und unsere Anteilnahme am Gespräch.

Wenn wir aber beim Vorbeugen einen Winkel von weniger als 75° einnehmen, wird Aufmerksamkeit zum Druck. Dadurch können Botschaften wie »Ich glaube dir nicht«, »Bekenne dich lieber dazu« oder »Du solltest lieber zustimmen« nonverbal zum Ausdruck gebracht werden. Zu starkes Sich-Vorbeugen kann das persönliche Territorium des anderen verletzen. Aus diesem Grund fühlen wir uns manchmal in die Ecke getrieben, wenn uns im Gespräch jemand körperlich zu nahe kommt.

Sich dem Gesprächspartner stärker entgegenzuneigen kann bei behutsamer Anwendung ein gutes Mittel sein, einen anderen von etwas zu überzeugen oder mehr Auskünfte zu erhalten. Als konsequente Technik eingesetzt, kann es dagegen einschüchternd und manipulativ wirken – dann ist es kontraproduktiv!

Wenn wir merken, dass unser Gegenüber nervös oder übermäßig emotional wird, oder wenn er dabei ist, ein persönliches Problem anzusprechen, können wir ein bisschen lockerlassen, indem wir uns etwas zurücklehnen. Auch in diesem Fall gilt es, feinfühlig vorzugehen. Denn wenn wir uns zu weit zurücklehnen, signalisieren wir eher Desinteresse.

E steht für »Eye Contact« (deutsch: Blickkontakt), um den anderen zu ermutigen oder um ihn unter Druck zu setzen bzw. um den Druck zu reduzieren

In westlichen Kulturen ist Blickkontakt sehr wichtig. Schließlich gelten die Augen als »Fenster der Seele«. Eltern sagen zu ihren Kindern: »Schau mich an, wenn ich mit dir rede.« Oder auch: »Er konnte mir nicht mal in die Augen schauen.«

Zu wenig Blickkontakt gilt als Desinteresse oder wird auch als Verlegenheit gedeutet. Zu viel Augenkontakt wirkt dagegen einschüchternd.

Richtig dosierter Blickkontakt besagt: »Ich erzähle dir die Wahrheit, ich bin glaubwürdig.« Der Blickkontakt hält auch die Aufmerksamkeit des Zuhörers fest. Angemessener Augenkontakt von Seiten eines Zuhörers besagt: »Ich bin an dir und an dem, was du zu sagen hast, interessiert. Ich höre dir zu.« Das ermuntert wiederum den Sprecher fortzufahren.

Das Problem ist hier, dass das richtige Maß an Augenkontakt in verschiedenen Kulturen unterschiedlich ist. In manchen Kulturen wird Blickkontakt als unhöflich und als Verletzung der Intimsphäre erlebt. Personen aus dem asiatischen Kulturraum fühlen sich mit weniger Augenkontakt eher wohl. Beim Zuhören schließen Asiaten sogar häufig ihre Augen. Das bedeutet für sie höchstes Zuhören und gilt tatsächlich als Kompliment.

Unter Berücksichtigung dieser kulturellen Unterschiede kann geringfügig verstärkter Augenkontakt (ohne den anderen anzustarren) benutzt werden, um etwas Druck auszuüben – ähnlich wie das Sich-nach-vorne-Beugen. Reduzierter Blickkontakt bedeutet dagegen ein Lockerlassen. Feinfühligkeit ist auch hier entscheidend.

A steht für adäquat – wie angemessen Sie auf den Sprecher reagieren

In den Kapiteln »Zuhören, zuhören, zuhören« (s. S. 122ff.) und »Erfahren Sie die ganze Geschichte« (s. S. 134ff.) werden wir uns mit dem aktiven Zuhören beschäftigen. Dabei werden wir lernen, wie wichtig es ist, das Aufgenommene zu wiederholen. Erstens, um sicher zu sein, dass wir wirklich verstanden haben, und zweitens, um noch mehr Informationen zu bekommen. Im Kapitel »Stellen Sie die richtigen Fragen« (s. S. 137ff.) werden wir erfahren, dass es angebracht ist, das Wesentliche einer Antwort zu wiederholen, bevor Sie weitere Fragen stellen – so verhindern Sie, dass der Eindruck eines Verhörs entsteht. Das ist adäquates Gesprächsverhalten.

Um angemessen zu antworten, bauen Sie auf dem eben Gesagten auf, führen Sie es weiter aus oder verdeutlichen Sie es. Ein solcher Austausch sorgt dafür, dass ein Gespräch in einem angenehmen, natürlichen Rhythmus von einem Punkt zum nächsten fließt.

R steht für ruhig – wie entspannt und ausgeglichen Sie in Ihrem Gesprächsverhalten sind

Manche Menschen haben die Gewohnheit, ständig herumzuzappeln, mit ihren Fingern oder einem Stift zu klopfen. Sie vermitteln einen nervösen Eindruck. Andere wiederum nehmen merkwürdig verrenkte Haltungen beim Sitzen oder Stehen ein. Diese Gewohnheiten stören die »Täter« vielleicht nicht; sie können aber andere stören und die Kommunikation behindern. Solches Verhalten vermittelt nonverbale Botschaften wie Desinteresse, Langeweile und Ungeduld. Innere Unruhe, Verwirrung oder Aufregung wird durch Zappeln oder Ähnliches für andere wahrnehmbar.

Ruhe und Ausgeglichenheit müssen nicht Gezwungenheit bedeuten. In einer ruhigen, entspannten Körperhaltung fühlt man sich auch wohler. Entspannung und Ausgeglichenheit fördern die Kommunikation. Sie lassen uns selbstsicher und entschieden auftreten.

Aus reiner Gewohnheit werden die meisten von uns einiges Fehlverhalten erworben haben. Von heute auf morgen lassen sich diese

Jede ernsthafte Bemühung zur Überprüfung Ihrer Körpersprache und zum Abstellen von störenden Gewohnheiten wird sich auszahlen. Allmählich wird das richtige Verhalten zur unbewussten Gewohnheit – Sie werden es automatisch tun.

Gewohnheiten nicht abstellen. Bei wichtigen Verhandlungen ist es aber wesentlich, dass alle Aspekte Ihrer Körpersprache stimmen. Je mehr wir von dem »SO CLEAR«-Muster abweichen, desto unbehaglicher werden sich unsere Gesprächspartner im Gespräch mit uns fühlen. Die Kommunikation wird entsprechend leiden.

INFO

Lenken Sie Ihre Körpersprache – »It's SO CLEAR«

S Sitzen oder stehen Sie im rechten Winkel zu Ihrem Gesprächspartner und auch auf gleicher Höhe. Respektieren Sie das Territorium anderer.
O Benutzen Sie offene Gesten und Körpersprache.

C (Centre) Konzentrieren Sie ihre Aufmerksamkeit ausschließlich auf Ihr Gegenüber.
L Lehnen Sie sich leicht nach vorne, um Ihr Interesse zu bekunden.
E (Eye Contact) Halten Sie angemessenen Blickkontakt beim Zuhören, um den Sprecher zu ermuntern. Verstärken bzw. verringern Sie den Augenkontakt, um Druck auszuüben oder wegzunehmen.
A Beziehen Sie sich auf adäquate Weise auf die Äußerungen Ihres Gegenübers.
R Bleiben Sie ruhig und gelassen, um ein offenes Gespräch zu erleichtern.

Achten Sie auf die Körpersprache der anderen

Die Körpersprache anderer Menschen deuten

Wir sagen nicht immer, was wir denken. Manche Menschen behalten zwar absichtlich Dinge für sich, teilen sich aber vielleicht unbeabsichtigt durch ihre Körpersprache mit. Andere sind von ihren Worten überzeugt und dann überrascht, dass ihre Körpersprache – die ihr Unterbewusstsein widerspiegelt – etwas ganz anderes sagt.

Wie bereits in Kapitel 12 erwähnt, können die meisten von uns Körpersprache intuitiv und schnell deuten. Oft ziehen wir auf einer unbewussten Ebene sofort unsere Schlüsse daraus. Manchmal lohnt es sich jedoch, auf bestimmte positive bzw. negative Signale zu achten. Dann können wir die Art, wie wir unsere Botschaft vermitteln, darauf abstimmen, um den Kommunikationsprozess effektiver zu gestalten. Am Anfang werden Sie wahrscheinlich die Körpersprache der anderen ganz bewusst beobachten müssen. Mit der Zeit werden dieses Aufmerksamkeit und die entsprechende Anpassung zur Gewohnheit.

Viele körperliche Signale erklären sich von selbst: Mit dem Fuß wippen kann andeuten, dass wir ungeduldig sind und weiterkommen wollen. Wenn wir uns an die Stirn greifen, kann dies heißen: »Du bereitest mir Kopfschmerzen.« Ein schnelles Atemholen kann Überraschung oder eine plötzliche Eingebung signalisieren.

Vorsicht!

Wir müssen bei der Deutung der nonverbalen Botschaften anderer vorsichtig sein. Verschränkte Arme können zwar Abweisung – »Ich fühle mich von deinen Ansichten bedroht!« – signalisieren, sie können aber ebenso gut bedeuten: »Mir ist kalt.« Ein klopfender Fuß könnte Ungeduld, aber auch Nervosität andeuten – oder einfach ein dringendes menschliches Bedürfnis! Wenn sich jemand am Kopf kratzt, könnte dies auf Unsicherheit oder Verwirrung hinweisen, aber auch, dass es ihn juckt. Es gibt keine festen Regeln für die Deutung von Körpersprache, nur allgemeine Anhaltspunkte. Daher ist es wichtig, die Körpersignale anderer nicht für sich allein zu deuten, sondern immer in ihrem situationsbedingten Zusammenhang und abhängig von der Persönlichkeit des anderen. So weisen beispielsweise verschränkte Arme oft auf eine Abwehrhaltung oder Ablehnung hin. Manche Leute haben jedoch einfach die Angewohnheit, die Arme zu verschränken. Körpersprache darf nur in ihrem Zusammenhang gedeutet werden.

Berücksichtigen Sie bei Ihrer Deutung, dass die Körpersprache vom Persönlichkeitstyp abhängt. Das leise Lächeln des einen kann dem herzhaften Lachen eines anderen entsprechen.

Achten Sie auf Signalkombinationen

Eine Kombination verschiedener Körpersignale verrät uns mehr als einzelne Gesten. Haltung, Bewegungen, Gesichtsausdruck, Gebärden – sie alle sollten auf dem Hintergrund des gesamten Verhaltens eines anderen und der Situation bewertet werden.

Körperliche Botschaften erscheinen selten einzeln, sondern in Verbindung mit andern. Verschränkte Arme und gleichzeitiges Reiben der Oberarme mit den Händen, Einziehen der Schultern und Stampfen mit den Füßen lassen den sicheren Schluss zu, dass jemand nicht etwa unzugänglich ist, sondern friert.

Wenn jedoch jemand die Arme verschränkt, vom Sprecher wegschaut, mit der Schuhspitze klopft sowie ab und zu den Kopf schüttelt, dann deutet dies eher auf Ablehnung hin.

Lassen Sie uns noch einen Schritt weiter gehen. Unser Gesprächspartner hat die Arme verschränkt, er stampft mit den Füßen und zieht die Schultern ein, aber wir finden es eigentlich nicht besonders kalt. Versucht er auf taktvolle Weise unser Gespräch zu beenden? Falls ihm jedoch wirklich kalt ist, kann er sich nur schlecht auf unsere Unterhaltung konzentrieren. Wir sollten dann vielleicht an einen Ort gehen, wo ihm warm wird, er sich wohl fühlt und in der Lage ist, uns seine ganze Aufmerksamkeit zuzuwenden.

Vielleicht hatte unser Freund auch gerade eine besonders schwierige Sitzung oder einen Streit mit jemandem. Beschäftigt ihn das noch, und seine verschränkten Arme, sein Klopfen mit der Schuhspitze und sein Kopfschütteln haben nichts mit uns und unseren Worten zu tun? Wenn das der Fall ist, sollten wir unser Gespräch dann nicht auf einen späteren Zeitpunkt vertagen?

> ! Betrachten Sie die Körpersprache immer im Zusammenhang, und nehmen Sie Signale nicht einzeln wahr.

Achten Sie auf Bewegungen

Alle Bewegungen, besonders aber plötzliche, können Aufschluss über die emotionale Verfassung des Betreffenden geben. Eine unerwartete Haltungsänderung kann besonders aufschlussreich sein. Wenn jemand plötzlich beide Füße auf den Boden setzt, sich uns vollständig zuwendet und sich zu uns hinneigt, kann es sein, dass wir gerade etwas gesagt haben, das seine Zustimmung findet, oder dass er dazu mehr erfahren möchte. Wenn uns dieses Verhalten auffällt, wäre es hilfreich, wenn wir uns überlegen würden, was diese Zustimmung ausgelöst haben könnte.

Achten Sie auf negative Körpersignale

Die Körpersprache eines Gesprächspartners kann ein Frühwarnsignal dafür sein, dass etwas am Kommunikationsprozess nicht stimmt.

Negative Signale können sein:

- Fußstellung, die wegzeigt
- Schnelles Kopfschütteln
- Den Hals reiben oder kratzen
- Wenig oder kein Blickkontakt
- Der Körper des anderen ist von Ihnen abgewandt
- Ohren bedecken oder reiben
- Faust ballen, geschlossene Hände
- Zappeln, mit einem Stift klopfen
- Mit den Füßen klopfen
- In die Luft schauen
- Den Mund zuhalten
- Angespannte Körperhaltung
- Den Atem schnell ausstoßen
- Mit den Fingern auf den Tisch trommeln
- Den Mantel oder die Jacke zuknöpfen
- Die Nase bedecken

Mögliche Anzeichen von Langeweile können sein:

- Herumkritzeln
- Beine übereinander schlagen und mit dem Fuß wippen
- Abwesender Blick
- Trommelnde Finger
- Kopf in den Händen
- Mit dem Kugelschreiber herumspielen

Enttäuschung kann sich in diesen Körpersignalen zeigen:

- Kurze Atemzüge
- Hände zu Fäusten geballt oder mit der Faust herumfuchteln
- Mit der Hand durch das Haar gehen
- Zischlaute
- Die Hände ringen
- Mit dem Zeigefinger auf den anderen zeigen
- Den Nacken reiben

> Wenn Sie irgendwelche der aufgeführten negativen Körpersignale wahrnehmen, erst recht mehrere zugleich, dann nehmen Sie sich in Acht.
>
> - Was könnten Sie gerade gesagt oder getan haben, um Ihren Gesprächspartner zu verstimmen?
> - Wie könnten Sie Ihr Anliegen anders vorbringen?
> - Wie könnten Sie dem anderen dazu verhelfen, Ihren Standpunkt zu verstehen?
> - Müssten Sie sich die Position des anderen aufmerksamer anhören?
> - Welche Maßnahmen könnten Sie ergreifen, um das Gespräch wieder in die richtige Bahn zu lenken?

Folgende Signale können räumliche Dominanz ausdrücken:

- Füße auf dem Schreibtisch
- Steifer Rücken
- Hände auf den Mantelaufschlägen oder hinter dem Kopf verschränkt
- Daumen in den Taschen
- Das Eigentum anderer vereinnahmen (sich an Geräte, den Türrahmen, das Auto anlehnen)

Nehmen Sie positive Signale wahr

Körpersprache kann uns vor möglichen Problemen warnen, aber auch Erfolg ankündigen. Zu den positiven Körpersignalen gehören:

- Bedächtig mit dem Kopf nicken
- Der Körper des anderen ist Ihnen zugewandt
- Offene Körperhaltung
- Fußstellung in Ihre Richtung
- Blickkontakt, besonders mit erweiterten Pupillen
- Entspannte Haltung
- Nachdenkliche »Mmhs«

Körperliche Anzeichen von Kooperationsbereitschaft können sein:

- Auf dem Stuhlrand sitzen
- Geneigter Kopf
- Näher an den anderen heranrücken
- Offene Hände
- Den Mantel aufknöpfen
- Sich zu dem Gesprächspartner neigen

Eine abwägende Haltung kann sich körperlich so ausdrücken:

- Das Kinn reiben oder in die Hand stützen
- Die Brille abnehmen und reinigen
- Die Hand an die Nase legen
- Geneigter Kopf
- Über die Brille schielen
- Am Stift oder Brillenbügel lutschen

Eine bewusste Empfänglichkeit für die Körpersprache anderer wird Ihnen helfen einzuschätzen, inwieweit Ihre Botschaften richtig ankommen. Ein geschärftes Bewusstsein für Ihren persönlichen Stil, Informationen darzubieten, wird den Erfolg Ihrer Kommunikation steigern. Es folgen nun einige Übungen.

Übungen zum Umgang mit Körpersprache

Körpersprache
Der Sprecher räuspert sich ständig. Er spricht schnell, mit häufigem Wechsel der Tonlage, begleitet von ruckartigen Gesten.

Mögliche Bedeutung
Diese Person ist unsicher und verkrampft.

Ihre Reaktion
Sorgen Sie dafür, dass er sich wohl fühlt; ermutigen und beruhigen Sie ihn. Seien Sie ganz natürlich und versuchen Sie – möglichst durch Humor – ihm seine Anspannung zu nehmen.

Körpersprache
Während einer Besprechung zieht ein Mann sein Jackett aus und hängt sie über die Lehne seines Stuhles.

Mögliche Bedeutung

Ihre Reaktion

Körpersprache
Eine Frau nimmt ihre Brille ab, reibt sich das Nasenbein, schaut an die Decke, schließt dann ihre Augen und sitzt ganz ruhig da.

Mögliche Bedeutung

Ihre Reaktion

Körpersprache
Ein Mann lehnt sich ganz in seinen Stuhl zurück, verschränkt die Hände hinter dem Kopf, legt einen Fuß auf den Tisch und lässt das andere Bein zur Seite hängen.

Mögliche Bedeutung

Ihre Reaktion

Körpersprache
Ein Kollege nimmt plötzlich seine Brille ab und wirft sie – oder seinen Kugelschreiber – auf den Tisch.

Mögliche Bedeutung

Ihre Reaktion

Körpersprache
Die Hand wird aufs Herz gelegt.

Mögliche Bedeutung

Ihre Reaktion

Körpersprache
Ein Mann klappt pausenlos die Bügel seiner Brille auf und wieder zusammen.

Mögliche Bedeutung

Ihre Reaktion

Körpersprache
Eine Frau betritt den Raum mit schnellen und entschlossenen Schritten.

Mögliche Bedeutung

Ihre Reaktion

Körpersprache
Jemand verschränkt die Hände fest hinter dem Kopf und schlägt die Beine übereinander. Später beißt er die Zähne zusammen.

Mögliche Bedeutung

Ihre Reaktion

Rapport durch Körpersprache, Energie und Stimme

Schnell herzliche Beziehungen herstellen

Haben Sie jemals mit jemandem gearbeitet, der Sie gereizt hat? Oder jemanden getroffen, der einfach eine andere Wellenlänge als Sie hatte? Es besteht kein Rapport zwischen diesen Menschen und Ihnen, daher gelingt die Verständigung mit ihnen nur schwer. Rapport ist das Gefühl, mit einem anderen Menschen synchron oder in Einklang zu sein. Wenn wir mit jemandem »im Rapport« sind, empfinden wir Zuneigung und Verbundenheit. Wir fühlen uns wohl und die Kommunikation gelingt mühelos. Rapport hilft, Beziehungen aufzubauen, vermindert Konflikte, fördert Kooperation und hilft, Ergebnisse zu erzielen. Erfolgreiche Kommunikation ist ohne Rapport nicht möglich.

! Es ist erstaunlich, was Sie erfahren können, wenn Sie hinschauen: Wenn Sie das nächste Mal in einem Restaurant sind, beobachten Sie einmal die verschiedenen Paare und Gruppen von Leuten. Wer scheint im Rapport zu sein und wer nicht? Warum?

Spiegeln

Rapport beruht auf *Ähnlichkeit*. Wenn zwei Menschen im Rapport sind, werden die Körpersprache und das Engagement des einen häufig von dem anderen »gespiegelt«: Oft werden sie eine ähnliche Sitzhaltung einnehmen, werden sich einander in genau dem gleichen Winkel aufeinander zu beugen und dieselben Gesten gleich oft und mit gleichem Nachdruck verwenden.

Auch ihre Bewegungen stimmen häufig überein. Wenn der eine seine Haltung ändert, macht es der andere genauso. Greift der eine

nach seinem Glas, tut es der andere ihm gleich. Vielleicht sprechen sie sogar im gleichen Tempo, in ähnlichem Tonfall oder gleicher Lautstärke. Möglicherweise verwenden sie gleiche oder ähnliche Ausdrücke und sprechen mit ähnlicher Betonung. Wenn wir näher hinschauen würden, könnten uns noch mehr Gemeinsamkeiten auffallen. Es könnte sein, dass die Atmung aufeinander abgestimmt ist. Ihren Bemerkungen liegen vielleicht gemeinsame – wenn auch unausgesprochene – Wertvorstellungen und Überzeugungen zu Grunde. Möglicherweise ähneln sie einander auch darin, wie sie sprechen, sitzen oder sich kleiden.

Das passiert instinktiv. Je mehr wir jemanden mögen, desto mehr wird unser Verhalten dem seinen entsprechen. Dies wird als »Spiegeln« bezeichnet. Spiegeln ist etwas, das wir alle automatisch und unbewusst machen, wenn wir mit jemandem im Rapport sind. Es verstärkt und vertieft die gegenseitige Nähe und erleichtert die Kommunikation. Die meisten bemerken nicht einmal, dass sie Körpersprache, Stimme oder Engagement des anderen spiegeln. Unterbewusst sagen sie sich aber: »Dieser Mensch ähnelt mir in vieler Hinsicht. Ich mag ihn und spreche gern mit ihm.«

Verstärken Sie den Rapport durch Spiegeln

Mit Menschen, die wir mögen, entwickelt sich mit der Zeit ganz von selbst ein Rapport. Wir glauben und vertrauen Leuten, die wir sympathisch finden. Wir sind gerne mit denen zusammen, die uns sympathisch sind, und finden es leicht, uns mit ihnen zu verständigen. Wir können diesen Prozess beschleunigen, indem wir einen anderen Menschen bewusst verbal und nonverbal spiegeln. Die innere Verbindung, die dadurch entsteht, erleichtert die Kommunikation und fördert kooperative, herzliche Beziehungen. Wir können viele Aspekte des anderen spiegeln: seine Überzeugungen, seinen Werdegang, seinen Wortschatz, seinen Kleidungsstil, seine Körpersprache, seinen Atemrhythmus usw. Die Liste lässt sich beliebig fortsetzen.

- **Körpersprache.** Wir können die gesamte Körperhaltung eines anderen spiegeln oder nur einen Teil davon: die Haltung der oberen oder unteren Körperhälfte, den Winkel des Kopfes oder der Schultern, aber auch Bewegungen und Gestik. Wir können diese Dinge ganz oder teilweise spiegeln – wir haben die Wahl.
- **Stimme.** Wir können die verschiedensten Merkmale der Stimme des anderen spiegeln: Tonfall, Lautstärke, Sprechgeschwindigkeit, Stimmlage, Sprachrhythmus, Modulation, Betonung, Pausen. Ebenso können wir die Ausdrucksweise oder den Sprachstil des anderen spiegeln.
- **Energie und andere Dinge.** Atmet der andere schnell? Atmet er aus der Brust oder dem Bauch? Atmet er flach oder tief? Auch all dies können wir spiegeln – ebenso wie die Energie in seinen Bewegungen, seine Art zu sprechen, sein Maß an Ernsthaftigkeit und Förmlichkeit, seinen Wortschatz und die Sprache, die er benutzt (Umgangssprache oder Hochsprache).

Spiegeln

Wir könnten es auch mit dem »Über-Kreuz-Spiegeln« versuchen. Bei dieser Technik geht es darum, dass wir die Bewegungen oder die Haltung unseres Gegenübers spiegelbildlich wiedergeben. Wenn jemand das rechte Bein über das linke geschlagen hat, schlagen wir das linke über das rechte. Wenn er oder sie den rechten Unterarm mit der linken Hand streichelt, machen wir es genau umgekehrt.

Hier gilt es, differenziert vorzugehen und nicht nur jede Bewegung und Haltung des Gegenübers nachzuahmen. Rapport ist etwas, das wir beim Agieren mit einem anderen Menschen machen und empfinden – nicht etwas, das wir ihm antun. Benutzen Sie die Technik des Spiegelns auf keinen Fall, wenn es Ihnen unnatürlich, unangebracht oder unecht vorkommen würde. Sonst wird das Spiegeln auf eine bedeutungslose Taktik reduziert und führt nicht zum gesteigerten Rapport.

Feinfühligkeit als Schlüssel

Wenn wir die Körpersprache eines anderen spiegeln, sollte das dem Betreffenden nicht bewusst werden. Der andere darf sich nicht verhöhnt oder manipuliert vorkommen. Wir wollen doch nicht, dass der andere bei sich denkt: »Jedes Mal, wenn ich mich kratze, dann kratzt er sich auch. Jedes Mal, wenn ich mich bewege oder stöhne, dann macht er es auch.« Oder noch schlimmer: »Warum hört er nicht auf, mich nachzuäffen?«

Rapport ist sensibel. Benutzen Sie die Technik des Spiegelns auf taktvolle und unauffällige Weise. Stimmen Sie Ihre verbale und nonverbale Kommunikation auf den anderen ab, aber machen Sie ihn nicht nach. Benutzen Sie die Technik des Spiegelns nur, wenn Ihnen wirklich daran liegt, Rapport zu jemandem aufzubauen und die Verständigung mit ihm zu verbessern. Tun Sie es nur, wenn Sie ihn als Mensch respektieren.

So kann man Rapport testen

Manchmal liegt uns daran, in Erfahrung zu bringen, wie viel Rapport zwischen uns und unserem Gegenüber besteht. Wenn wir dabei sind, ein heikles Problem anzuschneiden oder ein wichtiges Geschäft abzuschließen, ist es sinnvoll, erst dann zu handeln, wenn wir wissen, dass wir mit unserem Gesprächspartner in ausreichendem Rapport stehen.

Wir können den Grad des Rapports durch eine Technik überprüfen, die als »Führen« bezeichnet wird. Wir verändern einfach unsere Haltung und beobachten, ob der andere unserem Beispiel folgt. Ahmt der andere uns nach, dann stehen wir mit ihm im Rapport. Je eindeutiger und unmittelbarer dies erfolgt, desto intensiver wird der Rapport sein.

Um den Rapport zu testen, müssen wir nicht unbedingt unsere Körperhaltung verändern. Es geht auch subtiler. Wir können zum Beispiel langsamer oder schneller reden, nach einem Stift greifen und damit spielen, unsere Schulter oder unser Fußgelenk kratzen. Wir können auch einen Schluck Kaffee zu uns nehmen.

Wenn wir mit unserem Gesprächspartner im Rapport stehen, wird er unterbewusst merken, dass seine Körpersprache nicht mehr mit unserer übereinstimmt. Er wird dann, ebenfalls unterbewusst, diese Diskrepanz beseitigen wollen. Geschieht dies, können wir sicher sein, dass es zwischen uns beiden klappt und die Kommunikation fließt.

Benutzen Sie die Technik des Führens, wenn Sie den Eindruck haben, Sie stehen mit einem anderen im Rapport, und wollen dies bestätigen.

Die Bedeutung von Rapport in der Kommunikation kann nicht oft genug betont werden. Je wichtiger Ihnen ein Gespräch oder eine Verhandlung ist, desto stärker sollten Sie den Einsatz der Techniken »Spiegeln« und »Führen« in Betracht ziehen: Spiegeln, um Rapport schnell herzustellen; Führen, um ihn zu bestätigen.

Vierter Teil
Gute Informationen aufnehmen

Die Perspektive des anderen entdecken

Der Kommunikationstanz beinhaltet den Austausch von Meinungen, Gefühlen, Gedanken und Ideen, um so zu einem gegenseitigen Verstehen zu gelangen. Die Fähigkeit, gute Informationen aufzunehmen, ist für einen eleganten, harmonischen und befriedigenden Tanz unverzichtbar. Es gilt: »*Beurteile einen Menschen nach seinen Fragen, nicht nach seinen Antworten.*« (Françoise Marie Voltaire, 1694–1778, französischer Autor, Philosoph und Satiriker)

Zuhören, zuhören, zuhören

Durch aktives Zuhören wirklich gute Informationen empfangen und Beziehungen aufbauen

Zuhören bedeutet mehr, als nur still zu sein, und mehr, als sich etwas anzuhören. Es ist mehr als der Gegensatz von Sprechen. Es ist mehr als das Gegenstück zur Rede. Die amerikanische Autorin Alice Duer Miller (1874–1942) bemerkte: »Zuhören bedeutet, sich brennend und teilnahmsvoll für das zu interessieren, was uns erzählt wird. Man kann als Zuhörer wie eine leere Wand sein – oder wie eine großartige Konzerthalle, die jeden Ton voller und reicher zurückgibt.«

Wirkliches Zuhören

Wirkliches Zuhören geschieht mit unseren Ohren, Augen und unserem Herzen. Es hat mit Selbstdisziplin zu tun und damit, wie wir antworten, welche Fragen wir stellen, wie unsere Körpersprache aussieht. Wirkliches Zuhören versetzt uns in die Lage, die Absichten, Wünsche und Ängste anderer zu verstehen.

Hören Sie zu, um selbst etwas erwidern zu können, oder weil Sie Ihr Gegenüber verstehen wollen? Wenn es uns beim Zuhören darum geht, den anderen zu verstehen, werden wir mehr verstehen und erfahren, als wenn wir nur zuhören, um anschließend selber zum Zuge kommen zu können.

Wahres Zuhören verlangt von uns, dass wir vorübergehend unsere eigenen Meinungen, Erwartungen, Sorgen, Vorurteile und

Wenn Ihnen die Botschaft eines Gesprächspartners oder Ihre Beziehung zu ihm wirklich wichtig ist, sollten Sie sich nicht nur anhören, was gesagt wird, sondern richtig zuhören, um den anderen zu verstehen.

Wussten Sie ...?

Das chinesische Schriftzeichen für zuhören, ting ausgesprochen, setzt sich aus vier Zeichen zusammen: dem Herz, dem Verstand, den Ohren und den Augen.

Wünsche zurückstellen. Dies kann schwierig sein, besonders wenn wir meinen, dass wir etwas Wichtiges beizusteuern haben, oder wenn wir uns über das erregen, was der andere gerade sagt. Wir können nicht gleichzeitig zuhören und sprechen – und wir können auch nicht zuhören und zur gleichen Zeit darüber nachdenken, was wir sagen werden! Nur wenn wir unsere Gedanken auf Eis legen, können wir uns vollkommen auf das Gesagte konzentrieren und die Welt aus der Perspektive des anderen sehen.

Denken Sie einmal darüber nach

Sind wir mit zwei Ohren und einem Mund ausgestattet worden:

- weil wir zweimal so viel zuhören wie reden sollten?
- weil zuhören zweimal so schwierig wie reden ist?
- als Mahnung, dass wir sie in diesem Verhältnis gebrauchen sollten?

Alle drei Punkte treffen zu.

Zuhören ist harte Arbeit. Wenn wir tatsächlich zuhören, steigen Blutdruck und Körpertemperatur, unser Puls beschleunigt sich. Es sind die gleichen physiologischen Reaktionen, die bei einer körperlichen Anstrengung zu beobachten sind. Die meisten Menschen hören nicht zu – sie warten nur darauf, dass sie an der Reihe sind zu reden. Die Fähigkeit zuzuhören ist vermutlich jene kommunikative Fertigkeit, die am meisten unterbewertet wird. Dabei reduziert richtiges Zuhören Kommunikationsbarrieren. Zuhören ist wichtig, um gute Beziehungen aufzubauen und zum Konflikte und Missverständnisse zu vermeiden. Wenn Sie Personen, die mit anderen gut zusammenarbeiten und erfolgreich kommunizieren, nach ihrem Geheimnis fragen, werden viele ihre Fähigkeit zuzuhören nennen.

INFO

Warum hören wir nicht besser zu?

Es gibt viele Gründe, nicht richtig zuzuhören:

- Wir meinen, etwas besser zu wissen.
- Wir glauben, schon zu wissen, was gesagt wird.
- Es gibt zu viele Ablenkungen.
- Wir hatten einen anstrengenden Tag und sind zu müde, um aufmerksam zuzuhören.
- Wir sind damit beschäftigt, unseren eigenen Gedanken zuzuhören.
- Wir mögen den Sprecher oder die Botschaft nicht.
- Wir sind voreingenommen.
- Wir filtern die Botschaft des Sprechers und hören nur, was wir hören wollen.
- Wir ziehen voreilige Schlüsse.
- Wir würden lieber selber reden, um das Gefühl zu haben, stärker beteiligt zu sein und mehr Kontrolle zu haben.
- Wir überlegen, was wir sagen werden, wenn wir an der Reihe sind.
- Wir ordnen das, was wir hören, in unsere eigene Erfahrungswelt ein, anstatt die Dinge aus der Perspektive des anderen zu sehen.
- Im Stillen kritisieren wir die Botschaft oder den Sprecher.

Wie können wir zuhören?

Es gibt viele Stufen des Zuhörens: vom Abschalten bis hin zum aktiven, einfühlenden Zuhören.

Schlechtes Zuhören kann schaden. Nur mit einem »halben Ohr« zuhören zum Beispiel macht sich auch in unserer Körpersprache bemerkbar und entmutigt und ärgert die meisten Gesprächspartner.

!

Ist Ihre Tür offen, Sie selbst aber nicht? – Manchmal sind wir uns dessen nicht bewusst, wie stark unsere Körpersprache auf andere wirkt. Drückt Ihr Verhalten aus »Du unterbrichst mich« oder vielleicht »Mach schnell, ich bin beschäftigt«?
Wenn jemand hereinkommt, um mit Ihnen zu sprechen, fahren Sie dann mit Ihrer Tätigkeit fort, während Sie zuhören? Wenn ja, stellen Sie sich selbst die Frage: »Was ist wichtiger – das, was ich gerade tue, oder zuzuhören, was der andere zu sagen hat?« Da wir uns nicht auf zwei Sachen gleichzeitig konzentrieren können, treffen Sie eine Entscheidung, und beschränken Sie sich auf das, was wichtig ist.

Passives Zuhören (ausdruckslose Miene, keine nonverbalen Signale, um den Sprecher zu ermuntern) mag für einen Fernsehzuschauer angebracht sein, hält aber einen Gesprächspartner davon ab weiterzureden.

Die Lichter sind an, aber es ist niemand zu Hause – Wenn Sie zuhören, zeigen Sie, dass Sie »zu Hause« sind, indem Sie

- nicken,
- »ah, ja«, »Ich verstehe« und »mmh« sagen,
- ein Stichwort oder eine wichtige Wendung wiederholen,
- sich etwas nach vorne, dem Sprecher entgegenlehnen,
- mit Ihrer Körperhaltung Offenheit und Zuwendung ausdrücken,
- Blickkontakt halten – wenn Ihre Augen abschweifen, werden Ihre Gedanken es auch tun.

Bestätigendes Zuhören

Wir können doppelt so viele Informationen durch »bestätigendes Zuhören« erhalten. Wenn wir nicken und »mmh« sagen, während der andere spricht, zeigen wir ihm, dass wir seinen Gedankengang verfolgen. Es ermuntert ihn weiterzusprechen, ohne seinen Redefluss zu unterbrechen. Der Nachteil des bestätigenden Zuhörens ist jedoch, dass es keine Feedback-Möglichkeiten gibt, um unser Verstehen zu überprüfen.

Aktives Zuhören

Aktives Zuhören stellt die höchste und schwierigste Stufe des Zuhörens dar. Sie erbringt jedoch den größten Gewinn an Informationen, an Verständnis und an Ergebnissen. Aktives Zuhören regt den Denkprozess sowohl beim Sprecher als auch beim Zuhörer an, und beide sind aktiv am Gespräch beteiligt. Dieses Zuhören verlangt Gedankenarbeit: Wir wollen umfassend verstehen, was der andere sagt. Dieses Verständnis teilen wir unserem Gesprächspartner mit, um so zu prüfen, ob wir als Zuhörer alles richtig verstanden haben.

Die Rückmeldungen, die beim aktiven Zuhören erfolgen, können dem Sprecher auch helfen, seine Gedanken weiter zu verdeutlichen und besser zu vermitteln. Wörter und Gedanken sind oft nicht präzise, und Menschen sagen nur selten, was sie wirklich meinen. Eine Äußerung, die vom aktiven Zuhörer kommt, hilft dem Sprecher dann, seine Gedanken weiterzuentwickeln, und gibt ihm die Möglichkeit, das bereits Gesagte näher zu erklären oder weitere Informationen hinzuzufügen. Beim aktiven Zuhören nehmen wir mehr gute Informationen auf als bei irgendeiner anderen Form des Zuhörens. Dadurch wird der »Kommunikationstanz« befriedigender.

Die Botschaft, die durch aktives Zuhören vermittelt wird, lautet: »Du bist mir wichtig, deine Botschaft interessiert mich. Ich möchte alles, was du zu sagen hast, hören und verstehen.« Beim aktiven Zuhören müssen wir unsere Augen und Ohren, unser Herz und unseren Verstand einsetzen. Wir können Rückmeldungen darüber geben, wie wir das, was der andere gemeint hat, verstehen oder welche Gefühle dabei zum Ausdruck gekommen sind – je nachdem, was zum Gespräch am besten passt.

!

Gehen Sie aus von dem, was Sie gehört und gesehen haben. Fassen Sie es gedanklich zusammen, und wiederholen Sie mit Ihren eigenen Worten entweder die Hauptargumente des Sprechers oder Ihren Eindruck von seiner Gefühlslage.
Achten Sie darauf, Ihr Verständnis auf eine eher vorläufige und nicht auf eine endgültige Weise zusammenzufassen.
Sobald Sie Ihre Rückmeldung gegeben haben, lassen Sie Ihrem Gesprächspartner einen Augenblick Zeit, bevor er Ihnen antwortet.

Eine Rückmeldung, die aus der Haltung des aktiven Zuhörens kommt, bedeutet jedoch nicht notwendigerweise Zustimmung. Wir können dem Sprecher zustimmen oder seiner Mitteilung gegenüber

INFO

Wie man aktiv zuhört

- Wenn mehrere Argumente angeführt werden, fassen Sie dasjenige zusammen, auf das Sie sich konzentrieren wollen. Damit können Sie das Gespräch in die von Ihnen gewünschte Richtung lenken.
- Wenn verschiedene Gefühle zum Ausdruck kommen, geben Sie das Empfinden wieder, das zuletzt geäußert wurde – dies ist in der Regel das entscheidende Gefühl.
- Fassen Sie sich bei Ihrer Rückmeldung kurz, um nicht vom Sprecher abzulenken.
- Reflektieren Sie nur das, was wirklich zum Vorschein kommt. Inszenieren Sie keine Ratespiele.
- Unterbrechen Sie Sprechpausen nicht, die der andere zum Nachdenken braucht.

Bringen Sie versuchsweise Ihr Verständnis zum Ausdruck:

- »Sie klingen ...«
- »Sie scheinen ...«
- »Dann wäre Ihre Idee ...«
- »Ihnen muss es so vorkommen, als ob ...«
- »Das muss Sie aber ärgern!«
- »Ich versuche es mal so zusammenzufassen ...«
- »Es scheint mir, Sie wollen sagen ...«
- »Sie müssen das Gefühl haben, dass ...«
- »Wenn ich Sie richtig verstanden habe ...«
- »An Ihrer Stelle hätte ich das Gefühl ...«

ambivalent oder sogar gegensätzlicher Meinung sein. Auch wenn wir nicht zustimmen, können wir dem anderen trotzdem durch die Rückmeldungen des aktiven Zuhörens zeigen, dass wir seine Position verstanden haben.

Es kann sein, dass der Sprecher unsere Rückmeldung korrigieren möchte. Dies ist in Ordnung – es bedeutet nur, dass wir noch nicht alles einwandfrei verstanden haben.

Wenn unsere Rückmeldung schon dem entspricht, was der andere gemeint hat, werden wir wahrscheinlich trotzdem noch manche Erläuterung oder manche Information von ihm erhalten. Auf alle Fälle werden wir sehr viel über die Gedanken und Gefühle unseres Gesprächspartners lernen.

Beachten Sie, dass Rückmeldungen, die aus der Haltung des aktiven Zuhörens kommen, keine Fragen, sondern Aussagen sind. Fragen würden mit »Ja« oder »Nein« oder nur oberflächlich beantwortet werden. Rückmeldungen dieser Art dagegen ermuntern zu einer ausführlicheren Antwort.

Wann sollte aktives Zuhören eingesetzt werden?

Weil aktives Zuhören so viel Anstrengung verlangt, werden Sie es vielleicht nicht ständig einsetzen wollen. Nutzen Sie aber Ihre Fähigkeit, aktiv zuzuhören, in den folgenden Situationen.

Wenn Sie gute Informationen bekommen möchten:
- um weitere Informationen zu erhalten;
- um dem Sprecher zu zeigen, dass Sie zuhören, und um ihn zum Reden zu ermuntern;
- wenn Sie mit neuen Gedanken konfrontiert werden;
- wenn ein Problem zur Lösung ansteht und Sie alle Fakten brauchen;
- wenn Sie sich nicht sicher sind, was der Sprecher wirklich meint.

In Konfliktfällen:
- wenn Sie den Eindruck haben, dass Sie anderer Meinung sind;
- um Missverständnisse zu verhindern;
- bevor Sie eine Auseinandersetzung anfangen.

Wenn Sie jemanden bestätigen oder unterstützen möchten:
- wenn der Sprecher offensichtlich gerne weiterreden möchte;
- um zu zeigen, dass Sie den anderen akzeptieren;
- um ihr Verständnis auszudrücken;
- um zu kontrollieren, ob Sie den anderen verstanden haben;
- nachdem der Sprecher eine Ich-Botschaft gesendet hat.

In emotionsgeladenen Situationen:
- um einen Gefühlsausbruch zu verhindern;
- um einen aufgebrachten Menschen zu beruhigen;

- wenn der Sprecher etwas mit sehr emotionsgeladener Stimme geäußert hat oder über seine Gefühle spricht;
- um dem Gesprächspartner die Möglichkeit zu geben, seine Gefühle zu zeigen, ohne dass auch Sie selbst emotional werden;
- wenn der andere eine persönliche Angelegenheit bzw. ein persönliches Problem anspricht.

Wann sollte aktives Zuhören nicht eingesetzt werden?

Vor allem in zwei Situationen sollten wir vermeiden, Rückmeldungen zu geben. Erstens, wenn wir den Sprecher nicht mögen oder nicht respektieren. In diesem Fall könnten wir zu leicht emotional gefärbte Wörter oder Sätze und/oder einen kritischen Tonfall benutzen und dadurch den anderen vom Weiterreden abhalten, statt ihn dazu zu ermuntern. Zweitens sollten wir das aktive Zuhören nicht als Ersatz für Selbstbehauptung benutzen – oder als Möglichkeit, unsere eigenen Gedanken oder Gefühle zu verbergen. Bleiben Sie neutral. Es ist besser, weder Zustimmung noch Ablehnung zu zeigen, wenn Sie Rückmeldungen geben.

INFO

Wie man zuhört – einige Ratschläge

- Entwickeln Sie Geduld. Üben Sie, Ihre Aufmerksamkeit der Person zuzuwenden, die gerade mit Ihnen spricht. Schieben Sie Ihren inneren Dialog beiseite und konzentrieren Sie sich aufs Zuhören.
- Hören Sie zu, um zu verstehen, was der andere wirklich sagt.
- Hören Sie unvoreingenommen zu.
- Achten Sie auf die Körpersprache. Hören Sie auf das, was nicht gesagt wird.
- Lernen Sie von dem chinesischen ting: Hören Sie mit Ihren Augen und Ohren, Ihrem Herzen und Ihrem Verstand zu.
- Formulieren Sie mit Ihren eigenen Worten die Aussage und/oder die Gefühle des Sprechers, um zu überprüfen, ob Sie ihn richtig verstanden haben.
- Spiegeln Sie Sprechgeschwindigkeit und Tonfall Ihres Gesprächspartners bei Ihren Antworten.
- Sie müssen dem anderen nicht zustimmen – Sie sollen lediglich seine Position verstehen.

Fünf Fähigkeiten, die zum aktiven Zuhören gehören

Aussagen paraphrasieren

Übersetzen Sie das Gesagte in Ihre eigenen Worte. Dadurch werden zwei wichtige Dinge erreicht: Es gibt Ihnen die Möglichkeit, Ihr Verständnis zu überprüfen, und ermutigt den Sprecher weiterzureden.

Sprecher:	»Ich finde es so frustrierend, weil ich wirklich mein Bestes gebe, um das Projekt fertig zu stellen. Ich leiste gerne die notwendigen Überstunden, aber es scheint mir, alles und alle sind gegen mich!«
Rückmeldung:	»Es klingt, als ob Sie sich im Stich gelassen fühlten und nicht genügend Unterstützung bekämen.«
Sprecher:	»Ja, genau so ist es, obwohl ich weiß, dass die anderen nicht absichtlich Schwierigkeiten machen – sie sind eben auch sehr beschäftigt, und ...«

Gefühle spiegeln

Wenn jemand Emotionen und Gefühle zum Ausdruck bringt oder aufgeregt, wütend, verletzt wirkt, dann teilen Sie ihm Ihre Empathie mit und ermutigen Sie den Sprecher fortzufahren.

Sprecher:	»Ich habe es satt! Wie soll ich die Abteilung richtig führen, wenn es im Haushaltsplan nur so von Ungenauigkeiten wimmelt. Ich verbringe meine Zeit damit, ständig Fehler auszubügeln, anstatt meine eigene Arbeit zu machen.«
Rückmeldung:	»Das klingt wirklich ärgerlich.«
Sprecher:	»Ja, und wie. Der Punkt ist, ich habe schon so viel zu tun, und diese zusätzlichen Belastungen sind das Letzte, was ich gebrauchen kann.«
Rückmeldung:	»Es hört sich an, als ob du es wirklich satt hättest.«
Sprecher:	»Ja, wahrscheinlich ... Aber was ich wirklich möchte ...«

Ein weiteres Beispiel zeigt der folgende Dialog.

Sprecher: »Mit diesem Projekt geht es keinen Schritt weiter!«
Rückmeldung: »Du scheinst ziemlich frustriert zu sein.«
Sprecher: »Ja, das bin ich. Es ist alles Gerede, ohne Taten. Wir können uns nicht mal über Grundlagen einigen.«

Fakten wiedergeben

Fassen Sie den Kern des Gesagten oder die Tatsachen kurz zusammen. Das gibt Ihnen die Möglichkeit, Ihr Verständnis zu überprüfen und mehr Informationen zu bekommen.

Sprecher: »Während du weg warst, war jede Menge los. Angela hat ihr Auto demoliert und musste ein paar Tage frei nehmen. Bernie hatte Grippe und Kerry hat sich das Fußgelenk verstaucht. Wir mussten eine Aushilfskraft einstellen, und die hat es tatsächlich geschafft, die ganze Festplatte zu löschen. Ich freue mich, dass du wieder da bist.«
Rückmeldung: »Nun, dass klingt, als ob man dich so richtig auf Trab gehalten hätte!«
Sprecher: »Und wie! Ich meine, dass ich auch ganz gut damit zurechtgekommen bin. Jetzt erzähle ich dir, was ich gemacht habe ...«

Verschiedene Aspekte miteinander verbinden

Verschmelzen Sie mehrere Gedanken des Sprechers zu einem Hauptthema oder zu einer Hauptidee. Das hilft Ihnen zu überprüfen, ob Sie den anderen verstanden haben, und es hilft dem Sprecher, sich über seine Gedanken und Empfindungen klar zu werden.

Sprecher: »Das Erste, was passiert ist, war eine grundlegende Verfahrensänderung, die niemand hätte voraussa-

	gen können. Dann kündigte einer unserer besten Techniker. Dann wurde der Abgabetermin vorgezogen. Es kam eins zum anderen.«
Rückmeldung:	»Es hat also einen ganzen Rattenschwanz von Problemen gegeben, die dieses Projekt ganz besonders schwierig machten.«
Sprecher:	»Sie sagen es! Ich glaube, die Verfahrensänderung war dann noch das letzte Tüpfelchen auf dem I. Wenn das nicht passiert wäre, hätten wir noch eine Chance gehabt.«
Rückmeldung:	»Das klingt, als ob Sie meinten, alles wäre jetzt verloren.«
Sprecher:	»Na ja, so weit würde ich nicht gehen. Wir stecken aber ganz schön im Schlamassel.«

Sich ausdrücklich in den anderen hineinversetzen

Stellen Sie sich vor, wie es wäre, in der Haut des anderen zu stecken.

Manager:	»Ich bestehe darauf, dass die Berichte in Zukunft rechtzeitig fertig werden.«
Angestellter:	»Es will mir anscheinend nicht gelingen, alle hier zufrieden zu stellen! Alle kommandieren mich herum. Alle beschweren sich. Wenn es nicht das eine ist, dann ist es das andere.«
Manager:	»Es muss ganz schön schwierig für Sie sein, für mehrere Leute die Verwaltungsarbeiten zu machen.«
Angestellter:	»Es ist nicht nur das, ...«

Oder folgender Dialog.

Sprecher:	»Ich weiß nicht, für welche Richtung ich mich entscheiden soll. Es gibt für jede Alternative ein Für und Wider. Und eine falsche Entscheidung könnte gravierende Auswirkungen haben.«

Rückmeldung: »An Ihrer Stelle würde ich auch zögern, irgendeine Entscheidung zu treffen, aus Angst, es wäre die falsche.«

Sprecher: »Ja, genau so ist es. Ich glaube, ich brauche mehr Informationen. Vielleicht werde ich mich nochmals bei Leuten kundig machen, die mehr Erfahrungen auf diesem Gebiet haben.«

Wann sollten wir mit dem aktiven Zuhören aufhören? Immer dann, wenn wir den Eindruck bekommen, unser Gesprächspartner hat alles gesagt, und wir kennen den ganzen Sachverhalt. Dann gehen Sie zum nächsten Schritt über. Dies könnte zum Beispiel sein, dass Sie das Problem lösen. Oder Sie könnten die Sache aus Ihrer Warte schildern, oder Sie könnten entscheiden, was als Nächstes geschehen muss.

Mit einiger Übung wird sich unsere Fähigkeit, genau zuzuhören, verbessern. Echtes Zuhören geschieht aber nie mühelos und verlangt immer eine Portion Entschlossenheit und Engagement.

Unsere Mühe wird jedoch durch die Ergebnisse belohnt. Schließlich ist es unwahrscheinlich, dass uns jemand den Gefallen tut, uns zuzuhören, wenn wir ihm nicht den gleichen Dienst erweisen.

»Gute Zuhörer sind nicht nur überall beliebt, sondern nach einer Weile erfahren sie auch so manches.«
Wilson Mizner, 1876–1933, amerikanischer Drehbuchautor und Humorist

Erfahren Sie die ganze Geschichte

Gute Informationen empfangen

Für eine gute Kommunikation ist es unerlässlich, die Dinge aus der Perspektive des anderen zu betrachten. In diesem Kapitel werden wir uns mit vier Schritten befassen, die uns helfen, uns ein vollständiges Bild zu machen.

Vier Schritte zur ganzen Geschichte

Schritt 1: Stellen Sie offene Fragen

Wenn wir eine geschlossene Frage stellen, ist die Wahrscheinlichkeit hoch, dass wir nicht alles erfahren. Die Gesprächspartner werden in der Regel mit einem einfachen »Ja« oder »Nein« oder mit einer kurzen faktischen Angabe antworten.

Mit *geschlossenen Fragen* kann man Fakten ermitteln und verhindern, dass jemand zu weitschweifig erzählt. Sie eignen sich aber nicht dazu, den ganzen Zusammenhang herauszufinden.

INFO

Geschlossene Fragen

- »Hast du ein Lieblingstier?« — »Ja, einen Hund.«
- »Gefällt Ihnen Ihre Arbeit?« — »Ja.«
- »Haben Sie irgendwelche Probleme?« — »Nein.«
- »Magst du deinen Chef?« — »Ja.«

Offene Fragen sind ein wesentlich besseres Mittel, die ganze Geschichte in Erfahrung zu bringen, weil sie Raum für unterschiedliche Antworten lassen. Eine offene Frage ist jede, die Ihren Ge-

Offene Fragen

- »Erzähle mir von deinem Lieblingstier.«
- »Was gefällt Ihnen am meisten an Ihrer Arbeit?«
- »Welchen Problemen sind Sie begegnet?«
- »Wie ist dein Chef?«

sprächspartner ermutigt, nähere Angaben zu machen und weitere Details zu erwähnen. Beachten Sie, dass es sich bei manchen offenen Fragen im Grunde genommen um Aussagen handelt. Es gibt keine festen Regeln dafür, wie etwa: »Offene Fragen fangen immer mit wer, was, wo, wann, warum oder wie an.« Auch geschlossene Fragen können mit diesen Worten eingeleitet werden.

Offene Fragen zu stellen erfordert mehr Geschicklichkeit, als den meisten Menschen bewusst ist.

Formulieren Sie doch einmal die folgenden geschlossenen zu offenen Fragen um. Einige Anregungen dazu erhalten Sie im Anhang (s. S. 320).

- »Wann ist das passiert?«
- »War Ihre Reise ein Erfolg?«
- »Sagt Ihnen der Bewerber zu?«
- »Warum ist das passiert?«

Schritt 2: Bestätigen

Wenn jemand spricht, können wir die Techniken des bestätigenden Zuhörens anwenden, um zu zeigen, dass wir tatsächlich zuhören, und um unseren Gesprächspartner zu ermuntern weiterzureden. Nehmen Sie also eine aufmerksame Körperhaltung ein, nicken Sie und sagen Sie hin und wieder: »mmh« (s. S. 99ff.).
Versuchen Sie Fragen zu vermeiden, die mit »warum« anfangen, wie zum Beispiel: »Warum hast du das gemacht?« Ihre Gesprächspartner könnten bei solchen Fragen auf Abwehr schalten und werden dann zögern, Ihnen die gewünschte Auskunft zu geben.

Schritt 3: Spiegeln

Wenn der Sprecher einen Gedanken dargelegt hat, ist es an der Zeit, ihm eine Rückmeldung aus der Haltung des aktiven Zuhörens zu geben. Wie wir im letzten Kapitel gesehen haben, wiederholen wir dann mit unseren eigenen Worten das Wesentliche dessen, was der andere zum Ausdruck gebracht hat. Das gibt uns Gelegenheit zu überprüfen, ob wir das Gesagte richtig verstanden haben, und gestattet unserem Gesprächspartner, mögliche Missverständnisse aufzuklären. Es hilft uns auch, die ganze Geschichte zu erfahren, da auf Rückmeldungen des aktiven Zuhörens fast immer zusätzliche Informationen und Erklärungen seitens des Sprechers folgen.

Schritt 4: Schweigen

Nachdem wir eine Rückmeldung aus der Haltung des aktiven Zuhörens gegeben haben, sollten wir innehalten. Das gibt unserem Gesprächspartner Zeit, sich das, was wir gerade gesagt haben, sowie seine Antwort darauf zu überlegen. Da das spiegelnde Zuhören eher zu wohl überlegten Antworten herausfordert, könnte dies schon einige Sekunden dauern – hier ist unser Schweigen hilfreich. Spielen Sie die vier Schritte so häufig durch wie notwendig, um das Gesamtbild zu erhalten.

! Wenn Sie eine Rückmeldung des aktiven Zuhörens gegeben haben, halten Sie inne und zählen Sie bis sechs. In der Regel wird der Sprecher wieder zu reden angefangen haben, wenn Sie bei sechs angelangt sind. Wenn bis dahin nichts passiert ist, sollten Sie weiterhin aufmerksam warten oder den anderen noch einmal in einer Rückmeldung spiegeln.

Stellen Sie die richtigen Fragen

Entbehrliche Fragen, unentbehrliche Fragen

Manchmal müssen wir den anderen helfen, damit sie uns gute Informationen geben können. In so einem Fall können wir Fragen stellen, um den ganzen Sachverhalt herauszufinden, um ergänzende Details zu erfahren, um zu einem klaren Bild zu gelangen. Durch Fragen kann man auch den Bezugsrahmen sowie die Wünsche, Bedürfnisse, Hoffnungen und Ängste eines Gesprächspartners ermitteln. Zunächst einmal müssen wir uns jedoch von einigen wenig hilfreichen Fragen trennen, um Raum zu schaffen für diejenigen, die hilfreich sind.

Vermeiden Sie wenig hilfreiche Fragen

Fragen zu stellen ist schon eine Kunst für sich. Im Kapitel »Erfahren Sie die ganze Geschichte« (s. S. 134ff.) haben wir gesehen, dass geschlossene Fragen nicht geeignet sind, um gute Informationen zu erhalten, und dass »Warum-Fragen« unsere Gesprächspartner in eine Abwehrhaltung bringen können. Genauso wie Scheinfragen, geschlossene Fragen und »Warum-Fragen« sollten Sie Suggestivfragen und Mehrfachfragen vermeiden.

Stellen Sie »echte« Fragen

Wir verstecken uns oft hinter so genannten »Scheinfragen«, die in Gesprächen sehr häufig vorkommen. Wir können sie in sechs Kategorien einordnen.

Suggestivfragen

Es handelt sich um Fragen, die die Antwortmöglichkeiten einschränken oder begrenzen und den Gesprächspartner dazu verleiten, die von uns gewünschte Antwort zu geben.

- »Meinen Sie nicht, dass ...?«
- »Glauben Sie, wir sollten ...?«
- »Würden Sie nicht lieber ...(dieses oder jenes tun ...)?«

Was wir aber wirklich mit solchen Fragen meinen, ist: »Ich meine ...« oder »Lass uns dies oder jenes tun ...«.

Hypothetische Fragen

Diese Fragen stellen eine indirekte Art dar, eine Aussage zu machen, also quasi »durch die Hintertür«.

- »Wenn du hier das Sagen hättest, würdest du nicht ...?«
- »Falls wir Zeit haben, würdest du gerne ...?«

Was wir hier wirklich meinen, ist: »Wenn ich hier das Sagen hätte, würde ich es auf diese Weise machen ...«

Imperativfragen

Diese Fragen kleiden eine Forderung in eine scheinbare Bitte.

- »Haben Sie etwas bezüglich ... unternommen?«
- »Wann werden Sie mit ... fertig sein?«
- »Wann werden Sie anfangen?«

In Wirklichkeit meinen wir: »Ich meine, Sie sollten sich inzwischen um ... gekümmert haben« oder »Ich hoffe, dass Sie ... fertig gestellt haben« oder »Ich glaube, Sie sollten es möglichst bald machen«.

Verschleiernde Fragen

Statt von vornherein anzugeben, was wir denken oder wollen, fragen wir den anderen, was er denkt oder will (in der Hoffnung, dass er mit uns übereinstimmen wird).

- »Wohin willst du gehen?«
- »Was sollten wir deiner Meinung nach als Erstes tun?«
- »Was möchtest du machen?«

In Wirklichkeit meinen wir: »Ich möchte dorthin gehen« oder »Ich glaube, als Erstes sollten wir X tun« oder »Machen wir dies«.

Schuld andeutende Fragen

Diese Fragen weisen indirekt (und auf scheinbar harmlose Weise) auf eine Schwäche des anderen hin oder entlarven Fehler, die dieser gemacht hat:

- »Hattest du nicht gesagt, dass ... (und schau, wie Unrecht du hattest!)«
- »Hatten Sie heute Morgen wieder Probleme mit Ihrem Auto?« (Vor dem Chef mit dem Wissen, dass der Betreffende zu spät gekommen ist.)
- »Wenn ich mich recht erinnere, hatten Sie ...(der fehlgeschlagenen Maßnahme) doch zugestimmt?«

Fangfragen

Es handelt sich hier um perfide Suggestivfragen. Wir stellen anderen eine Falle, um sie dann fertig zu machen.

- »Stimmen Sie nicht zu, ...(dass Pünktlichkeit wichtig ist) ...?«
- »Glauben Sie denn nicht, dass Sie es schaffen könnten, von jetzt an pünktlich zu sein?«

Fangfragen können auch Schuld andeutende Fragen sein – auf eine besonders hinterhältige Art:

- »Meinst du nicht auch, dass wir wegen der Atomversuche im Pazifik französische Produkte boykottieren sollten?«
- »Ja, das war schrecklich, nicht wahr?«
- »Mir fällt auf, dass du trotzdem ein französisches Parfüm benutzt.«

Solche Pseudofragen stimmen unbehaglich und sorgen dafür, dass man auf Abwehr schaltet, denn intuitiv weiß man, dass sich hinter solchen Fragen oft mehr verbirgt.

Rhetorische Fragen

Eine rhetorische Frage beinhaltet schon die Antwort. Der Gefragte hat kaum eine Chance, eine »falsche« Antwort zu geben.

- Ein Personalleiter könnte einen Stellenbewerber fragen: »Würden Sie diese Stelle annehmen, wenn Sie sie bekommen würden?«
- Ein Manager könnte einen Mitarbeiter fragen: »Das werden Sie doch schaffen, oder?«
- Jemand könnte seinen Partner fragen: »Schmeckt dir das Essen, Liebling?«

Mehrfachfragen

Eine Mehrfachfrage ist eine Frage, die eigentlich mehrere enthält. Dies ist verwirrend, da man nicht weiß, welche Fragen man zuerst beantworten soll. Meistens beantwortet man dann nur die letzte Frage. Wenn man einer Kette von Fragen ständig neue hinzufügt, wird jede weitere noch abgedroschener und bedeutungsloser als die vorhergehende. Im Endeffekt kommt dabei nur sehr wenig heraus.

- Ein Manager könnte einen Mitarbeiter fragen: »Wie sind Sie damit weitergekommen? Hatten Sie irgendwelche Schwierigkeiten? Gibt es etwas, das Sie mir gerne erzählen möchten? Irgendetwas? Oder war wirklich alles in Ordnung?«
- Jemand könnte einen Kollegen fragen: »Meinst du, ich sollte in deine Abteilung überwechseln? Wie ist es, dort zu arbeiten? Sind alle freundlich? Sind sie pedantisch oder geht es eher locker zu? Meinst du, ich sollte wechseln?«
- Ein Manager könnte einen Angestellten fragen: »Ich mache mir Sorgen, weil Sie in letzter Zeit so still und deprimiert wirken. Ich habe mich gefragt, ob Sie vielleicht zu Hause ein Problem haben. Oder vielleicht haben Sie mittlerweile alles in Ordnung gebracht? Gibt es ein Problem bei der Arbeit, das Sie gerne mit mir besprechen würden? Oder ist es nur so, dass Sie sich in letzter Zeit etwas zurückgezogen haben?«

Wie Sie sicher erkennen, sind Mehrfachfragen nicht besonders geeignet, um gute Informationen zu erhalten.

Geschlossene Fragen können hilfreich sein

Geschlossene Fragen setzen dem anderen gedankliche Grenzen und erbringen weniger Informationen. Obwohl sie kein gutes Mittel sind, um die ganze Geschichte in Erfahrung zu bringen, können sie an bestimmten Punkten eine wertvolle Hilfe sein.
Wann sollten geschlossene Fragen eingesetzt werden?

- Wenn Sie einem anderen helfen wollen, sich schnell zu entscheiden: *Würden Sie das große Format bevorzugen? Es ist billiger so.*
- Wenn Sie eine ganz bestimmte Information benötigen: *Könnten Sie Ihre Verabredung von Dienstagnachmittag auf Dienstagvormittag verlegen?*
- Wenn etwas geklärt werden muss: *War das um zwei oder um drei Uhr?*
- Wenn Sie Zustimmung erhalten möchten: *Sind Sie mit diesem Vorgehen einverstanden?*

- Wenn Sie jemanden zum eigentlichen Thema zurückbringen wollen: *Vorhin sagten Sie ... Stimmt das?*
- Wenn Sie einen Punkt abschließen wollen, um zum nächsten übergehen zu können: *So, über die Sitzordnung sind wir uns einig. Gibt es noch etwas, das wir abklären sollten, bevor wir zur Besprechung der Speisefolge übergehen?*
- Wenn Sie zusammenfassen und/oder überprüfen wollen, wie Sie das Gesagte verstanden haben: *Die wichtigsten Punkte, die wir klären müssen, sind also ..., stimmt das?*
- Wenn Sie jemandem helfen wollen, sich genauer auszudrücken: *Sie haben erwähnt, dass das oft vorkommt. Können Sie mir in etwa sagen, wie oft es diesen Monat passiert ist, damit ich mir das Ausmaß des Problems besser vorstellen kann?*

Bevor Sie viele geschlossene Fragen stellen, sollten Sie ankündigen, was Sie vorhaben: »Ich würde Ihnen gern einige Fragen dazu stellen, wenn es Ihnen recht ist«, oder: »Damit ich entscheiden kann, ob du in Frage kommst, müsste ich dir einige Fragen stellen; ist das in Ordnung?«

Vermeiden Sie Verhöre

Manchmal müssen wir sehr viele Informationen möglichst schnell sammeln. Das kann dazu führen, dass wir eine Kette von geschlossenen Fragen stellen. Dann sollten wir aufpassen – am Ende behindern wir die Kommunikation, statt gute Informationen zu bekommen. Wenn wir eine geschlossene Frage nach der anderen stellen müssen, bekommt der andere schnell das Gefühl, wir würden ihn »verhören«. Um das zu vermeiden, sollten Sie signalisieren, wie Sie vorgehen wollen, und fragen, ob der andere einverstanden ist.

Ankündigung	Den Gesprächspartner wissen lassen, was wir zu tun beabsichtigen,
Zweck	und warum,
Erlaubnis	und sich vergewissern, dass dies okay ist, fördert die Kooperation und die Bereitschaft des anderen, uns die Informationen zu geben, die wir brauchen.

Angenommen, wir gehen in eine Reifenhandlung, um einen Satz neuer Reifen zu kaufen. Der Verkäufer wird nach unseren Fahrgewohnheiten fragen müssen, damit er die richtigen Reifen für unsere Bedürfnisse empfehlen kann. Geschlossene Fragen werden die nötigen Informationen zu Tage bringen. Stellen Sie sich ein solches Gespräch vor:

Verkäufer:	»Wie viele Kilometer fahren Sie pro Jahr?«
Kunde:	»Etwa 20.000 Kilometer.«
Verkäufer:	»Auf welcher Art von Straßen?«
Kunde:	»Meist auf Asphalt. Selten auf unbefestigten Wegen.«
Verkäufer:	»Geschwindigkeit?«
Kunde:	»Nicht zu schnell und nicht zu langsam.«
Verkäufer:	»Was für Ladung haben Sie dabei?«
Kunde:	»Am Wochenende die Familie, sonst fahre ich meistens allein.«

Unser Verkäufer hat schon einige Informationen bekommen, aber es klingt doch sehr nach Verhör. Nehmen wir an, der Verkäufer würde jede Frage etwas abfedern, indem er immer eine kurze Zusammenfassung voranstellt. Dies zeigt dem Kunden, dass man ihm zuhört, und macht das Gespräch zu einer gelassenen, freundlichen Unterhaltung. Lassen Sie uns die Unterhaltung mit der Ankündigung/Zweck/Einverständnis-Technik beginnen.

Verkäufer:	»Damit ich entscheiden kann, welchen Reifen Sie brauchen, würde ich Ihnen gerne einige Fragen über Ihre Fahrgewohnheiten stellen, wenn es Ihnen recht ist?«
Kunde:	»Ja, natürlich, nur zu.«
Verkäufer:	»Wie viele Kilometer fahren Sie im Durchschnitt?«
Kunde:	»So etwa 20.000 Kilometer im Jahr.«
Verkäufer:	»Ich verstehe. Das ist etwa der Durchschnitt. Auf welcher Art von Straßen fahren Sie für gewöhnlich?«
Kunde:	»Meistens auf Asphalt. Am Wochenende auch mal auf unbefestigten Wegen, aber nicht sehr häufig.«
Verkäufer:	»Also meistens auf guten Straßen.«

Kunde: »Nun ja, ich fahre auch jeden Tag kurz rauf in den Wald zum Joggen.«

Verkäufer: »Gut, dass Sie mir das sagen. Das verursacht Verschleiß an Ihren Reifen. Ich nehme an, Kurventauglichkeit und Fahreigenschaften sind Ihnen wichtig?«

Kunde: »Ja, unbedingt.«

Verkäufer: »Und mit welchen Geschwindigkeiten fahren Sie in der Regel?«

Kunde: »Ich halte mich meistens an die Geschwindigkeitsbegrenzungen.«

Verkäufer: »Also brauchen wir keinen Hochgeschwindigkeitsreifen. Wie ist Ihre Zuladung?«

Kunde: »Die Familie fährt nur am Wochenende mit, sonst fahre ich alleine.«

Bei dieser Variante hat der Verkäufer wesentlich mehr Informationen erhalten, die er berücksichtigen kann. Zusätzlich haben wir einen Kunden, der entspannt ist und wohl eher etwas kaufen wird. Dies ist das Ergebnis des ungezwungenen Tons, den der Verkäufer angeschlagen hat; der Ankündigung/Zweck/Erlaubnis-Technik, die Respekt vermittelt; sowie der kurzen Zusammenfassungen, die zeigen, dass der Verkäufer zuhört.

Neutrale Fragen

Stellen Sie Ihre Fragen auf neutrale Weise und geben Sie Ihrem Gesprächspartner Zeit zum Nachdenken.

- Wenn Sie unsicher sind – fragen Sie.
- Wenn Sie sicher sind – fragen Sie.
- Wenn Sie nicht unsicher sind, machen Sie sich vielleicht selbst etwas vor.

Wenn wir Unklarheiten beseitigen oder uns ein umfassendes Bild machen möchten, Informationen, Meinungen oder sogar Tatsachen in Erfahrung bringen wollen, sollten wir unsere Fragen in einem neutralen, nicht provozierenden Ton stellen. Der andere muss den Umgang mit uns als so zwanglos erleben. Nachdem wir unsere Frage gestellt haben, sollten wir dem anderen Zeit geben nachzudenken.

Was Sie keinesfalls tun sollten, nachdem Sie eine Frage gestellt haben: weiterreden, die Frage für den anderen beantworten oder nachdenkliches Schweigen durch nervöses Plaudern stören.

Nützliche Fragen

Verwenden Sie offene, allgemeine, sondierende und nonverbale Fragen, um die benötigten Informationen zu bekommen.

Offene Fragen

Wie wir im letzten Kapitel gesehen haben, führen offene Fragen dazu, dass wir viele Informationen erhalten. Sie geben dem anderen die Möglichkeit, die ihm wichtigsten oder interessantesten Punkte darzulegen – und ermuntern zur Ausführlichkeit. Sie sind von unschätzbarem Wert, wenn es darum geht, gute Informationen zu sammeln.

Allgemeine Fragen

Eine allgemeine Frage eignet sich dazu, ein Thema einzuführen bzw. eines festzulegen, das wir weiterverfolgen möchten. In der Regel handelt es sich um offene Fragen.

Sondierende Fragen

Sondierende Fragen sind solche, die das Thema weiter vertiefen, das Sie erkunden möchten. Sie ermuntern den Sprecher, mehr ins Detail zu gehen. Es können geschlossene oder offene Fragen sein.

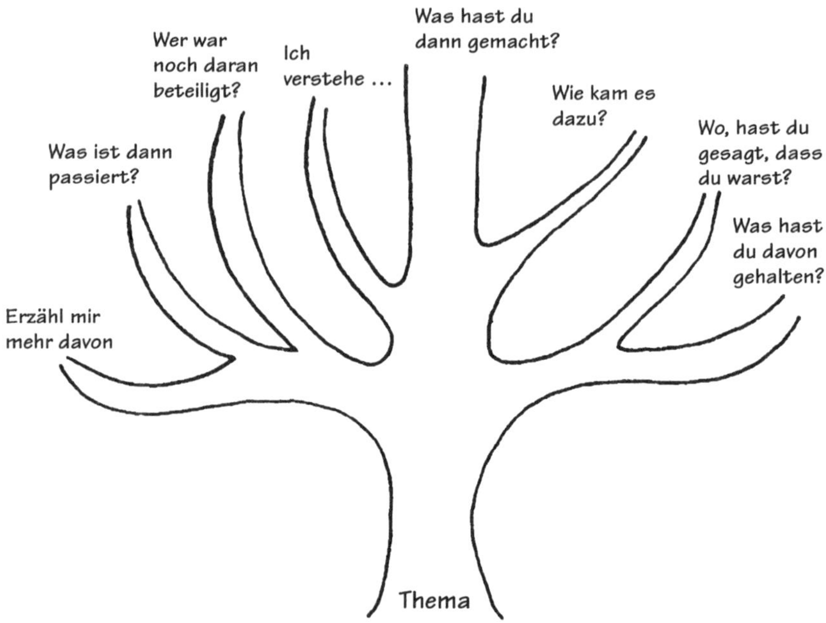

Folgende Fragen sind sondierend:

- Kannst du dich genauer ausdrücken?
- Können Sie mich über Einzelheiten informieren?
- Denken Sie an eine bestimmte Situation?
- Kannst du mir dafür ein Beispiel geben?
- Was ist dann passiert?
- Über wie viele sprechen Sie?
- Wer ist in erster Linie betroffen?
- Was genau gefällt dir/gefällt dir nicht?
- Was soll ich deiner Meinung nach tun?
- Wer ist betroffen?
- Was könnte Ihrer Meinung nach der Auslöser sein?
- Wo ist das passiert?
- Wann ist das geschehen?
- Können Sie das in Prozenten ausdrücken?
- Wie wirkt sich das auf Sie aus?
- Wie kann ich helfen?

Nonverbale Fragen

Wir können Fragen auch nonverbal stellen, indem wir eine Augenbraue hochziehen, uns leicht nach vorne lehnen oder »mmh« sagen und dabei mit der Stimme nach oben gehen. Alle diese Signale verkünden »Erzähle mir mehr«. Die erwartungsvolle Pause – oder das »Sechs-Sekunden-Schweigen« – ist ebenfalls eine nonverbale Frage. Wir können auch wiederholen, was der andere zuletzt gesagt hat – mit oder ohne steigende Betonung. Auch das ist für den anderen eine Aufforderung weiterzureden.

Wenn der andere zu reden aufgehört hat, sollten Sie ihn durch ein kurzes Schweigen auffordern fortzufahren.

Helfen Sie anderen, ihre Aussagen zu präzisieren

Stellen Sie sich vor, dass jemand eine vage Aussage macht wie beispielsweise: »Das ist mir nicht gut genug« oder »Das kann ich nicht akzeptieren«. In einem solchen Fall können wir dem Betreffenden helfen, seine Aussage zu präzisieren, indem wir sinngemäß fragen: »Was genau heißt (den zu klärenden Begriff hier einsetzen)?« Unser Ziel besteht darin, dem anderen dabei zu helfen, seine Kommunikation klarer und konkreter zu gestalten. Sonst werden wir nie mit Sicherheit wissen, was er eigentlich meint. Es folgen nun einige Beispiele, wie dies in der Praxis aussehen kann:

»Das ist mir nicht gut genug.«

Antwort: »Mir ist nicht ganz klar, was Sie genau meinen mit ›nicht gut genug‹. Was müsste ich tun, um es gut genug zu machen?«

Oder: »Auf welche Weise ist es nicht gut genug?«

»Das kann ich nicht akzeptieren.«

Antwort: »Wodurch könnte es für Sie akzeptabel werden?«

Oder: »Können Sie mir genauer sagen, was daran für Sie nicht annehmbar ist.«

Achten Sie darauf, dass Sie auf verbaler und nonverbaler Ebene Rapport aufbauen, wenn Sie Ihren Gesprächspartner bitten, den »unklaren Begriff« näher zu erklären – dann hat der andere nicht das Gefühl, dass Sie ihn kritisieren oder seine Worte anzweifeln. Formulieren Sie Ihre Bitte um mehr Information behutsam: »Ich habe mich gefragt ...«, »Was meinen Sie, wenn Sie sagen ...«.

Klären Sie den Sprachgebrauch

Manche Menschen drücken sich zwar nicht unklar aus, benutzen aber einen Fachjargon, der verwirrend sein kann. Vielleicht tun sie das absichtlich, möglicherweise aus Gewohnheit oder einfach deshalb, weil sie diese Begriffe immer benutzen. Lassen Sie sich von Fachbegriffen nicht einschüchtern. Hören Sie nicht auf, Ihrem Gesprächspartner Fragen zu stellen, wenn es Ihnen darum geht zu verstehen, was der andere Ihnen mitteilen möchte.

INFO

Fachchinesisch?

Diese Fragen fordern den Sprecher auf, sich verständlich auszudrücken

- Tut mir Leid, ich komme nicht mehr mit.
- Könnten Sie das so erklären, dass es auch ein Laie versteht?
- Könntest du das ohne die Fachbegriffe erklären?
- Was bedeutet das?
- Warum ist diese Zahl wichtig?
- Worauf bezieht sich das?
- Diesen Begriff kenne ich nicht.

Verdeutlichen Sie Annahmen und Regeln

Wörter wie »sollte«, »sollte nicht«, »müsste« und »kann nicht« setzen eine Annahme oder eine stillschweigende Regel voraus. Es kann nützlich sein, solche Annahmen und unausgesprochenen Regeln aufzudecken und sie auf ihre Wirklichkeitsnähe zu überprüfen. Wir können das tun, indem wir eine Frage stellen. Die einfache Wiederholung des betreffenden Wortes bzw. Satzteils in fragendem Tonfall kann den Sprecher schon dazu ermuntern, seine Aussage zu verdeutlichen: »Sollte?«, »Sollte nicht?«, »Du musst?«

Je nach Situation können wir eine solche Frage auch etwas abmildern, indem wir sie mehr als nachdenkliche Aussage formulieren, etwa: »Ich frage mich, was passieren würde, wenn du nicht ... tun würdest?«

Wir sollten dabei besonders darauf achten dass wir durch nonverbale Signale Rapport zu unserem Gesprächspartner herstellen (s. S. 116ff.). Sonst könnte er sich, wenn wir seine Annahmen und »Regeln« aufdecken, persönlich angegriffen fühlen.

Entlarven Sie Verallgemeinerungen

Wie wir im ersten Teil gesehen haben, versucht unser Gehirn, die komplizierten und häufig widersprüchlichen Abläufe des Alltags zu ordnen. Das hilft uns, ohne allzu viele Konflikte und auf reibungslose Weise durch den Tag zu kommen. Während wir jedoch dabei sind, Ordnung zu schaffen, erzeugen wir Verallgemeinerungen, das heißt, wir schließen von einer Situation auf alle ähnlich gelagerten Situationen.

> Vermeiden Sie Wörter wie nie, mehr, immer, alles, jedes ... – sie verlocken Ihre Gesprächspartner, sich auf die Ausnahme zu konzentrieren.

Wenn wir zum Beispiel einen autoritären, rücksichtslosen Chef haben, könnten wir zu dem Schluss kommen, dass alle Vorgesetzten so sind. Wenn wir mit einigen Teammitgliedern schlechte Erfahrungen gemacht haben, könnten wir verallgemeinern, dass alle Mitarbeiter faul, verantwortungslos und unzuverlässig sind.

Genauso wie es vorteilhaft ist, Annahmen und unausgesprochene Regeln ans Tageslicht zu bringen, gilt dies auch für Verallgemeinerungen. Hinweise darauf sind Wörter wie »immer«, »niemals«, »alle« und »jede«. Auch hier können Fragen gestellt werden wie: »Immer?«, »Niemals?«, »Was würde passieren, wenn Sie doch ... tun würden?« Dadurch werden neue Aspekte zum Vorschein kommen.

Auf ähnliche Weise können wir Fragen stellen, um mehrdeutige Wörter, wie beispielsweise das »sie« in dem Satz »sie werden das nicht zulassen«, zu ergründen. Fragen wie »Wer wird das nicht zulassen?« oder »Was würde passieren, wenn wir es trotzdem machen würden?« werden meistens wertvolle Informationen liefern.

Hinterfragen Sie Vergleiche

Vergleiche sind an der Tagesordnung. Wörter wie »besser«, »schlechter«, »leichter«, »schwieriger« sind Signale dafür, dass wir den mitschwingenden Vergleich deutlich machen müssen, um dessen Gültigkeit zu untersuchen. Das kann uns ebenfalls sehr viele nützliche Informationen bringen.

Überprüfen Sie, ob Ihre Botschaft wirklich verstanden worden ist

Fragen können auch eingesetzt werden, wenn wir uns vergewissern möchten, dass der andere unsere Botschaft verstanden hat. So könnten wir jemanden, dem wir gerade eine Anweisung gegeben haben, fragen, wie er weiter vorzugehen gedenkt. Das wird uns darüber Aufschluss geben, ob wir uns deutlich genug ausgedrückt haben.

! Machen Sie es sich zur Gewohnheit, Fragen zu stellen, um gute Informationen zu bekommen. Dadurch ersparen Sie sich Zeit und Frust.

Konzentrieren Sie sich auf den Sprecher

Wie Sie Ihre Fähigkeit zuzuhören verbessern können

Mangelnde Konzentration auf den Gesprächspartner ist die Quelle vieler Kommunikationsschwierigkeiten. Wie oft blenden Sie jemanden als störendes »Hintergrundgeräusch« aus? Manchmal mag dies durchaus wünschenswert sein, zum Beispiel wenn ein dreijähriges Kind »Dauerquäken« veranstaltet, aber bei Erwachsenen wird dadurch eine zufrieden stellende Kommunikation verhindert.

Haben Sie schon einmal so getan, als ob Sie jemandem zuhören würden, während Sie mit dem, womit Sie gerade beschäftigt waren, weitergemacht haben? Haben Sie jemals nur mit halbem Ohr zugehört in der Absicht, erst dann richtig »zuzuschalten«, wenn etwas Wichtiges gesagt wird? Leider ist aber unsere Fähigkeit, Informationen auf diese Weise herauszufiltern, nicht sehr weit entwickelt. Dadurch gehen uns viel zu viele wertvolle Informationen verloren.

Es gibt noch andere schlechte Gewohnheiten, die verhindern, dass wir uns auf einen Sprecher wirklich konzentrieren. Sind Ihnen die folgenden vertraut?

- Lege ich meine Erwiderung bereits zurecht, während die andere Person noch spricht?
- Lasse ich meine Gedanken abschweifen?
- Blende ich eine Ansicht aus, die von meiner vorgefassten Meinung abweicht?
- Unterbreche ich den Sprecher?
- Spreche ich die Sätze eines Gesprächspartners für ihn zu Ende?
- Rede ich, während andere sprechen?
- Ziehe ich voreilige Schlüsse?
- Höre ich nur, was ich hören will, was ich zu hören erwarte oder von dem ich annehme, dass es der Sprecher sowieso sagen wird?

Wenn jemand spricht, dann muss er auch das Gefühl haben, dass man ihm zuhört – erst dann wird er bereit sein, selbst zuzuhören. Meist muss man sich zuerst gute Informationen geben lassen, bevor man selbst an der Reihe ist. Der erste Schritt, um gute Informationen zu erhalten, besteht darin, sich auf den Sprecher zu konzentrieren. Man sollte nicht nur so tun, als ob man sich konzentrieren würde, sondern wirklich darauf achten, was der andere sagt, fühlt und meint. Wir haben dafür unsere Ohren, unsere Augen, unser Einfühlungsvermögen und unseren Verstand.

Wir müssen eine Sache zuerst aus der Perspektive des Sprechers sehen, bevor wir sie wirklich nachvollziehen können. Das wird uns helfen, den anderen zu verstehen und ihm angemessen zu antworten. Der andere soll spüren, dass wir uns bemühen, seine Perspektive zu begreifen, dass wir sie nicht ignorieren, unterdrücken, kritisieren oder verdammen. Nur dann wird sich unser Gesprächspartner ermuntert fühlen, weiterhin gute Informationen zu geben.

Was können wir tun, um unsere Fähigkeit zu verbessern, uns auf einen Gesprächspartner zu konzentrieren? Hier sind einige Möglichkeiten – geordnet nach umgebungsbezogenen, körperlichen, gedanklichen und verbalen Aspekten.

Stimmt die Umgebung?

Wie bereits im Kapitel »Den Hindernislauf meistern« (S. 70ff.) besprochen, sollten alle Faktoren ausgeschaltet werden, die verhindern, dass wir uns voll auf einen Gesprächspartner konzentrieren. Lärm und andere Ablenkungen können unsere Aufmerksamkeit stören und den Kommunikationsprozess blockieren.

Körperliche Aufmerksamkeit

Nehmen Sie auch eine aufmerksame Körperhaltung ein. Im Kapitel »Lenken Sie Ihre Körpersprache« (s. S. 99ff.) haben wir gesehen, wie wir unsere Körpersprache steuern können, und im Kapitel »Rapport durch Körpersprache ...« (s. S. 116ff.) haben wir uns damit befasst, wie man den anderen spiegelt, um Rapport herzustellen. Die richtige Körpersprache fördert unsere Konzentration auf den Sprecher und ermutigt ihn, uns mehr Informationen mitzuteilen – er sieht, dass wir ihm unsere Aufmerksamkeit schenken.

!

Stellen Sie Blickkontakt her. Nehmen Sie eine offene Sitzhaltung ein (verschränken Sie Ihre Arme nicht und schlagen Sie auch Ihre Beine nicht übereinander). Wenden Sie sich Ihrem Gesprächspartner zu. Nicken Sie und machen Sie Bemerkungen, damit er weiß, dass Sie ihm folgen. Neigen Sie sich Ihrem Gegenüber zu, um Ihr Interesse zu signalisieren.

Mentale Aufmerksamkeit

Sechs Vorschläge, wie Sie sich besser auf Ihren Gesprächspartner konzentrieren können:

- Beschäftigt Sie etwas anderes? Legen Sie es vorerst gedanklich beiseite oder notieren Sie es. Sie haben später Zeit dafür.
- Falls das Thema sehr wichtig ist, kann es hilfreich sein, wenn Sie sich Notizen machen, um die Informationen richtig festzuhalten und um sich besser konzentrieren zu können.
- Fassen Sie in Gedanken die wichtigsten Aussagen zusammen, während Sie zuhören, und achten Sie beim Gesprächspartner auf Veränderungen der Körpersprache, des Tonfalls, der Mimik usw.

- Fällen Sie keine Urteile. Wenn Sie bereits beim Zuhören die Gültigkeit des Gesagten bewerten, werden Sie einige der im nächsten Kapitel beschriebenen kommunikativen Todsünden begehen.
- Da man im Allgemeinen schneller denkt als redet, sollten Sie Ihre freien Kapazitäten dazu nutzen, auf das Repräsentationssystem zu achten, das Ihr Gesprächspartner benutzt (Kapitel »Die Sprache des anderen sprechen«, S. 183ff.). Hören Sie auch aufmerksam zu, um die Motive, den Persönlichkeitstyp oder das Temperament des anderen zu entdecken (Kapitel »Schalten Sie auf gleiche Wellenlänge«, S. 227ff.).
- Achten Sie auf die Bedeutungen hinter den Wörtern: Was wird wirklich gesagt?

Folgen Sie dem Gedankengang des Sprechers. Hören Sie zu, um zu verstehen, nicht um zu bewerten. Hören Sie erst zu, ehe Sie ein Urteil fällen.

Fragen Sie nach

Es gibt vier Möglichkeiten, um zu überprüfen, was der Sprecher gesagt hat:

- **Paraphrasieren** Sie es, indem Sie es in eigene Worte fassen.
- **Verschaffen Sie sich Klarheit.** Stellen Sie Fragen, um mehr Einzelheiten zu erfahren, damit Sie sicher sein können, was der andere meint.
- **Gehen Sie der Sache auf den Grund:** Stellen Sie Fragen, die noch mehr Informationen zu Tage fördern.
- **Fassen Sie zusammen,** wie Sie die Äußerungen des anderen verstanden haben.

Wenn Sie nicht sicher sind, ob Sie etwas richtig gehört oder verstanden haben, prüfen Sie es nach. Lassen Sie sich Zeit zum Überlegen. Glauben Sie nicht, Sie müssten sofort antworten, wenn Ihr Gesprächspartner eine Pause macht. Denken Sie zuerst über das Gehörte und seine Bedeutung nach. Vielleicht wiederholen Sie es mit Ihren eigenen Worten, um zu prüfen, ob Sie es verstanden haben.

Konzentrieren Sie sich auf den Sprecher

- Stellen Sie Fragen und hören Sie den Antworten zu, ohne Ihre eigenen Gedanken beizusteuern.
- Lassen Sie den Sprecher zu Ende reden, ohne ihn zu unterbrechen.
- Lassen Sie Ihrem Gesprächspartner genügend Zeit, um seine Meinung zu sagen.
- Halten Sie Ihre Zunge im Zaum: Widerstehen Sie der Versuchung, über sich selbst zu reden, über Ihre Ansichten, über Ihre Erfahrungen – jedenfalls in diesem Moment.
- Zeigen Sie durch Ihre Körpersprache, dass Sie zuhören.
- Unterdrücken Sie alle negativen, bewertenden, sarkastischen sowie alle anderen kritischen Reaktionen.
- Achten Sie auf die Körpersprache des Sprechers, seinen Tonfall und seine Mimik, um zu hören, was er tatsächlich mitteilt.
- Bleiben Sie beim Thema. Lassen Sie sich nicht davon abbringen oder ablenken.
- Fassen Sie in Gedanken zusammen, was der Sprecher sagt, und entscheiden Sie, welches die Hauptthemen sind.
- Stellen Sie Rapport her, damit sich der andere im Gespräch mit Ihnen wohl fühlt.
- Nur nicht aufgeben – es ist alles eine Sache der Übung!

Befürchten Sie, dass Sie aufdringlich und neugierig wirken könnten? Die meisten Menschen werden unsere Versuche, uns zu vergewissern, dass wir sie richtig verstanden haben, richtig deuten: als Interesse und Zeichen dafür, dass wir ihre Äußerungen ernst nehmen.

Immer dann, wenn gute Kommunikation wichtig ist, wenn es darauf ankommt, gute Informationen sowohl zu empfangen als auch zu senden, müssen Sie sich auf den Gesprächspartner konzentrieren. Wenn Sie den Eindruck bekommen, jemand sträubt sich gegen Ihre Botschaft, ist anderer Meinung, verwirrt oder unsicher, dann kommt es noch stärker darauf an, sich wirklich auf ihn zu konzentrieren, um zu erfahren, wie es von seiner Warte her aussieht.

Holen Sie gute Informationen ein. Gehen Sie auf den anderen ein und fragen Sie ihn, was ihn bekümmert, bedrückt, beschäftigt

Gute Informationen können wir nur bekommen, wenn wir uns auf den Gesprächspartner konzentrieren.

oder verwirrt. Was hält ihn davon ab, Ihnen zuzustimmen oder Sie voll zu unterstützen? Welche sonstigen Informationen benötigt er? Je stärker wir uns auf unseren Gesprächspartner und seine Botschaft konzentrieren können, desto mehr Informationen werden wir erhalten. Je schwieriger die kommunikative Situation ist, desto mehr werden wir diese Informationen auch benötigen.

Fünfter Teil
Gute Informationen senden

Lernen Sie, Ihre Sicht der Dinge darzulegen

Beim Kommunikationstanz spricht der eine, dann der andere, es geht hin und her – jeder äußert seine Gedanken und Vorstellungen und versucht, die des anderen zu verstehen. Das Ziel dieses Prozesses ist eine innere Annäherung. Bedenken Sie:
»Die Fähigkeit, einen Gedanken auszudrücken, ist fast ebenso wichtig wie der Gedanke selbst.«
(Bernard Baruch, 1870–1965, amerikanischer Geschäftsmann und Politiker)

Die zehn Todsünden der Kommunikation

Wie Sie die zehn größten Fehler in der Kommunikation vermeiden können

INFO

Zehn kommunikative Todsünden

Sich herablassend benehmen

1. Bewerten
2. Moralisieren
3. Den »Psychologen« spielen oder »etikettieren«
4. Ironische Bemerkungen machen

Signale setzen

5. Befehlen
6. Dem anderen keine Wahl lassen
7. Dem anderen drohen;
8. Ungebetene Ratschläge erteilen

Vermeidung

9. Vage sein
10. Ablenkungsmanöver

Diese Verhaltensweisen werden als Todsünden bezeichnet, weil sie sehr schnell jede wirkliche Kommunikation unterbinden. Sie führen zu Ratespielen, Missverständnissen, Ärger, Frust und Geschäftsabbrüchen. Sie errichten Barrieren und vergiften die Atmosphäre. Leider müssen wir beobachten, dass diese »Sünden« jeden Tag begangen werden. Dadurch wird es uns leicht gemacht, sie ebenfalls zu begehen – schließlich redet man doch so miteinander ... In dieser Weise sollten wir unsere Gespräche aber nicht führen, wenn wir wollen, dass unsere Kommunikation erfolgreich ist.

Sie sollten jede »Sünde« nochmals lesen und sich überlegen, wann sie Ihnen schon einmal begegnet ist. Wie haben sie darauf reagiert? Machen Sie den gleichen Fehler? Wann und mit wem?

Sich herablassend benehmen

Bewerten

Wenn wir uns ein positives oder negatives Urteil über jemanden erlauben, könnte dies bedeuten, dass wir uns für etwas Besseres halten. Dies trifft ganz besonders dann zu, wenn wir andere pauschal und nicht spezifisch beurteilen. Darum können Bewertungen gefährlich sein. Manchmal wirkt ein Kompliment wie gönnerhafte Schmeichelei. Konstruktive Bemerkungen können wie anmaßende Kritik aussehen. Es kommt ganz darauf an, wie wir es sagen. Urteile über den grundsätzlichen Wert eines Menschen oder negative bzw. positive Vergleiche wie »Sie sind ein guter Mitarbeiter« oder »Du bist hoffnungslos« oder »Bob hat das viel schneller gelernt als du« schaden der Kommunikation. Sie geben dem anderen das Gefühl, bewertet und »von oben herab« behandelt zu werden.

Vermeiden Sie Pauschalurteile, Vergleiche und Kritik, indem Sie Ihre Sache in höflichen Worten klar, sachlich und umfassend vorbringen. Sprechen Sie Lob respektvoll aus – so vermeiden Sie, überheblich zu klingen. Versuchen Sie Coach zu sein und nicht als Kritiker aufzutreten, machen Sie Verbesserungsvorschläge, die konstruktiv und nicht herablassend klingen (Die Kapitel »Bitten – nicht befehlen«, S. 206ff., und »Feedback geben«, S. 217ff. werden sich noch eingehender mit diesem Thema befassen.).

> Konkretisieren Sie Ihr Lob oder Ihren Tadel. Sagen Sie nie, was Sie mögen oder nicht mögen, ohne dies auch zu begründen. Halten Sie sich lieber an Tatsachen, anstatt Meinungen und Deutungen zu verwenden.
> Benutzen Sie neutrale Wörter und vermitteln Sie dem anderen durch Ihre Körpersprache, Ihren Tonfall und Ihre Wortwahl, dass Sie ihn respektieren.

Moralisieren

Anderen Predigten halten, ihnen Vorwürfe machen, sie bloßstellen und alte Geschichten wieder ausgraben – all das ist Moralisieren und ein sicheres Mittel, auch den freundlichsten Gesprächen ein schnelles Ende zu bereiten.

Manchmal meinen wir, dass wir etwas besser wüssten als der andere, dass unsere Erfahrung mehr »zähle« oder unsere Wertvorstellungen denen des anderen überlegen seien. Dann erliegen wir der Versuchung, uns wichtig zu machen und belehrend zu werden – wir »predigen«. Da wir den Bezugsrahmen eines anderen Menschen nie genau kennen, ist es unwahrscheinlich, dass unser Predigen auf offene Ohren stößt. Anstatt den anderen zu belehren, sollten Sie versuchen, sich in ihn hineinzuversetzen. Je mehr Sie das tun, desto geringer ist die Gefahr, dass Sie moralisieren – und desto größer ist die Wahrscheinlichkeit, dass Sie den anderen anerkennen, sich in ihn einfühlen und ihn akzeptieren können. Helfen Sie Ihren Gesprächspartnern durch aktives Zuhören (s. S. 122ff.), die eigene Situation zu analysieren. Warten Sie ab, bis diese Sie um Ihren Rat fragen.

Anderen Vorwürfe machen und sie tadeln sind zwei andere allgemein verbreitete Formen des Moralisierens. Wenn jemand einen Fehler macht, sollten wir ihn dann dafür abkanzeln und ihm das Gefühl geben, ein Versager zu sein? Oder sollten wir ihm zeigen, was er falsch gemacht hat, und wie er es nächstes Mal richtig machen kann?

Da Menschen in der Regel nicht absichtlich Fehler begehen, ist es zweifellos die bessere Alternative, sich auf die Zukunft zu konzentrieren und dem anderen bei der Entscheidung zu helfen, was beim nächsten Mal zu tun ist.

Es kann verlockend sein, auf die Fehler anderer hinzuweisen, nicht wahr? Und sind wir einmal dabei, graben wir unversehens auch alte Geschichten wieder aus und erinnern an alle Gelegenheiten, bei denen der andere etwas gemacht hat, das falsch war oder das wir nicht gutheißen konnten. Lassen Sie sich darauf nicht ein.

> ! Finden Sie Lösungen, nicht Fehler. Schauen Sie lieber nach vorn und nicht zurück.

Den »Psychologen spielen« oder »etikettieren«

Sie haben sicher schon folgende Kommentare gehört:

- »Das behauptest du nur, weil du einen Autoritätskonflikt hast.«
- »Ich glaube, du hast es nicht richtig verstanden.«
- »Dein Problem ist ...«
- »Du bemühst dich einfach nicht genug.«

Solche Bemerkungen sind Beispiele für das »Etikettieren«. Diese Art der Kommunikation wertet uns auf und den Gesprächspartner ab. Es ist gefährlich, andere Menschen oder ihr Verhalten zu beurteilen, da wir nicht wissen können, ob wir Recht haben. Mit großer Wahrscheinlichkeit ist unsere Diagnose falsch! Wenn wir jedoch einmal unser Urteil abgegeben haben, neigen wir dazu, uns dem anderen gegenüber so zu verhalten, als ob unsere Vermutung zutreffe. Dies kann zu den verschiedensten kommunikativen Problemen führen.

> Widerstehen Sie der Versuchung, andere Menschen oder ihr Verhalten zu etikettieren. Wenn Sie etwas verändern wollen, das ein anderer sagt oder tut, dann beschreiben Sie Ihre Sicht klar und deutlich, ohne Deutung oder Bewertung. Bleiben Sie bei den Tatsachen und gehen Sie eventuell auf die Wirkung ein, die das Verhalten auf Sie hat. Das sind legitime Argumente. Dagegen sind die Deutungen eines Amateurpsychologen niemals erlaubt.

Manches bleibt besser ungesagt. Wenn Sie jedoch etwas sagen müssen, sollten Sie es deutlich und respektvoll sagen, mit sachlichen Worten und in neutralem Tonfall. Auch »Ich-Botschaften« könnten angezeigt sein. Am besten ist es jedoch, wenn Sie von Anfang an vermeiden, den Psychologen zu spielen.

Ironische Bemerkungen machen

Warum ärgert uns Ironie manchmal? Es ist die »Meta-Botschaft«. Dieser Begriff wurde von Gerard Nierenberg geprägt, um die Botschaft hinter der Botschaft zu beschreiben, das heißt, die eigentliche, wirkliche Bedeutung, die sich hinter den Worten verbirgt.

Die Worte »Hallo, schön, dass Sie zu uns stoßen« könnten genau das und nichts anderes bedeuten. Aber wenn jemand zu spät zu einer Sitzung kommt, könnte die Meta-Botschaft sein: »Sie kommen zu spät und haben uns aufgehalten. Ich ärgere mich.«

Obwohl sie durchaus zum Umgangston gehört, stellt Ironie oft eine aggressive Herabsetzung des anderen dar. Auch angeblich freundliches Scherzen kann danebengehen und verletzend sein. Oft verhindern ironische Bemerkungen ein offenes Gespräch. Ironie gehört in die gleiche Rubrik wie Beleidigung, Verspotten und Beschämen – und führt auch zu den gleichen Ergebnissen.

Sagen Sie, was Sie wirklich meinen, anstatt es hinter einer ironischen Bemerkung zu verstecken. Hüten Sie sich aber davor, andere zu verletzen. Bringen Sie Ihre Meinung deutlich und höflich zum Ausdruck, anstatt sich auf ironische Bemerkungen zu verlegen.

Signale geben

Befehlen

Befehlen bedeutet, dass wir jemandem eine Anweisung so geben, dass ihm keine Möglichkeit zur weiteren Diskussion bleibt, er sich nicht weiter informieren kann, kein Raum bleibt, um abzulehnen oder zuzustimmen. Durch unseren Befehl fühlt sich der andere eher wie eine Maschine denn als Mensch. Je nachdem, welche Position wir einnehmen, wird er entweder mit einer aggressiven Antwort oder mit widerstrebendem Gehorsam reagieren. Bitten ist besser als Befehlen – dieser Regel sollten Sie folgen, wenn Sie versucht sind, jemandem in barschem Ton einen Befehl zu geben. Seien

Wenn Sie das nächste Mal geneigt sind zu sagen: »Sie müssen ...« oder »Hören Sie auf!«, dann hören Sie lieber auf. Suchen Sie nach einer besseren Möglichkeit, Ihre Botschaft mitzuteilen.

Sie empathisch und drücken Sie Ihre Botschaft so aus, dass der andere leicht versteht, warum etwas getan oder unterlassen werden soll. Machen Sie Verbesserungsvorschläge. Konzentrieren Sie sich so weit wie möglich auf das Ergebnis, das Sie erzielen möchten, und überlassen Sie dem anderen die Modalitäten.

Dem anderen keine Wahl lassen

Eine subtilere Form des Befehlens ist, den anderen »einzuspannen«. Damit ist gemeint, dass der andere höflich, aber bestimmt in eine Richtung gedrängt wird. Dies geschieht meist durch logische Argumente und Aussagen, die davon ausgehen, dass der andere stillschweigend zustimmt, ohne dass ihm wirklich Gelegenheit gegeben wird, sich dazu zu äußern. Indem wir dafür sorgen, dass die Unterhaltung sehr schnell vorankommt, wird der andere derart überfahren, dass er unserer Ansicht zustimmt.

Wenn Sie Ihrem Gesprächspartner nicht wirklich die Chance geben, zu Wort zu kommen, lassen Sie es langsamer angehen. Achten Sie auf verbale und nonverbale Signale, die zeigen, dass der andere Ihnen zustimmt. Falls nötig, halten Sie inne und fragen Sie, ob er Ihrer Meinung ist oder was er dazu denkt.

Dem anderen drohen

»Wenn du dies nicht machst ...« oder »Es wäre besser, wenn ...«: Drohungen dieser Art – entweder ausdrückliche oder subtile, zum Beispiel angedeutete »Entweder-oder«-Botschaften – sorgen dafür, dass der andere misstrauisch wird. Dies fördert die Kommunikation nicht gerade. Viele Menschen wehren sich gegen Drohungen. Sie suchen nach Möglichkeiten, nicht zu gehorchen.

> Wenn gute Gründe dafür sprechen, dass jemand etwas tun bzw. lassen sollte, dann erklären Sie ihm dies. Sie können ihm auch mögliche Konsequenzen schildern, und zwar auf eindeutige und faire Weise. Ermuntern Sie ihn, anstatt ihm zu drohen.

Erklären Sie, warum etwas gemacht werden muss – ohne dass ein »oder aber ...« mitschwingt. Eine andere hilfreiche Methode ist, Ich-Botschaften (s. Kapitel »Sprechen Sie für sich selbst ...«, S. 191ff.) zu senden, statt dem anderen zu drohen.

Ungebetene Ratschläge erteilen

Wenn wir mit Sätzen wie »Sie sollten ...«, »Sie müssten ...«, »Haben Sie auch versucht ...« oder »Wenn Sie auf mich hören, dann werden Sie ...« herausplatzen, laufen wir Gefahr, anderen unseren Rat oder unsere Meinung aufzuzwingen. Sie werden uns wahrscheinlich ignorieren und das, was wir sagen, für leeres Geschwätz halten.

Ist Ihnen bei der Bearbeitung dieser ersten acht »kommunikativen Todsünden« aufgefallen, wie aggressiv und respektlos die Wörter »Du« und »Sie« verwendet wurden? Die letzten beiden Sünden sind vor allem ein Ausdruck fehlender Selbstachtung. Im Kapitel »Sprechen Sie für sich selbst ...« (S. 191ff.) werden wir näher untersuchen, inwieweit sie die Kommunikation behindern können.

> Wenn Sie unbedingt einen ungebetenen Rat erteilen möchten, dann bitten Sie zuerst um Erlaubnis: »Hätten Sie etwas dagegen, wenn ich Ihnen einen Vorschlag machen würde?«, oder: »Möchten Sie gerne hören, wie ich damit umgehen würde?« Wenn andere Menschen unsere Meinung hören möchten, dann lassen Sie sie auch zuerst danach fragen.

Vermeidung

Vage bleiben

Wenn wir nicht gleich zur Sache kommen, muss unser Gesprächspartner herumrätseln, was wir eigentlich meinen oder wollen. Da aber Gedankenlesen nicht allzu weit verbreitet ist, raten die meisten falsch! Kommen Sie zur Sache! Drücken Sie sich klar und deutlich aus! Schlüssel dazu sind gegenseitige Achtung, Empathie, für sich selbst sprechen bzw. sich zu seinen eigenen Botschaften bekennen.

Wenn wir nicht zu unseren Botschaften stehen, sagen wir vielleicht »Jeder weiß, dass ...« oder »Die meisten Menschen stimmen zu, dass ...«. Damit vermeiden wir zu sagen, was wir denken.

Ich-Botschaften, mit denen wir uns in Kapitel »Die Sprache des anderen sprechen« (s. S. 183ff.) näher befassen werden, sind ein gutes Gegenmittel gegen Unbestimmtheit. Im Kapitel »Bitten, nicht befehlen« (s. S. 206ff.) werden wir noch andere wirkungsvolle Möglichkeiten, Bitten vorzutragen, untersuchen.

> Wenn Sie etwas sagen müssen, sollten Sie es offen und direkt tun – und sich nicht in Anspielungen ergehen.

Ablenkungsmanöver

Wenn ein Gespräch sehr emotional oder persönlich wird, fühlen sich manche Menschen unbehaglich und versuchen, wieder auf oberflächliche Themen zurückzukommen. Das führt dazu, dass sie den Sprecher ablenken, das Thema wechseln oder sich auf Allgemeinplätze zurückziehen.

Einen anderen Menschen mit nichts sagenden Redensarten zu beruhigen, zu bemitleiden oder zu trösten sind andere Formen eines Ablenkungsmanövers. Sie führen dazu, dass wir uns nicht wirklich auf Gespräche einlassen, sondern an der Oberfläche bleiben.

- »Morgen sieht alles bestimmt ganz anders aus.«
- »Mach dir keine Sorgen, es gibt am Horizont immer einen Silberstreifen, ich bin davon überzeugt, dass alles gut wird.«
- »Dein Kummer nimmt mich so richtig mit.«

Diese Bemerkungen sind oft nicht gerade hilfreich, da sie viel zu häufig falsch sind.

> Begegnen Sie anderen Menschen aus einer Haltung der gegenseitigen Achtung. Reden Sie weder von »unten herauf« noch von »oben herab« mit anderen. So vermeiden Sie eine herablassende Wirkung. Meiden Sie Floskeln und billige Beschwichtigungen – sie verhindern ein echtes Gespräch.

Wir sind nicht gezwungen, jedes Mal, wenn wir uns mit jemandem unterhalten, ein bedeutsames Gespräch zu führen. Andererseits gewähren uns manche Gespräche einen tiefen persönlichen Einblick, und das sollten wir nicht stets automatisch ablehnen. Ein Teammitglied oder ein Kollege könnte andeuten, dass er etwas Persönlicheres mit uns besprechen will: Es wird keine erfolgreiche Kommunikation stattfinden, wenn wir ihm die kalte Schulter zeigen.

Wenn Sie sich dabei ertappen, dass Sie eine der zehn »Todsünden« begehen – aufhören! Atmen Sie tief durch. Versuchen Sie, sich anders auszudrücken.

INFO

Verbannen Sie die Sünden und streben Sie Kommunikation an, das heißt

- Vollständig, richtig und aktuell.
- Deutlich, stimmig und verständlich, nicht verwirrend, zusammenhanglos oder unverständlich.
- Plausibel, logisch und durchdacht, nicht unglaubhaft, unlogisch und klischeehaft.
- Höflich, konstruktiv und rücksichtsvoll, nicht taktlos, negativ und schonungslos.
- Kooperativ, herzlich und entgegenkommend, nicht mürrisch, grob und feindselig.
- In freundlichem und ungezwungenem Ton, nicht verkrampft und distanziert.
- Ehrlich, nicht falsch.
- Gut gelaunt, ruhig und gelassen, nicht überspannt oder heftig.

Das ist Kommunikation – klipp und klar!

Der Anfang bestimmt das Ergebnis

Informationen so einführen, dass sie aufgenommen und nicht abgelehnt werden

Sind Sie jemals mit beiden Füßen voran in eine Diskussion gesprungen, nur um festzustellen, dass Sie mit beiden in ein Fettnäpfchen getreten sind? Dieses Erlebnis ist den meisten von uns zwar bekannt, aber wir können es vermeiden.

Solche Erlebnisse kommen zustande, wenn wir uns zu wenig um das »Was«, »Wie« und »Warum« eines Gesprächs kümmern, bevor wir es beginnen. Das hat aber auch zur Folge, dass wir das von uns gewünschte Ergebnis nicht erreichen. Wir setzen unsere Zeit unproduktiv ein und strapazieren unnötigerweise nicht nur unsere Nerven, sondern auch die unserer Gesprächspartner.

Beißen Sie sich lieber auf die Zunge, bevor Sie sich den Mund verbrennen

Im Kapitel »Alles ist Kommunikation« (s. S. 62ff.) lautete die zweite Grundregel der Kommunikation: Der Gesprächsbeginn bestimmt meistens das Gesprächsergebnis. Dennoch (und jetzt dürfen Sie auch ehrlich sein): Wie häufig überlegen Sie sich Ihre ersten Sätze, bevor Sie ein Gespräch beginnen? Wahrscheinlich wird Ihre Antwort ebenso lauten wie die der meisten viel beschäftigten Menschen: »Sicher nicht so häufig, wie ich es eigentlich sollte.« Dabei können wir uns Zeit und Frust ersparen, wenn wir einige Minuten aufwenden, um uns unsere Gesprächseröffnung zu überlegen.

INFO

Was will ich?

- Warum führe ich dieses Gespräch?
- Was will ich erreichen?
- Wie stelle ich mir den Gesprächsverlauf vor?
- Wie kann ich mein Argument am besten vorbringen oder wie kann ich am überzeugendsten sein?

Sobald wir uns darüber im Klaren sind, werden wir in unseren ersten Sätzen das Gesamtziel des Gesprächs sowie den geplanten Verlauf angeben können. Dies wird als »dem Gespräch einen Rahmen geben« bezeichnet: nachdenken, bevor wir sprechen, damit wir gleich richtig anfangen.

Geben Sie Ihren Gesprächen einen Rahmen

Der Gesprächsrahmen hilft uns auf dreierlei Weise: Zuerst sorgt er dafür, dass wir ein Gespräch zum gewünschten Ziel lenken können. Das spart Zeit und Stress. Zweitens hilft er uns, die Erwartungen des anderen Gesprächsteilnehmers in Einklang mit unseren zu bringen. Drittens gelingt es uns besser, unsere Informationen so zu geben, dass unser Gesprächspartner nicht gleich in die Defensive geht und so Teile unserer Botschaft ignoriert.

So wie ein Rahmen ein Bild umfasst, umschließt auch eine »einrahmende« Aussage das nachfolgende Gespräch: Was wird bzw. was wird nicht angesprochen; was wird bzw. was wird nicht angestrebt? Genauso, wie ein Rahmen die Aufmerksamkeit auf das eingefasste Bild zieht, so lenkt eine einrahmende Aussage die Aufmerksamkeit auf die Hauptthemen des Gesprächs.

Wenn Sie eine einrahmende Aussage formulieren, beherzigen Sie das Motto »weniger ist mehr«, folgen Sie dem FKK-Prinzip: Fasse dich kurz und klar!

Einige Beispiele für »einrahmende Aussagen«

Eingrenzen
Feststellen, was erreicht werden soll: »Heute werden wir uns nicht über Ihre Arbeitsleistung unterhalten, die im Übrigen hervorragend ist, sondern wir wollen über die Fortschritte in unserem Verbraucherserviceprojekt sprechen.«

Rekapitulieren
Wichtige Ereignisse, die für dieses Gespräch relevant sind, nochmals Revue passieren lassen: »Sal, ich möchte dich gerne auf X ansprechen, das wir im letzten Monat bereits bei drei Gelegenheiten andiskutiert haben. Letztes Mal waren wir uns doch einig ...«

Absichten
Legen Sie Ihre Erwartungen an die Besprechung dar und stellen Sie fest, ob die Erwartungen des anderen in etwa gleich oder unterschiedlich sind: »Chris, ich möchte gerne, dass wir einige Beschlüsse festlegen und uns auf einen vorläufigen Plan einigen, wie wir weiterverfahren sollten. Wie klingt das für dich?«

Vorgehensweise
Geben Sie einen Überblick über die Art von Informationen, die Sie besprechen möchten: »Kim, ich möchte gerne unser monatliches Budget durchgehen, insbesondere Kostenstellen, Gehälter, Löhne, Beraterhonorare und Werbung.«
Oder umreißen Sie den von Ihnen gewünschten Verlauf der Besprechung: »Ich schlage vor, dass wir mit X anfangen, dann mit Y weitermachen und schließlich C besprechen. Wie finden Sie das?«

Probleme
Benennen Sie die Bereiche, in denen das Problem auftritt, fassen Sie die Daten und Fakten, wie Sie sie verstehen, in den jeweiligen Bereichen zusammen: »Lee, ich möchte mich mit dir über Pünktlichkeit unterhalten. Nach meinen Unterlagen bist du im vergangenen Monat dreimal zu spät zur Arbeit gekommen. Auch die Mittagspause hast du viermal überzogen. Ich habe das überprüft, da mir Pünktlichkeit wichtig ist. Ich möchte die Probleme, die diese Verspätungen vielleicht verursachen, mit dir jetzt besprechen. So können wir uns gemeinsam überlegen, wie das vermieden werden kann.«

Benutzen Sie diese verschiedenen Ansätze einzeln oder auch kombiniert, um eine bevorstehende Besprechung einzurahmen.

Übung macht den Meister: Einrahmende Aussagen

Einrahmende Aussagen zu formulieren ist eine Fähigkeit, die Sie mit Hilfe der nachfolgenden Übungssituationen weiterentwickeln können. Lesen Sie zuerst das jeweilige Beispiel durch, dann notieren Sie dazu auf ein Blatt Papier eine kurze, einrahmende Aussage, mit der Sie das Gespräch eröffnen würden. Einige Musterantworten werden Sie im Lösungsteil (s. S. 320ff.) finden: Diese dienen aber nur als Beispiele – Ihre Antworten werden wahrscheinlich genauso gültig sein. Aber Sie sollten darauf achten, dass diese kurz gefasst sind und dass Sie selbst auch wirklich hinter diesen Aussagen stehen.

1. Peter, ein Mitglied Ihres Teams, hat die Angewohnheit, während Ihrer Besprechungen fast die ganze Zeit mit seinem jeweiligen Nachbarn zu tuscheln. Dieses Verhalten ärgert Sie, da Sie auf die Aufmerksamkeit und Beiträge aller angewiesen sind. Gleichzeitig sind Sie der Meinung, dass es auch die anderen Teilnehmer stört. Sie führen mit Peter ein Gespräch unter vier Augen. Wie beginnen Sie dieses Gespräch? (Bitte notieren.)
2. Carla ist eine sehr fähige Mitarbeiterin. Leider hängt ein Teil Ihrer Arbeit davon ab, dass Carla ihre Arbeit zügig erledigt und an Sie weiterreicht. Sie hinkt damit aber häufig hinterher. Das bedeutet, dass Sie wiederum Ihre Arbeit unter großem Zeitdruck fertig stellen müssen. Dies erhöht das Risiko, dass Sie Fehler machen bzw. dass Sie Ihre Abgabetermine überschreiten. Sie treten an Carla heran und sagen (bitte notieren).
3. Die Geschäftsleitung spricht immer häufiger davon, dass mehr Arbeit innerhalb kürzerer Zeit erledigt werden soll. Manny ist Leiter einer anderen Abteilung in Ihrem Stockwerk. Ihre beiden Arbeitsteams arbeiten an verschiedenen Aspekten des gleichen Prozesses. Sie haben eine Besprechung mit Manny angesetzt, um zu erörtern, wie Ihre beiden Teams ihre Arbeit koordinieren könnten, um die Arbeit schneller voranzubringen. Sie eröffnen die Diskussion, indem Sie sagen (aufschreiben).
4. Sean ist Ihr Vorgesetzter. Sie haben ihm einen Vorschlag zur Genehmigung vorgelegt, der moderate Investitionen für Ihre Abteilung vorsieht. Sie hatten auch schon mehrere Besprechungen mit ihm, um die Einzelheiten durchzugehen. Aber Sie wissen, dass er Entscheidungen nur sehr langsam trifft, und in diesem Fall möchten Sie seine Entscheidung beschleunigen. Sie haben ihn um ein weiteres Gespräch gebeten, das Sie mit folgenden Worten eröffnen (wieder notieren).

5. Sie sind Leiter der Buchhaltung. In letzter Zeit schlagen die anderen Abteilungsleiter vor, dass Sie die Verkaufszahlen gerne schneller hätten. Sie haben die Mitarbeiter Ihrer Abteilung zu einer Besprechung zusammengerufen, um zu untersuchen, wie Sie das angehen könnten. Sie eröffnen die Sitzung, indem Sie sagen (notieren).
6. Ihre Stellvertreterin Ellen ist im Großen und Ganzen sehr fähig. Sie machen sich aber darüber Sorgen, dass sie Routinetermine manchmal nicht einhält. Sie hatten dieses Problem bei früheren Gelegenheiten mit ihr erörtert (vor drei Monaten bei der Leistungsbewertung und im vergangenen Monat). Jedes Mal hatte sie zugegeben, dass auch ihr dieses Problem bewusst sei, und sie wolle sich bemühen, die Angelegenheiten besser zu organisieren. Sie hat aber keine Besserung gezeigt und in den letzten Wochen wieder mehrere Termine versäumt. Sie eröffnen die Besprechung mit der Einleitung (aufschreiben).

Merken Sie sich den WHID-Faktor

In einem Gespräch sollten Sie so bald wie möglich, am besten schon in der einrahmenden Aussage, ein WHID einfügen: **W**as **h**abe **i**ch **d**avon? (Das »Ich« bezieht sich auf die andere Person: Warum sollte der andere zuhören? Welche Vorteile hat er davon?) Wenn wir einen Grund zum Zuhören nennen können, werden wir feststellen, dass die meisten Menschen auch bereitwilliger, mit mehr Begeisterung und Aufgeschlossenheit zuhören.

Das könnte bedeuten, dass wir diese Vorteile auch benennen. Es kann aber auch heißen, dass wir etwas ansprechen, was uns persönlich interessiert. Unsere Kenntnis der jeweiligen Person und Situation wird uns helfen, ein attraktives WHID anzubieten. Seien Sie aber einfühlsam bei der Benutzung eines WHID!

Ankündigen

Diese Form der einrahmenden Aussage wird eingesetzt, wenn das Gespräch bereits begonnen hat. Sie lässt den anderen wissen, was als Nächstes kommen wird, sodass er sich darauf einstellen kann. Ankündigen erleichtert den Kommunikationsprozess.

Ankündigende Aussagen sind beispielsweise:

- Wenn ich recht verstanden habe, ...
- Lassen Sie mich Ihnen eine Frage stellen ...
- Ich würde gern auf etwas zurückkommen, was Sie vorhin gesagt haben ...
- Zusammenfassend könnte man also sagen, ...
- Das Hauptproblem scheint zu sein ...
- Lassen Sie mich das noch einmal durchgehen ...

Übung

Gehen Sie nochmals die sechs Übungssituationen durch. Notieren Sie nun wieder auf ein Blatt Papier die möglichen WHID, die Sie in dem jeweiligen Gespräch möglichst frühzeitig anbringen könnten (vielleicht bekommen Sie aus dem Lösungsteil (s. S. 322f.) einige Anregungen).

Treffen Sie die richtige Wortwahl

Mit Worten Kooperation und Engagement bewirken

Wie wir schon gesehen haben, beinhaltet jede Botschaft wesentlich mehr als nur die Wörter, die wir verwenden. Das heißt aber nicht, dass Wörter unwichtig sind – im Gegenteil. Was würden Sie wohl lieber hören: »*Du siehst wie das blühende Leben aus!*« oder »*Du siehst so bleich wie eine Leiche aus!*« Es spielt eine Rolle, *welche* Wörter wir wählen! Wörter haben eine Bedeutung. Wörter haben Macht: Sie können helfen oder hinderlich sein, können unmittelbar provozieren oder Kooperation bewirken, können verwirren oder klären.

Wir können Worte wählen, die aggressiv oder konziliant, neutral oder emotional, klar oder vage, höflich oder herausfordernd sind, je nachdem, was wir erreichen wollen. Wir haben die Wahl.

Sie sollten Ihre Worte sorgfältig wählen. Benutzen Sie Worte nicht wahllos oder nur gewohnheitsmäßig.

Die Macht der Wörter

Nehmen wir an, wir wollen einem Mitarbeiter erklären, dass seine schnelle, abrupte Art am Telefon eventuell einen schlechten Eindruck bei den Kunden hinterlässt. Wir könnten uns etwa folgendermaßen äußern: »Jan, du bist zu schroff am Telefon. Du musst dir ein professioneller wirkendes Auftreten aneignen – ab sofort!«

Mindestens drei Dinge stimmen an dieser Botschaft nicht. Erstens: Die ganze Vorgehensweise wird Jan eher verletzen als ihn dazu ermuntern, etwas sanfter am Telefon zu wirken. Zweitens: »Ab sofort« klingt viel zu barsch und ist ungeeignet, die Ergebnisse herbeizuführen, die wir wünschen. Drittens: Es mangelt dieser Aussage an

Eindeutigkeit. Würde Jan zustimmen, dass er schroff wirkt? Was genau bedeuten »schroff« und »professioneller«? Es ist unwahrscheinlich, dass Jan mit Absicht unprofessionell oder unfreundlich ist. Daher ist es zwecklos, ihm das eine oder andere zu untersagen. Setzen wir daher an den Anfang des Gesprächs einen »Rahmen«: »Jan, ich mache mir Sorgen über die Art, wie du mit unseren Kunden am Telefon sprichst. Ich würde gerne mit dir darüber reden, hast du gerade einen Augenblick Zeit?«

Diese Rahmenbemerkung lässt Jan wissen, worum es bei dem Gespräch gehen wird – und es ist ein Gebot der Höflichkeit zu fragen, ob er Zeit hat. Gleiches gilt für die Anrede mit seinem Namen. Wir könnten unsere Aussage noch stärker präzisieren, indem wir sagen: »Mir ist aufgefallen, dass du recht schnell sprichst. Ich mache mir Sorgen, dass es für manche Kunden schwierig sein könnte, dir zu folgen. Schließlich hast du ihnen gegenüber einen Wissensvorsprung. Du bist auch sehr effizient und fasst dich immer sehr kurz, wobei du meistens nur das Endergebnis angibst. Aber ich glaube, es wäre für die Kunden nützlicher, wenn du ihnen mehr Hintergrundinformationen geben könntest.« Diese Gesprächseröffnung verwendet Ich-Botschaften. Sie macht keine Vorwürfe und kritisiert nicht, sondern macht stattdessen Verbesserungsvorschläge. Wenn wir erklären, warum wir uns Sorgen machen, und dafür eine neutrale Sprache wählen, werden wir eher Jans Kooperation gewinnen – und wir wünschen uns Mitarbeit, nicht bloße Unterwürfigkeit. Alles in allem ist die zweite Botschaft wesentlich besser geeignet, Jans Kooperationsbereitschaft zu fördern. Ein Befehl wird nichts nützen. Wir können ihm nur einen Rat geben und vielleicht auch die Konsequenzen schildern, die sich ergeben könnten, wenn er seinen Telefonstil ändern beziehungsweise nicht ändern sollte.

Nehmen Sie Einfluss durch die Wahl Ihrer Worte

Haben Sie jemals einen anderen Menschen ermuntern wollen, die Art und Weise zu ändern, in der er bestimmte Dinge sagt oder tut? Die Worte, die wir wählen, um dies zu erreichen, können eine positive oder negative Wirkung erzielen.

Bei dem Versuch, einen anderen Menschen zu beeinflussen, haben die meisten von uns die Tendenz, »Signale zu setzen« oder sich herablassend zu benehmen – zwei der drei Hauptgruppen der kommunikativen Todsünden (s. S. 158ff.). Manchmal geschieht es unversehens, dass wir uns überlegen fühlen, überheblich werden, anderen befehlen oder ungebetene Ratschläge erteilen. Zuweilen ist die Versuchung groß, Vergangenes wieder auszugraben, den Psychologen zu spielen, zu moralisieren oder ironisch zu werden.

Das passiert auch, wenn wir versuchen, uns nach außen freundlich und hilfsbereit zu geben. Wenn wir jedoch unterschwellig bewertend, überlegen und selbstgerecht sind, wird es durchschimmern. Je schwieriger und ausgedehnter die Interaktion ist und je weniger Sympathie wir für den anderen Menschen empfinden, desto eher werden sich diese unterbewussten Motive durchsetzen. Die Kommunikation bricht ab. Wenn das geschieht, konzentriert sich unsere Energie auf das »Gewinnen«. Anstatt zuzuhören, bereiten wir die nächste Entgegnung vor, während der andere spricht. Der Frust wird sich steigern. Die Gesprächspartner werden einander zunehmend kritisch betrachten. Die jeweilige Einstellung dem anderen gegenüber wird lauten: »Ich habe Recht, und du hast ganz eindeutig Unrecht. Du bist unvernünftig, stur oder ganz einfach blöd.« Das Ergebnis einer solchen Diskussion wird sein: Abwehr, Wut, Aggression, zerstörte gegenseitige Achtung; Ein schlechter Kompromiss oder die Niederlage eines der Kontrahenten wird die Folge sein. Es gibt vier Möglichkeiten, wie wir das vermeiden können.

- Rahmen Sie Ihre Botschaften sorgfältig ein.
- Übermitteln Sie diese in objektiver oder beschreibender Weise und mit neutralen (nicht kritischen oder negativen) Worten.
- Sprechen Sie in sachlichem Ton.
- Hören Sie mit Empathie und Verständnis zu, um die Dinge aus der Perspektive des anderen zu sehen.

Dies setzt den Wunsch voraus, gute Informationen zu bekommen und zu geben. In diesem Kapitel werden wir die Wörter untersuchen, die wir benutzen, um gute Informationen zu geben.

Treffen Sie eine neutrale Wortwahl

Welcher Unterton schwingt bei den folgenden Wortpaaren oder Redewendungen mit. Für die meisten Menschen haben die Begriffe links einen negativen Unterton, während die rechts neutral, sachlich oder eher beschreibend sind.

• Zurzeit modern	Jetzt in aller Munde
• Eintagsfliege	Sehr populär
• Abrupt	Schnell, rasant
• Unzuverlässig	Schwankend
• Verschwommenes Denken	Unklar

Gleiches gilt für die Formulierungen, die wir wählen. Schauen Sie folgende Beispiele an:

- Du bist faul und verantwortungslos.
- Du bist diese Woche schon dreimal zu spät gekommen, und obwohl dein Eingangskorb voller Arbeit ist, liest du Zeitung.
- Du hast Unrecht.
- Ich sehe das anders.
- Diese Zahlen sind Schrott!
- Ich möchte gerne wissen, wie diese Zahlen entstanden sind.
- Hör auf, mich zu unterbrechen!
- Einen Moment noch, Pat, ich würde gern zu Ende reden.

Wie reagieren Sie auf negative, emotionsgeladene Wörter oder Sätze mit einem negativen Beiklang? Oder auf Worte und Formulierungen, die zwar an sich neutral sind, aber in aggressivem Ton als Befehl vorgetragen werden? Die meisten Menschen reagieren mit Abwehr, Widerwillen und sogar Feindseligkeit; oft entsteht ein richtiger Streit daraus.

Wörter und Wendungen, die objektiv, aufrichtig und sachlich oder beschreibend sind – und auch ein solcher Tonfall – sind im Allgemeinen eine Ermunterung zum Zuhören, Sammeln von Informationen und Lösen von Problemen. Halten Sie inne und überlegen Sie, bevor Sie sprechen – besonders dann, wenn Sie verärgert oder wütend sind.

Treffen Sie eine positive Wortwahl

Wir könnten uns auch für positive Wörter und Formulierungen entscheiden. Wie reagieren Sie auf die Worte und Sätze in der linken und wie auf die in der rechten Spalte?
Drei Gründe, Ihre Antworten positiv zu formulieren:

- Unser Reden prägt unser Denken, und unser Denken hat entscheidenden Einfluss auf unser Handeln. Wollen Sie negativ oder positiv handeln?
- Wie wir reden bestimmt den Ton eines Gesprächs. Sollen Ihre Gespräche in negativer oder positiver Atmosphäre verlaufen?
- Unser Reden beeinflusst, wie andere uns wahrnehmen. Wollen Sie in einem negativen oder positiven Licht gesehen werden?

Seien Sie nicht negativ!	**Seien Sie positiv!**
• Sie werden ... müssen.	• Sie werden ... wollen. • Ich werde ... brauchen, damit ...
• Bis Montag schaffe ich das nicht.	• Am Montag kann ich das machen.
• Wir haben das Modell nicht mehr.	• In wenigen Tagen werden wir das Modell zur Verfügung haben.
• Ich werde versuchen, jemanden zu finden, der dich zurückruft.	• Ich werde Kathy bitten, dich heute vor vier Uhr zurückzurufen.
• Damit sollte es eigentlich keine Probleme geben.	• Das geht in Ordnung.
• Nie machst du ...	• Wie wäre es mit ...?
• Sie sollten ... gemacht haben.	• Von jetzt an ...
• Sie verstehen nicht.	• Lassen Sie mich das noch einmal durchgehen.
• Ich kann nicht, weil ...	• Wir könnten das so und so regeln.
• Nicht schlecht.	• Fantastisch!
• Es ist in Ordnung.	• Es ist großartig!
• Was ist das Problem?	• Wie kann ich helfen?
• Kann nicht.	• Kann.
• Problem.	• Lösung.

Treffen Sie eine eindeutige Wortwahl

Wenn wir ein Wort benutzen, wissen wir, was wir damit meinen. Aber wissen das auch die anderen? Wie Humpty Dumpty zu Alice sagte (Alice im Wunderland): »*Ein Wort bedeutet genau das, was ich will, dass es bedeutet – nicht mehr und nicht weniger.*« – Genau so ist es. Daher überrascht es nicht, dass es oft große Unterschiede gibt zwischen dem, was wir meinen, und dem, was andere verstehen.

Betrachten Sie zum Beispiel das Wort »Ordnung« und notieren Sie die Bedeutung, die dieses Wort für Sie hat. – Sicher haben Sie mehrere Synonyme oder Bedeutungsnuancen für dieses Wort gefunden (einige davon finden Sie im Lösungsteil, S. 323).

Versuchen Sie als Nächstes, möglichst viele Synonyme für das Wort »schlagen« zu finden: – Wieder gibt es zahlreiche Synonyme und Bedeutungsnuancen – einige finden Sie im Lösungsteil (S. 323).

Wählen Sie Wörter, die den »sechs K« gerecht werden:

- klar,
- kurz gefasst,
- komplett,
- kooperativ,
- korrekt,
- konkret.

Wörter müssen **klar** sein. Wir müssen uns bewusst machen, was wir wollen, und es unmissverständlich sagen. Je kürzer und prägnanter wir sind, desto geringer ist die Wahrscheinlichkeit, dass unsere Zuhörer das Interesse verlieren und ihre Aufmerksamkeit abschweift. In der Regel können wir uns nur sieben (+/– zwei) Informationsinhalte auf einmal merken, daher wollen wir dem anderen nicht noch mehr Wörter aufbürden. Gleichzeitig sollten wir uns so **komplett** wie möglich ausdrücken. Um herauszufinden, ob wir zu viele oder zu wenig Informationen anbieten, können wir durch Fragen überprüfen, ob wir verstanden worden sind, und die Körpersprache des anderen daraufhin beobachten, ob sie uns Anhaltspunkte gibt. Natürlich wollen wir immer **kooperativ** sein. Weil »Verhalten Gegenverhalten erzeugt«, werden andere dadurch ermutigt, auch uns gegenüber kooperativ zu sein. Wir möchten auch **korrekt** sein. Unser Ziel ist die Wahrheit. Wir wollen es mit der Wahrheit genau nehmen, wir wollen sie nicht umgehen oder verdrehen, übertreiben oder falschen Eindruck erzeugen.

Wählen Sie Wörter, die anderen die Botschaft deutlich übermitteln. Wenden Sie das FKK-Prinzip an: Fassen Sie sich kurz und klar.
Wenn Sie vermuten, dass der Inhalt Ihrer Botschaft oder Ihre Absicht missverstanden werden könnte, dann stellen Sie eindeutig klar, was Sie meinen, beabsichtigen oder erwarten. Überlassen Sie es nicht dem Zufall.

Abstrakte Wörter können sehr unterschiedlich gebraucht werden, sodass ihre Bedeutung unklar wird. Unsere Zuhörer können sich von dem, was wir meinen, kein Bild machen. Da abstrakte Wörter für jeden Menschen je nach Situation eine unterschiedliche Bedeutung haben, sollten wir sie durch konkrete Wörter ersetzen. **Konkret** bedeutet präzise. Zum Beispiel ist *schicken* ein abstraktes Wort, während die Worte *Fax, E-Mail, Kurier* und *Eilbrief* konkrete Wörter sind. Gehen ist abstrakt, dagegen sind Verben wie rennen, fahren und schlendern konkret. Ein klares Bild prägt sich ein. Achten Sie auf den Unterschied:

Vage	**Konkret, präzise und einprägsam**
• Gehen Sie mit den Kunden freundlich um.	• Behandeln Sie alle unsere Kunden wie Ihre eigenen Gäste.
• Tun Sie Ihr Bestes.	• Ich hätte es gern bis Mittwochmittag. Falls das nicht möglich ist, lassen Sie mich es bis Dienstag um 15.00 Uhr wissen.
• Ich werde es Ihnen schicken.	• Ich werde es Ihnen gleich faxen.

Mit konkreten Worten bewirken wir bei unseren Zuhörern die von uns beabsichtigten Assoziationen. Rufen Ihre Worte die von Ihnen beabsichtigten Bilder, Gefühle und Eindrücke hervor? Überlassen Sie es nicht dem Zufall.

Sprechen Sie langsam und deutlich

Nachdem wir nun Wörter gewählt haben, die klar, kurz gefasst, komplett, kooperativ, korrekt und konkret sind, müssen wir diese so deutlich und langsam aussprechen, dass sie auch verstanden werden. Das Kapitel »Was zählt ist das Wie« (s. S. 75ff.) befasst sich damit eingehend.

Sprechen Sie andere mit Namen an

Ein Name mag zwar auch nur ein Wort sein, aber frei nach Dale Carnegie, dem amerikanischen Autor und Dozent: »*Es gibt kein Wort, das einen süßeren Klang hat als der eigene Name.*« Dale Carnegie hatte Recht. Wenn wir einen anderen mit Namen ansprechen, so erhalten wir seine Aufmerksamkeit. Es stimmt ihn positiv ein, sowohl auf uns als auch auf unsere Mitteilung. Übertreiben Sie aber nicht. Wenn Sie den Namen des anderen zu häufig verwenden, wird dies nur zu einer fadenscheinigen Taktik, die herablassend und lästig ist.

Präzise, einprägsame und wirkungsvolle Worte

Wenn wir präzise, einprägsame und wirkungsvolle Wörter gebrauchen, wird die empfangene Botschaft auch der von uns beabsichtigten entsprechen. Unsere nächste Aufgabe besteht nun darin, unsere Wörter so zu wählen, dass sie überzeugend sind und Durchschlagskraft sowie Nachdruck besitzen. Wörter zu wählen, die neutral oder positiv, klar, komplett und konkret sind, ist der erste Schritt. Es gibt noch sechs weitere Maßnahmen, die wir ergreifen können.

Benutzen Sie starke Wörter

Wir erkennen schwache Wörter, wenn wir sie hören: könnte; falls; möglicherweise; wahrscheinlich; vielleicht; womöglich; anscheinend. Wir alle kennen auch Redewendungen, die wenig überzeugen:

- Ich werde es versuchen.
- Das sollte klappen.
- Ich werde mein Möglichstes tun, aber ...
- Wenn das Wetter mitspielt.
- Ich werde sehen, was ich tun kann.
- Wenn nichts dazwischenkommt.

Im Allgemeinen ignorieren die anderen diese Hintertürchen sowieso und nehmen uns beim Wort. »Ich werde versuchen, es bis Freitag für Sie zu haben« wird wahrscheinlich als »Ich werde es bis Freitag für Sie haben« interpretiert. Wenn wir das auch meinen, warum sagen wir es nicht so? Wir können uns genauso gut präzise ausdrücken und durch einen klaren Sprachgebrauch die Verantwortung übernehmen.

Verderben Sie Ihre Botschaften nicht durch schwache Worte.
Wenn Sie selbst als Zuhörer solche wenig überzeugenden Worte oder Wendungen hören, hinterfragen Sie diese. Was meint der Sprecher wirklich? Überlegen Sie, ob der andere die Verantwortung für etwas übernimmt oder sie beiseite schiebt.

Unterstützen Sie Ihre Worte mit visuellen Hilfsmitteln

Erzählen Sie, aber veranschaulichen Sie auch etwas. Wenn wir etwas hören, werden wir uns einen Tag später höchstwahrscheinlich nur noch an ungefähr 10 bis 15 Prozent davon erinnern können. Wenn wir etwas sehen, werden wir 30 bis 35 Prozent behalten. Lassen Sie uns beides addieren, und wir werden eine Kommunikation erreichen, die sich gut einprägt. Für eine präzise und einprägsame Kommunikation sollten möglichst viele Sinne angesprochen werden.

Veranschaulichen Sie

Demonstrieren und erzählen Sie nochmals. Dieses Mal so, dass die anderen sehen können, was passiert, wie etwas genau funktioniert oder wie exakt etwas gemacht werden muss. Dies wiederum ist eine sehr einprägsame Kommunikationsform.

Arbeiten Sie mit Beispielen/Metaphern/Analogien

Beispiele prägen sich gut ein, ebenso wie Analogien: Sie ist kalt wie Eis. Er ist gesund und munter wie ein Fisch im Wasser. Gleiches gilt für Metaphern. Menschen finden eher ein Verhältnis zu Beispielen, Metaphern und Analogien und können sich später besser daran erinnern als an trockene Erläuterungen und Angaben.

Sprechen Sie die Sprache, die der andere versteht:

- formell
- Fachsprache
- lange Wörter
- korrekt
- informell
- Alltagssprache
- kurze Wörter
- umgangssprachlich

Alle Menschen haben ihre eigene Ausdrucksweise. Sie gebrauchen Wörter in bestimmten Zusammenhängen und bevorzugen bestimmte Worttypen. Wenn wir uns der Sprachebene unserer Gesprächspartner anpassen, machen wir es den anderen leichter, uns zu verstehen, sich mit unseren Botschaften auseinander zu setzen und unsere Mitteilungen so aufzunehmen, wie wir es beabsichtigen.

Benutzen Sie eine ähnliche Sprache wie Ihr Gesprächspartner

Wir wissen, dass wir Rapport aufbauen können, indem wir das Engagement, die Stimme und die Körpersprache eines anderen spiegeln – das gilt auch für den Kommunikationsstil und die Wortwahl. Damit befasst sich das nächste Kapitel eingehend.

Die Sprache des anderen sprechen

Wie Sie durch NLP andere besser verstehen können

Beobachten und hören Sie zu, wie Ihr Gesprächspartner Wörter einsetzt und formuliert. Das Neurolinguistische Programmieren (NLP) zeigt uns, dass wir beim Kommunizieren auf vier Grundarten der Wahrnehmung achten sollen.

- **Visuell (sehen)**
  Bilder sind für visuell orientierte Menschen wichtig. Daher überrascht es nicht, dass die von ihnen benutzten Wörter viele Bilder vermitteln: *»Lassen Sie uns das aus einer anderen Perspektive betrachten.«, »Stell dir das vor ...«, »Ich sehe, was Sie meinen.«, »Vor meinem inneren Auge ...«, »Sie hat Scheuklappen vor den Augen.«, »Das ist mir klar.«* Visuell orientierte Menschen: schauen häufig nach oben, während sie denken, reden schnell und in einer höheren Tonlage, gestikulieren mit den Händen, atmen schnell, flach oder unregelmäßig, oben im Brustkorb.

- **Auditiv (hören)**
  Der Klang ist für auditiv orientierte Menschen wichtig, daher benutzen sie oft lautmalerische Wörter: *»Wie klingt das für dich?«, »Das hört sich bekannt an!«, »Sie sind laut und deutlich zu verstehen.«, »Klingelt es jetzt endlich bei dir?«, »Der Vorschlag ist auf gute Resonanz gestoßen.«* Auditiv orientierte Menschen: schauen viel zur Seite, während sie denken, sprechen mit voller Stimme, langsam und in einer tieferen Tonlage, gestikulieren mit ihren Händen in Bauchhöhe, atmen langsam und gleichmäßig aus der Mitte des Brustkorbs.

- **Kinästhetisch (fühlen, berühren)**
  Kinästhetisch orientierte Menschen verwenden häufig Wörter, die sich auf Bewegung, körperliche Empfindungen und Berührungen beziehen: »*Wie fühlt sich das an?*«, »*Er ist einfach nicht zu packen.*«, »*Wir müssen das noch einmal durchgehen.*«, »*Sie sollten sich selbst besser im Griff haben.*«, »*Das gibt mir ein ungutes Gefühl.*«, »*Meine gefühlsmäßige Reaktion …*« Kinästhetisch orientierte Menschen: schauen nach unten und nach rechts, wenn sie sich etwas überlegen, sprechen in tiefen Tönen, gestikulieren viel, wobei sie ihre Hände tiefer halten und sich selbst oft berühren, atmen aus dem Bauch heraus.

- **Logisch, analytisch**
  Den logisch orientierten Menschen sind die Wörter an sich wichtig. Ihre Sprache spricht nicht die Sinne an, sondern vermittelt den Eindruck von Nachdenken: »*Habe ich das zufrieden stellend erklärt?*«, »*Unter Berücksichtigung aller Aspekte …*«, »*Meine Meinung lautet folgendermaßen …*«, »*Im Interesse aller habe ich entschieden …*«, »*Was denken Sie dazu?*« Logisch orientierte Menschen: schauen beim Denken nach unten und nach links, sprechen in wohlmodulierten, langsamen, tiefen Tönen, benutzen wenig Gestik.

Die Einordnungen visuell, auditiv, kinästhetisch und logisch beschreiben nicht vier verschiedene Charaktertypen, sondern die vier häufigsten Methoden, die Menschen benutzen, um Informationen aufzunehmen und zu vermitteln – mit ihren Augen, ihren Ohren oder ihrem Körper. Die meisten von uns benutzen diese Vorstellungssysteme in unterschiedlichen Kombinationen. Allerdings bevorzugen wir meist unbewusst eine dieser Wahrnehmungsarten oder eine bestimmte »Sprache«, mit der wir Erfolg haben und der wir daher mehr vertrauen. Wenn andere Menschen »unsere Sprache sprechen«, verläuft die Kommunikation reibungslos. Sprechen wir nicht die »gleiche Sprache«, ist sie dagegen oft mühsam.

- Ein visuell orientierter Mensch beschwert sich vielleicht darüber, dass ein anderer *die Dinge nie so sieht wie ich* oder *er immer sehr kurzsichtig handelt.*
- Ein auditiv orientierter Mensch könnte darüber klagen, dass sie *einfach nicht auf der gleichen Wellenlänge sind* oder *sie so monoton spricht und alles herunterleiert.*
- Ein kinästhetisch orientierter Mensch sagt: *Ich scheine nicht zu ihm durchdringen zu können* oder *er ist steif und unnahbar.*
- Ein logisch orientierter Mensch könnte kritisieren, dass ein anderer *Schwierigkeiten hat, meinen Ausführungen zu folgen,* oder feststellen: *Sie ist eine charmante und angenehme Begleiterin.*

Welche Sprache sprechen Sie?

Natürlich ist es leichter für uns, »in der eigenen Sprache zu sprechen«. Doch je mehr »Sprachen« wir sprechen, desto erfolgreicher können wir kommunizieren. Um herauszufinden, welche »Sprachen« Sie gut beherrschen und in welcher Sie mehr Übung brauchen, sollten Sie den Test auf den beiden nächsten Seiten machen.

Der Weg zu einer mühelosen Kommunikation

Wir können unsere Kommunikation erfolgreich gestalten, indem wir die bevorzugte Wahrnehmungsart (visuell, auditiv, kinästhetisch oder logisch) unseres Gesprächspartners identifizieren und uns sprachlich darauf einstellen. Das fördert den Rapport. Der andere braucht unsere Worte nicht zu »übersetzen« und kann unsere Informationen unmittelbar aufnehmen.

INFO

Den Vorstellungstyp Ihres Gesprächspartners bestimmen

- Beobachten Sie den anderen: Wohin schaut er, wenn er nachdenkt? Wo gestikuliert er? Wo atmet er?
- Hören Sie auf seine Stimme: Wie tief ist sie? Wie schnell spricht er?
- Achten Sie auf seine Wortwahl.

Wo finden Sie sich wieder?

Kreuzen Sie die Aussagen an, die am meisten auf Sie zutreffen

☐ Mir dreht sich der Magen um, wenn ich nervös bin.
☐ Ich mag es sehr, wenn mir jemand über den Rücken streicht.
☐ Ich ziehe praktische Tätigkeiten vor.
☐ Ich genieße körperliche Bewegung.
☐ Ich berühre oft die Leute, mit denen ich rede, oder fasse Dinge an, um zu spüren, wie sie sich anfühlen.
☐ Ich bin mir meiner Gefühle und Empfindungen bewusst.
☐ Ich liebe bequeme Sessel.
☐ Ich bin empfänglich für die Schwingungen anderer Menschen und spüre sofort, welche Atmosphäre in einer Gruppe herrscht.
☐ Meine Intuition sagt mir oft, ob ich richtig oder falsch liege oder ob ich jemandem trauen kann.
☐ Ich bin ein zappeliger Mensch.
☐ Wenn ich Musik höre, klopfe ich meistens mit der Hand oder dem Fuß den Rhythmus mit.
☐ Ich ziehe es vor, wenn mir Informationen in Verbindung mit Anschauungsmaterial, einem Muster oder Modell präsentiert werden.

☐ Wenn ich über etwas oder jemanden nachdenke, kommt mir ein Bild in den Sinn.
☐ Ich schaue meinen Gesprächspartner an.
☐ Ich halte mein Haus gern in Ordnung.
☐ Ich finde, frische Blumen lassen ein Zimmer freundlicher wirken.
☐ Ich lasse mir Dinge lieber anhand von Bildern, Diagrammen, Grafiken und Schaubildern erklären.
☐ Ich versuche, mir die Dinge innerlich vorzustellen.
☐ Ich hasse es, wenn mir jemand die Sicht versperrt.
☐ Ich ziehe es vor, Arbeitsanweisungen und wichtige Informationen schriftlich zu erhalten.
☐ Beulen und Schrammen auf meinem Auto lasse ich immer schnell ausbessern.
☐ Es fällt mir leicht, in Gedanken Möbel umzustellen, um zu »sehen«, ob es gut aussehen würde.
☐ Ich gehe gern auf Kunstausstellungen und in Museen.
☐ Ich kann mich leicht an die Gesichter anderer Menschen erinnern.

- ☐ Ich spiele gern Gesellschaftsspiele wie Scrabble.☐ Im Radio oder Fernsehen bevorzuge ich Talk-Shows und Interviews.
- ☐ Entscheidungen treffe ich, indem ich die Schlüsselfragen sorgfältig studiere und analysiere.
- ☐ Ich kann sehr gut neue Daten und Informationen begreifen.
- ☐ Wenn ich ärgerlich oder aufgeregt bin, versuche ich ruhig zu bleiben, obwohl es sich ab und zu in meiner Wortwahl zeigt.
- ☐ Ich durchdenke die Dinge – entweder laut oder leise.
- ☐ Ich lasse mich stärker durch die Logik anderer beeinflussen als durch deren Blick oder Stimme.
- ☐ Einkaufsentscheidungen mache ich vom Gesamtwert abhängig.
- ☐ Ich lasse mein Auto regelmäßig warten, damit ich mich auf meinen Wagen verlassen kann.
- ☐ Ich brauche manchmal etwas Zeit, mich darauf einzustellen, wenn die Stimmung in einer Gruppe plötzlich wechselt.
- ☐ Wenn ich aufgeregt bin, merkt es mein Partner oft eher als ich.
- ☐ Ich singe und bewege mich nicht besonders gern.

- ☐ Ich habe es am liebsten, wenn mir Informationen mündlich präsentiert werden – auf dem Anrufbeantworter, im Gespräch oder am Telefon.
- ☐ Ich summe oder singe viel.
- ☐ Ich denke oft laut oder rede mit mir selbst oder mit meinem Hund oder meiner Katze.
- ☐ Ich kann es in der Regel hören, wenn jemand falsch singt.
- ☐ Ich habe die beste Stereoanlage, die ich mir leisten kann, und höre sehr gern Musik.
- ☐ Häufig sage ich mir Dinge immer wieder vor, damit ich sie nicht vergesse.
- ☐ Ich kann normalerweise hören, ob jemand die Wahrheit sagt.
- ☐ Ich unterhalte mich sehr gern mit anderen Menschen.
- ☐ Ich würde lieber einen Vortrag halten als einen Aufsatz schreiben.
- ☐ Ich höre bei Vorträgen und Reden aufmerksam zu.
- ☐ Ich erkenne am Klang des Motors, wenn mein Auto neu eingestellt werden muss.
- ☐ Ich achte mehr auf die Worte der Menschen als auf ihr Aussehen.

Schauen Sie nun im Lösungsteil (S. 324) nach, um den Test auszuwerten.

Visuelle Wörter

Wörter symbolisieren oft die Weise, in der wir unsere Welt wahrnehmen und beschreiben. Hören Sie, ob diese visuellen Wörter allein oder in Redewendungen benutzt werden, und setzen Sie diese dann selbst ein:

- Ziel
- Rahmen
- Glanz
- nebelhaft
- Bild
- porträtieren
- reflektieren
- sehen
- Finsternis
- sich vorstellen
- aufklären
- verdunkeln
- enttäuschen
- Blick
- wahrnehmen
- plastisch
- offenbaren
- illustrieren
- malen
- Voraussicht
- Leere
- erkennen
- Durchblick
- klar
- kristallklar
- Dämmerung
- vorstellen
- Einsicht
- schauen
- adrett
- vage
- überschauen
- klären
- Bildschirm
- zeigen
- darstellen
- Zielscheibe
- Farbe
- Überblick
- verschwommen
- Muster
- strahlend
- beleuchten
- Illusion
- Bildnis
- Skizze
- starren
- passend
- Blitz
- Brennpunkt
- Ausblick
- Vorschau
- Spektakel
- Perspektive
- hell
- sichtbar machen
- Sicht

Auditive Wörter

Achten Sie darauf, ob diese auditiven Wörter für sich allein oder im Zusammenhang benutzt werden – und wählen Sie, wenn Sie antworten, ebenfalls diese Wörter:

- Beifall
- Ton
- Unterton
- schreien
- klingen
- Debatte
- hören
- laut
- erwähnen

- ankündigen
- Tonfall
- beschreiben
- singen
- Geplapper
- schlagen
- erhört werden
- Abweisung
- Klang
- ausrufen
- rufen
- gleich bleibend
- stöhnen
- murren
- Harmonie
- harmonisieren
- Alarm
- laut
- zuhören
- verschrien
- artikulieren
- knurren
- Dialog
- Missklang
- diskutieren
- Dissonanz
- Musik
- widerhallend
- Erwiderung
- klicken
- Akkord
- sprachlos
- reden
- Melodie
- Note
- Geräusch
- hören
- erzählen
- dämpfen
- rufen
- komponieren
- Beiklang
- vorschlagen
- Frage
- sagen
- Echo
- brummen
- Schrei
- schnappen
- klappern
- klicken
- Kontakt
- verstärken
- Stimme
- fragen
- erklären
- sprechen

Kinästhetische Wörter

Hören Sie auf diese kinästhetischen Wörter, wie sie benutzt werden, und stellen Sie sich sprachlich darauf ein:

- aktivieren
- Schock
- ergreifen
- bewegen
- gespannt
- anfassen
- fahren
- balancieren
- hungrig
- Wonne
- zerschlagen
- werfen
- fummeln
- aktiv
- köstlich
- ernüchtert
- Unterstützung
- glücklich
- verbinden
- tasten
- zerfallen
- reizen
- selbstzufrieden
- rühren
- Verbindung
- Hand
- Schlag
- beeindrucken
- bewegen
- treffen
- aufprallen
- energisch
- schärfen

- blockieren
- Bindeglied
- Wunde
- reiben
- Finger
- klopfen
- greifen
- fühlen
- fühlbar
- kitzeln
- frustriert
- fallen
- krabbeln
- streicheln
- flach
- Griff
- Gleichgewicht
- berühren
- Massage
- Zusammenprall
- trage
- manipulieren
- fließend
- glatt

Logische, analytische Wörter

Logische, analytische Wörter rufen eher ein Nachdenken hervor als Bilder, Geräusche oder Sinneseindrücke. Obwohl sachlich, spezifisch, logisch und akkurat, können sie sehr »trocken« wirken. Wählen Sie in Ihrer Antwort ebenfalls logische Wörter:

- handeln
- wissen
- lernen
- motivieren
- unterscheiden
- deutlich
- wohl überlegt
- glauben
- vermengen
- Vorgang
- lesen
- untersuchen
- integrieren
- nachdenklich
- erdenken
- mehrdeutig
- schätzen
- assoziieren
- wahrnehmen
- nachdenken
- betonen
- Erfahrung
- ausführen
- erreichen
- stornieren
- erinnern
- erkennen
- Absicht
- analysieren
- überlegen
- entscheiden
- abstrakt
- Bewusstsein
- bewusst
- vorhergehen
- vortäuschen
- erzeugen
- raten
- unempfindlich
- Wahl
- begreifen

Gebrauchen Sie Begriffe und eine Sprache, die für andere verständlich sind, und passen Sie Ihre Wortwahl Ihrem Gesprächspartner und der Situation an. Sprechen Sie die »Sprache« des anderen.
Setzen Sie Wörter so ein wie der andere, um Rapport aufzubauen und die Kommunikation zu vereinfachen und zu beschleunigen.

Sprechen Sie für sich selbst, nicht für die ganze Welt

Verbessern Sie Ihre Selbstbehauptung

Wir alle sind von Geburt an mit Instinkten ausgestattet. Wir atmen, ohne dass wir uns daran erinnern müssten, es zu tun. Wenn etwas durch die Luft auf uns zufliegt, schließen wir die Augen, ziehen den Kopf ein oder schützen ihn. Wenn wir uns körperlich bedroht fühlen, bleiben wir stehen und kämpfen, oder wir laufen weg.

Indem wir uns Fähigkeiten aneignen, können wir einige Instinkte ausschalten. So können wir lernen, einen Ball zu fangen, ohne dass wir unsere Augen schließen, in Deckung gehen oder unseren Kopf schützen. Es wäre wahrscheinlich unmöglich zu lernen, unseren Atem so lange anzuhalten, bis wir tot umfallen – dazu ist unser Selbsterhaltungstrieb zu stark ausgebildet. Andererseits können wir durchaus lernen, einen Schnorchel oder eine Sauerstoffmaske zum Atmen zu benutzen. Wir können lernen, auch den stärksten Instinkt zu modifizieren.

Ebenso können wir Selbstbehauptungsfähigkeiten erlernen und sie nutzen, um unsere instinktive Kampf- bzw. Fluchtreaktion entweder auszuschalten oder zu verändern. – Der Kampf- oder Fluchtreflex war für unsere frühen Vorfahren lebenswichtig. In unserer Zeit ist er nur begrenzt nützlich, da die lebensbedrohlichen Situationen, auf die diese Instinkte abgestimmt waren, glücklicherweise selten geworden sind. Heutzutage zeigt sich der **Kampfinstinkt** eher in einem aggressiven Kommunikationsverhalten, bei dem einer gewinnt und der andere verliert. Der **Fluchtinstinkt** kann dagegen zu einem passiven, unterwürfigen Kommunikationsverhalten führen – beide Kommunikationspartner verlieren, weil sie den Konflikt vermeiden.

Im Gegensatz zum unterwürfigen oder aggressiven Kommunikationsverhalten muss die selbstbehauptende Kommunikation eingeübt werden. Selbstbewusste Kommunikation zeichnet sich durch verbale und nonverbale Fertigkeiten aus, die darauf abzielen, dass beide Gesprächspartner »gewinnen«. Das Denkmuster von Menschen mit einer gesunden Selbstbehauptung lautet: »Ich will zufrieden sein, und ich möchte, dass du auch zufrieden bist.« Die Grundlage dieser Kommunikation ist gegenseitiger Respekt: Achtung vor uns selbst und vor anderen. Selbstbehauptung zu beherrschen ist eine notwendige Voraussetzung für wirkungsvolle Kommunikation.

Kennen Sie jemanden, der

- Ihnen ins Wort fällt,
- Ihnen sagt, was Sie tun sollen, bevor Sie überhaupt herausfinden konnten, was Sie tun wollen,
- Sie behandelt, als sei er Ihnen überlegen,
- ironische, demütigende oder drohende Bemerkungen macht,
- sich nicht darum kümmert, was Sie wollen, sondern nur darum, was er möchte,
- sich immer durchsetzen will, ganz gleich, was es kostet,
- Ihnen im Gespräch körperlich zu nahe kommt oder Ihnen auf andere Art ein physisches Unbehagen bereitet?

Diese Verhaltensweisen sind charakteristisch für einen aggressiven Kommunikationsstil. Ein solches Gesprächsverhalten ruft Ressentiments, Wut und Unwillen hervor.

Kennen Sie jemanden, der

- fast nie sagt, was er wirklich denkt oder will,
- andere für ihn Entscheidungen treffen lässt,
- Dinge tut, die er lieber nicht tun würde, nur um Unstimmigkeiten zu vermeiden,
- zögernd und leise spricht,
- so tut, als sei er weniger wichtig als Sie,
- Konflikte und Meinungsverschiedenheiten um jeden Preis vermeidet,
- lieber Anspielungen fallen lässt, als Sie direkt um etwas zu bitten?

Hier wird ein unterwürfiges Kommunikationsverhalten beschrieben. Es führt zu unguten Gefühlen und schadet den Beziehungen.

Wen kennen Sie, der

- offen und ehrlich sagt, was er denkt oder fühlt,
- sich mit einer direkten Bitte an Sie wendet, wenn er etwas von Ihnen möchte – und Ihnen gleichzeitig die Möglichkeit offen lässt, »Nein« zu sagen,
- sich selbst achtet und Respekt Ihnen gegenüber zeigt,
- herausfindet, was Sie wollen, Ihnen sagt, was er möchte, und nach Möglichkeiten sucht, die für Sie beide befriedigend sind,
- sich Ihre Meinung anhört und sie respektiert, auch wenn sie nicht mit seiner übereinstimmt,
- Sie auf eine höfliche und deutliche Art wissen lässt, wenn Sie etwas tun, das ihm nicht gefällt,
- anderer Meinung als Sie sein kann, ohne dass ungute Gefühle aufkommen.

Diese Verhaltensweisen charakterisieren den selbstbehauptenden Kommunikationsstil. Menschen, die sich selbst behaupten, sind fähig, sowohl gute Informationen aufzunehmen als auch zu geben. Sie können deutlich sagen, wie sie die Dinge aus ihrer Perspektive sehen, aber sie sind auch bereit und in der Lage, sich die Standpunkte anderer Menschen anzuhören.

Woran Sie Menschen erkennen, die sich selbst behaupten

Menschen, die sich selbst behaupten, setzen eine Reihe von wichtigen kommunikativen Fertigkeiten ein. Sie stellen Fragen, um gute und klärende Informationen zu erhalten und um nachzuprüfen, ob sie den anderen richtig verstanden haben. Wir müssen nicht raten, was sie eigentlich meinen, weil sie Informationen direkt, aber höflich vermitteln. Sie sagen deutlich und zugleich rücksichtsvoll, was sie denken – deutlich, damit niemand irgendeine versteckte oder »eigentliche« Botschaft hinter ihren Worten erraten muss; und rücksichtsvoll, damit sie das Selbstwertgefühl des anderen nicht verletzen. Sie senden »Ich-Botschaften«, um die Verantwortung für ihre Worte zu übernehmen und »für sich selbst zu sprechen« (»Ich denke«, »Ich fühle«, »Ich brauche«, »Ich will«, »Meine Meinung ist«). Ihre Vorschläge sind nicht belastet mit »Ratschlägen«, »Befehlen«, »sollte« oder »müsste«. Ihr Feedback ist konstruktiv und frei von Schuldzuweisungen, Anweisungen und Forderungen. Sie sind in der Lage, unangemessene Bitten abzuwehren, mit Kritik umzugehen und freundlich »Nein« zu sagen. Sie akzeptieren andere Menschen und divergierende Meinungen.

Selbstbehauptende Kommunikation

- **Menschen, die sich verbal behaupten,** machen Aussagen, die ehrlich, klar, kurz und zutreffend sind. Sie benutzen »Ich-Botschaften«: »Ich möchte ...«, »Ich meine ...«. Sie unterscheiden zwischen Tatsachen und Meinungen. Sie bitten, statt zu befehlen. Sie machen Verbesserungsvorschläge und erteilen keine ungebetenen Ratschläge oder Befehle. Sie bieten konstruktive Kritik an, die frei von Schuldzuweisungen, Annahmen oder »man sollte« ist. Sie stellen Fragen, um herauszufinden, wie die anderen denken und fühlen. Sie respektieren sowohl die Rechte anderer als auch ihre eigenen. Sie vermitteln gegenseitigen Respekt, wenn die Bedürfnisse zweier Parteien im Widerspruch zueinander stehen, und suchen nach für beide annehmbaren Lösungen.

- **Menschen, die sich nonverbal behaupten** stellen angemessenen Blickkontakt her. Sie sitzen oder stehen aufrecht und bequem. Sie gestikulieren frei, um ihre Bemerkungen zu unterstützen. Sie sprechen in deutlichem, gleichmäßigem, entschlossenem Ton. Sie zeigen eine offene, ruhige und entspannte Mimik; sie lächeln, wenn sie zufrieden sind, und runzeln die Stirn, wenn sie sich ärgern. Sie sprechen in ruhigem, gleichmäßigem Tempo, betonen Schlüsselwörter und kommen nur selten ins Stocken.

INFO

Menschen, die sich selbst behaupten, werden häufig mit folgenden Adjektiven beschrieben:

- ehrlich
- anpassungsfähig
- tolerant
- zuversichtlich
- vertrauensvoll
- reif
- gelassen
- offen
- freudig
- zuverlässig
- Führungspersönlichkeit
- rücksichtsvoll

Eine selbstbehauptende Kommunikation hilft uns, gute Informationen zu empfangen und zu geben. Sie fördert den Austausch von Ideen, Meinungen und Überzeugungen. Sie trägt dazu bei, dass Informationen ungehindert fließen können.

!

Beobachten Sie andere Menschen, während sie kommunizieren. Wählen Sie ein, zwei oder drei Personen aus, die sich Ihrer Meinung nach im Gespräch behaupten. Achten Sie darauf, was und wie sie es sagen. Beachten Sie ihre Körpersprache. Machen Sie es ihnen nach.

Selbstbehauptungsfähigkeiten entwickeln

Wenn Sie lernen wollen, sich durchzusetzen, dann beginnen Sie am besten in Ihrer gewohnten Umgebung mit Leuten, denen Sie vertrauen. Bitten Sie diese, Sie darauf hinzuweisen, wenn Sie die Grenze zur Aggression überschritten haben oder wenn Ihre Worte und Ihre Körpersprache nicht zueinander passen.

Wie gut können Sie sich selbst behaupten?

- Übernehmen Sie die Verantwortung oder geben Sie eher anderen die Schuld?
- Äußern Sie Ihre Gefühle und Bedürfnisse, ohne andere anzugreifen?
- Haben Sie die Fäden in der Hand?
- Sind Sie selbstsicher genug, um andere Menschen Ihr »wirkliches Ich« sehen zu lassen?
- Fällt es Ihnen leicht, anderen zu sagen, was Sie denken und fühlen?
- Verfolgen Sie aktiv Ihre Ziele, ohne andere Menschen zu verletzen?
- Bitten Sie um das, was Sie wollen?
- Setzen Sie Ihre eigenen Prioritäten?
- Können Sie zeigen, dass Sie stolz auf Ihre Leistungen sind, ohne zu prahlen?

Vorsicht! Aggressiv, nicht selbstbehauptend!

Es kann leicht vorkommen, dass wir die Grenze zur Aggression überschreiten wenn wir anfangen, selbstbehauptende Kommunikation einzuüben. Es ist, als ob wir derart begeistert sind von unserer neu entdeckten Fähigkeit, unseren eigenen Standpunkt zu vertreten, dass wir vergessen, dass andere Menschen das gleiche Recht haben. Dabei werden Empathie und gegenseitige Achtung, die ebenfalls zur Selbstbehauptung gehören, außer Acht gelassen.

Vorsicht! Passiv, nicht selbstbehauptend!

Der andere Fehler besteht darin, eine selbstbehauptende Botschaft zu senden, sie aber mit einer passiven Körpersprache zu verderben. Die anderen werden unserer Körpersprache glauben, nicht unseren Worten.

Wenn Sie sich in einer Situation befinden, in der Sie sich behaupten müssen, sollten Sie sich fragen, wie Ihre Vorbilder sich verhalten würden. Machen Sie es dann genauso. Ein guter Wahlspruch dabei ist: »So lange üben, bis es klappt!«

Positiv von sich selbst reden

Selbstbehauptende Kommunikation hilft, über uns selbst, über unsere Gedanken und Gefühle zu sprechen, ohne arrogant zu klingen.

- **Bekennen Sie sich zu Ihren Botschaften:** Sicher haben Sie schon Wendungen wie diese gehört: »Jeder weiß, dass ...« und »Die meisten Menschen ...«. Sie sind Beispiele dafür, sich nicht zu seiner eigenen Botschaft zu bekennen. Oft verstecken sich Menschen mit ihrer Ansicht hinter der angeblichen Meinung anderer. Dagegen sind »Ich denke ...« und »Ich glaube ...« Beispiele dafür, zu unserer eigenen Botschaft zu stehen.
- **Sprechen Sie für sich selbst:** Wenn wir nicht gerade offizieller Sprecher einer Gruppe sind, dann sind Ausdrücke wie »Wir meinen ...« oder »Wir hätten gerne ...« Beispiele dafür, dass wir versuchen, für alle zu sprechen. Wir verstecken das, was wir sagen wollen, hinter dem, was andere denken oder wollen könnten. Dagegen sprechen Aussagen wie »Ich meine ...« oder »Mir scheint ...« für uns selbst.
- **Bekennen Sie sich zu Ihren Gefühlen:** Die folgenden Beispiele zeigen, wie es aussehen kann, wenn man zu seinen Gefühlen steht: »Ich habe den Eindruck, wir drehen uns im Kreise. Vielleicht sollten wir uns um einen anderen Ansatz bemühen.«, »Ich könnte jetzt wirklich eine Pause vertragen. Wie geht es euch?«, »Ich kann dir im Moment nicht folgen.«, »Ich bin verwirrt.«, »Ich bin eigentlich ziemlich verärgert darüber und würde das gerne nachher mit dir besprechen.«, »Ich habe den Eindruck, ich werde hier in die Ecke gedrängt. Ich brauche schon etwas Zeit, um mir deine Forderung zu überlegen.«, »Im Augenblick passt es mir nicht ganz, das gerade jetzt zu besprechen. Hättest du etwas dagegen, wenn wir uns später darüber unterhalten könnten?«

Anderen mitzuteilen, wie wir etwas erleben, ist häufig ein hilfreiches Mittel, um festgefahrene Diskussionen voranzubringen, um Beziehungen zu festigen, um Aufgaben zu erfüllen.

Im Kapitel »Stellen Sie die richtigen Fragen« (s. S. 137ff.) haben wir gelernt, dass Scheinfragen und Suggestivfragen Unmut hervorrufen und zu einer Abwehrhaltung auf Seiten des Gesprächspartners führen. Die anderen sind dann auf der Hut. Ein anderes Ergebnis solcher Fragen können falsche Annahmen und eine gestörte Kommunikation sein. Das Gleiche passiert, wenn wir uns nicht zu unseren Botschaften bekennen.

Öffnen Sie sich: Glauben Sie, dass Sie umso angreifbarer sind, je mehr andere etwas von Ihnen wissen? Denken Sie darüber nach! Die Kommunikation mit uns ist nicht einfach für andere Menschen, wenn sie nichts von uns wissen. Und je mehr sie von uns wissen, desto mehr können sie uns vertrauen, sich uns gegenüber öffnen, uns schätzen und uns verstehen. Wenn wir anderen Menschen etwas über uns mitteilen, über Vorlieben und Abneigungen, Werte und Ziele, Überzeugungen und Meinungen, Erfahrungen, Misserfolge und Erfolge, können sie sich besser ein Bild von uns machen. Das Verständnis füreinander wird gefördert, ebenso wie Beziehungen, Loyalität, Freundschaft und ein gemeinsamer Bezugsrahmen – »Ja, ich verstehe, woher du kommst!« Das bedeutet nicht, dass wir unser Innerstes offenbaren oder unser Herz auf der Zunge tragen. Es heißt ganz bestimmt nicht, dass wir ständig von uns selbst reden und versuchen, im Mittelpunkt des Interesses zu stehen – oder dass wir uns stets so verhalten, als drehe sich das Universum nur um uns!

Es bedeutet vielmehr, dass wir Tatsachen, die uns betreffen, ins Gespräch einbringen – unseren Beruf, unsere Hobbys, unsere Ferien, unsere Gedanken, unsere Pläne. Es kommt nicht auf das Thema an, sondern darauf, dass wir es mit dem anderen teilen.

Lassen Sie sich nicht ablenken

Wenn jemand unsere Hauptaussage ignoriert oder versucht, uns abzulenken, können wir die »Kaputte-Platte-Technik« anwenden. Wir wiederholen einfach in aller Ruhe unsere Hauptaussage, und zwar so lange wie notwendig, bis sie Gehör findet.

> Vielleicht möchten Sie zwischendurch Ihr Verständnis für die Position des anderen betonen, um klarzustellen, dass Ihnen diese nicht entgangen ist. Aber dann wiederholen Sie wieder Ihre Hauptaussage.

Dies soll nicht bedeuten, dass wir ignorieren, was der andere zu sagen hat. Aber genauso wenig sollten wir das, was wir zu sagen haben, beiseite schieben lassen.

Mit Kritik umgehen

Manchmal greifen andere Menschen uns an oder kritisieren uns. Kritik ist häufig wertvoll, da sie uns auch wichtige Informationen liefern kann, die wir uns vielleicht durch den Kopf gehen lassen sollten. Manchmal möchten wir mehr davon hören, dann wieder nicht.

Näher auf Kritik eingehen: Manchmal müssen wir näher auf Kritik eingehen, vielleicht, um zu erfahren, ob es sich für uns lohnt, sie anzuhören, oder um dem anderen zu helfen, sich genauer auszudrücken. Dann kann die Technik der »Negativen Fragestellung« oft sehr nützlich sein, um spezifische Informationen zu ermitteln.
Wir hinterfragen die kritischen Äußerungen unseres Gesprächspartners, bis wir sie verstehen.

Chris: *»Pat, du hättest eine gründlichere Arbeit bei diesem Bericht leisten sollen.«*
Pat: *»Ich bin mir nicht ganz so sicher, was du mit ›gründlicher‹ meinst, Chris.«*
Chris: *»Tja, im Grunde genommen möchte ich eine detaillierte Ausführung darüber, wie du zu deinen Schlussfolgerungen gekommen bist.«*
Pat: *»In Ordnung. Diese Angaben kann ich leicht hinzufügen. Gibt es sonst noch etwas, das ich machen könnte, um den Bericht zu verbessern?«*
Chris: *»Vielleicht wären noch mehr Beispiele günstig.«*
Pat: *»Das geht. Ich kann hinten ein paar Grafiken als Anhang hinzufügen. Würde das reichen?«*
Chris: *»Ja, ich glaube, das würde alles abdecken. Ich möchte den Bericht bis Freitag haben. Meinst du, das wäre möglich?«*

(Im Kapitel »Stellen Sie die richtigen Fragen«, S. 137, finden Sie mehr zum Thema »Durch Fragen für mehr Klarheit sorgen«.)

Wie man Diskussionen vermeiden kann

Manchmal hat der Kritiker vielleicht Recht, mit dem, was er sagt, aber wir wollen uns nicht auf eine Diskussion einlassen, zumindest nicht zu diesem Zeitpunkt. Wir möchten – geschickt und höflich – ein Gespräch umgehen. In solchen Fällen kann die Technik der »Negativen Selbstbehauptung« nützlich sein. Wir stimmen unserem Kritiker zu. Lassen Sie uns zunächst einmal von folgender Annahme ausgehen: Chris ist auf eine gute Arbeitsbeziehung mit Pat angewiesen, die eine schwierige Kollegin ist – deshalb ist in diesem Fall die negative Selbstbehauptung ideal:

Chris: »*Pat, dieser Bericht wird so nicht durchgehen.*«
Pat: »*Ja, das sehe ich ein, und ich weiß auch genau, was ich tun muss, um ihn zu verbessern.*«
Chris: »*Das ist gut, denn daran ist noch eine Menge zu tun.*«
Pat: »*Das stimmt.*«
Chris: »*Ich bin froh, dass du das auch so siehst.*«

Lassen Sie sich nicht in unerwünschte Diskussionen verwickeln.

Wenn Chris jedoch Pats Vorgesetzter wäre, würde sich Pat in dem Fall auf dünnem Eis bewegen – dann sollte sie näher ausführen, wie sie den Bericht zu verbessern gedenkt.

Chris: »*Pat, dieser Bericht wird so nicht durchgehen.*«
Pat: »*Ja, das sehe ich ein. Vielleicht könnte ich das Layout verändern. Außerdem wollte ich Tabellen und Diagramme einfügen, um die Daten zu verdeutlichen. Ich habe auch gedacht, dass es hilfreich wäre, eine Zusammenfassung meiner Schlussfolgerungen an den Anfang zu stellen. Was meinst du?*
Chris: »*Ich finde, das klingt gut. Hast du auch an eine Inhaltsangabe gedacht?*«
Pat: »*Das ist eine gute Idee. Hast du noch irgendwelche anderen Vorschläge?*«
Chris: »*Nein, ich denke, das ist alles, was noch fehlt.*«

Pat setzte zum Schluss auch noch die Technik der negativen Fragestellung ein. Wir können die Methoden beliebig miteinander kombinieren.

Es gibt zwei weitere Möglichkeiten, eine Diskussion zu vermeiden. Manchmal ist eine Kritik unfair, ungerechtfertigt oder wenig hilfreich. Oder vielleicht stimmen wir der Kritik nicht zu, wollen aber keine weitere Auseinandersetzung. Es lohnt sich einfach nicht, darüber zu diskutieren. In solchen Fällen kann die »Vernebelungstechnik« eingesetzt werden. Wenn wir eine Kritik »vernebeln«, räumen wir ein, dass sie vielleicht gerechtfertigt ist (vielleicht aber auch nicht).

Fred: *»Paul, der Vortrag, den du vor dem Vorstandskomitee gehalten hast, war schwach!«*
Paul: *»Vielleicht war er das.«*
Fred: *»Und wie! Mensch, der ging aber daneben!«*
Paul: *»Vielleicht hätte ich das besser machen können.«*
Fred: *»Ja, er war sehr langweilig.«*
Paul: *»Ich kann schon verstehen, dass du meinen Vortrag langweilig gefunden hast. Vielleicht werde ich ihn nächstes Mal ein wenig aufpolieren.«*
Fred: *»Hoffentlich machst du das!«*

Mit der Vernebelungstechnik stimmen wir der Kritik weder zu noch streiten wir sie ab; wir verteidigen uns auch nicht oder bringen Erklärungen vor. Manchmal ist es nützlich, das Wesentliche der Kritik zuerst zu wiederholen – und sich dann »einzunebeln«.

Es gibt aber auch noch eine andere Möglichkeit, eine Diskussion abzuwenden: Wir erklären selbstbewusst, dass wir über dieses Thema jetzt nicht sprechen wollen.

Achten Sie auf Ihren Tonfall – er sollte freundlich und sachlich bleiben. Wenn sich ein ironischer Ton einschleicht, werden diese Techniken sehr schnell aggressiv.

Freundlich »Nein« sagen

Andere haben ein Recht zu fragen. Und natürlich haben wir ein Recht, »Nein« zu sagen, ohne uns schuldig zu fühlen. Wenn eine Bitte unseren eigenen Prioritäten widerspricht, wenn sie uns übermäßig viel Zeit und Energie abverlangen würde oder wir sie einfach lieber ablehnen würden, müssen wir in der Lage sein, respektvoll, deutlich und ruhig »Nein« zu sagen. Manchmal ist es hilfreich, zunächst etwas Positives zu sagen ...

John: *»... Und so hoffe ich wirklich, dass du bei unserem Organisationskomitee mitmachst.«*

James: *»Ich sehe, dass das wirklich ein guter Zweck ist und würde euch gerne helfen. Leider habe ich im Moment einfach keine Zeit.«*

John: *»James, ich verstehe, dass du sehr beschäftigt bist. Ich möchte dich nicht bedrängen, aber du hast eine Menge Fähigkeiten, die du einbringen könntest.«*

... und zum Schluss mögliche Alternativen vorzuschlagen:

James: *»Ich würde wirklich sehr gern helfen, John. Es ist eine wichtige Sache. Ich würde helfen, wenn ich könnte, aber leider kann ich nicht. Hast du schon einmal daran gedacht, Margaret zu fragen? Ich habe früher schon bei solchen Sachen mit ihr zusammengearbeitet, und ich bin sicher, sie würde auch viele Fähigkeiten in das Komitee einbringen.«*

John: *»Ich verstehe, dass du sehr beschäftigt bist, James. Ich denke, das mit Margaret ist eine tolle Idee. Ich werde noch heute Nachmittag mit ihr reden.«*

Haben Sie die »Kaputte-Platte-Technik« wieder erkannt? Das ist eine gute Möglichkeit, »Nein« zu sagen, ohne sich Feinde zu machen. Allerdings sind wir nicht verpflichtet, Alternativen vorzuschlagen. Wir dürfen es niemandem verübeln, dass er fragt. Aber wir haben das Recht, »Nein« zu sagen. Wir können kurz erklären, warum wir »Nein« sagen, oder einfach höflich und bestimmt ablehnen.

Anruferin: *»Guten Morgen! Ich würde Sie gerne einladen zu einem Seminar zu dem Thema, wie Sie mit steuerfreien Investitionen viel Geld sparen können. Es findet in einem schönen Hotel statt, auch für das leibliche Wohl ist bestens gesorgt. Möchten Sie jetzt am Donnerstagabend teilnehmen oder wäre Ihnen der Samstagnachmittag lieber?«*

Zielperson: *»Ich möchte keinen der Termine wahrnehmen.«*

Anruferin: *»Das ist aber eine großartige Gelegenheit, eine Investition zu tätigen, die Ihnen viel Geld einbringen wird. Ich bin sicher, Sie möchten das gerne nutzen oder wenigstens mehr darüber erfahren. Wir bieten nächste Woche in Ihrer Gegend weitere Seminare an. Darf ich Ihnen eine Einladung dazu schicken? Können Sie mir Ihre Adresse geben?«*

Zielperson: *»Ich bin an diesen Seminaren nicht interessiert.«*

Anruferin: *»Tatsächlich? Es ist eine einmalige Gelegenheit. Ich könnte Ihnen doch eine Einladung mailen, und Sie denken noch einmal darüber nach?«*

Zielperson: *»Nein, danke.«*

Anruferin: *»Sie wollen damit sagen, dass Sie zufrieden damit sind, hohe Steuern zu zahlen und nicht daran interessiert, sie zu reduzieren?«*

Zielperson: *»Ich habe wirklich kein Interesse.«*

Anruferin: *»Nun ja, dann danke ich Ihnen für Ihre Zeit.«*

Selbstsichere Kommunikation ist mehr als nur eine Ansammlung von Techniken. Sie besteht aus einer Reihe kommunikativer Fähigkeiten, die alle auf gegenseitiger Achtung basieren. Sie beinhaltet das Geben und Erhalten von guten Informationen, die Bereitschaft zuzuhören, wie es beim anderen ausschaut, und die Fähigkeit, deutlich und zugleich rücksichtsvoll zu sagen, wie es bei uns aussieht.

Für sich selbst sprechen; sich zu seinen eigenen Botschaften bekennen; mit Kritik richtig umgehen; »Nein« sagen, wenn es Ihnen passt; Respekt vor dem anderen zeigen: All diese Fähigkeiten werden jeden Kommunikationsvorgang spürbar verbessern.

Verkleiden Sie Ihre Meinungen nicht als Tatsachen

Unterscheiden Sie zwischen Tatsachen, Fantasie, Legenden und Gefühlen

Ein kluger Mann verdeutlichte einmal den Unterschied zwischen Tatsachen, Fantasie, Legenden und Gefühlen. »**Tatsachen**«, sagte er, »sind Tatsachen. Obwohl wir uns gerne etwas anderes vormachen, sind noch lange nicht so viele Tatsachen im Umlauf, wie wir vielleicht meinen würden.« Meinungen sind das, was er als **Fantasie** bezeichnete. »Wir haben die schlechte Gewohnheit«, fuhr er fort, »unsere Meinungen als Tatsachen zu verkleiden. Das sind sie aber nicht: Sie sind nur Meinungen, unsere eigenen kleinen Fantasien.« **Legenden** sind das, was uns vom Hörensagen bekannt ist: Klatsch und Tratsch. »Und wie wir alle wissen«, sagte er, »ist das meiste davon erfunden (obwohl es amüsant sein kann)!« »Wir ignorieren zu oft die **Gefühle**«, meinte er. »Es gibt zwei Arten von Empfindungen, die beide gleich wichtig sind. Die erste sind unsere Emotionen – sind wir glücklich, traurig, ärgerlich oder froh? Wir sollten es wissen. Die zweite ist unsere Intuition, unsere instinktiven Gefühle, die aus dem »Bauch« kommen. Je komplexer die Welt um uns herum, desto wichtiger werden unsere Empfindungen.« Seine Ratschläge lauten:

- Überzeugen Sie sich, dass Ihre Tatsachen wirklich stimmen, und geben Sie niemals etwas als Tatsache an, wenn dies nicht zutrifft.
- Wenn Sie eine Meinung äußern, dann lassen Sie Ihre Zuhörer auch wissen, dass es sich um Ihre Meinung handelt. Bekennen Sie sich dazu. Geben Sie diese nicht als Tatsache aus.
- Verbreiten Sie keine Gerüchte (aber hören Sie sich Klatsch auf alle Fälle an – er kann sehr aufschlussreich sein!).
- Nehmen Sie Ihre Gefühle ernst. Hören Sie auf Ihre Intuition.
- Wenn Ihnen jemand etwas erzählt, dann hören Sie aufmerksam zu und fragen Sie nach, damit Sie es einordnen können.

Tatsachen sind wichtig. Auch Meinungen sind wertvoll. Nur sollten wir sie nicht als Tatsachen verkaufen bzw. mit Fakten verwechseln!

Fantasie und Legenden sind zwei wichtige Informationsquellen. Auch Empfindungen sind viel sagend. Wenn jedoch die Emotionen vorherrschen, leidet die Kommunikation – Gefühle, die Amok laufen, machen es unmöglich, sich zu konzentrieren. Wir müssen auch auf die intuitiven Reaktionen achten, bei uns selbst und bei anderen, denn oft sind sie die Sprache unseres Unterbewusstseins.

Wenn Sie gute Informationen geben wollen, müssen Sie zwischen Tatsachen, Fantasie, Legenden und Emotionen unterscheiden.

Geben Sie Annahmen ausdrücklich zu erkennen

Während wir dabei sind, zwischen Informationsebenen zu unterscheiden, sollten wir auch die Ebene der Annahme nicht vergessen, mit der wir ständig zu tun haben. Es passiert leicht, dass wir Mutmaßungen wie Tatsachen behandeln. Manche teure und auch peinliche Fehlentscheidung basierte auf irrigen Annahmen, die niemand überprüft hatte.

Es ist oft nicht leicht, Annahmen als solche zu entlarven. Die meisten kommen spontan und unbewusst zu Stande, und zwar als Versuch des Gehirns, Ordnung in verwirrende und häufig widersprüchliche Informationen zu bringen. Wir müssen wachsam sein!

Wenn Sie Annahmen äußern, sollten Sie diese deutlich als solche zu erkennen geben. Hören Sie anderen aufmerksam zu, um versteckte Mutmaßungen durchschauen zu können.

Bitten, nicht befehlen

Wie Sie Übereinstimmung und Kooperation erreichen und an Überzeugungskraft gewinnen

Wir haben schon gesehen, dass kommunikative Todsünden wie befehlen, fordern, kommandieren, Druck ausüben, nötigen und so weiter Widerstand hervorrufen. Dies kann überwunden werden, wenn »bitten« an die Stelle von »befehlen« tritt. »Bitten, nicht befehlen« basiert auf gegenseitiger Achtung. Es lässt die Tür für Gespräche offen und erhöht die Chance, sich zu arrangieren oder einen Kompromiss zu finden, bei dem beide »gewinnen«. Diese Haltung gesteht dem anderen Wahlmöglichkeiten zu. Bitten Sie immer, befehlen Sie niemals. Seien Sie Coach, nicht Kritiker.

An Stelle von: »Ich will das bis Mittag fertig haben!« versuchen Sie zu sagen: »Ich müsste das wirklich bis Mittag fertig haben. Meinst du, du könntest es bis dahin schaffen?« (Wenn der betreffende Gesprächspartner »Nein« sagt, dann müssen Sie mit ihm einen Kompromiss aushandeln oder versuchen, Prioritäten anders zu gewichten.) An Stelle von: »Ich hasse es, wenn du das machst!«, versuchen Sie: »Hättest du etwas dagegen, stattdessen lieber X zu machen?«, oder: »Ich hätte es lieber, wenn du stattdessen X machen würdest.« Keine Forderungen, keine Befehle, keine Drohungen – weniger Widerstände. Sie werden bald sehen, wie gut das funktioniert.

Ich-Botschaften

Eine andere Möglichkeit zu bitten, anstatt zu befehlen, sind so genannte Ich-Botschaften. Diese sind in den späten 70er-Jahren durch Dr. Thomas Gordon zu einem Begriff geworden. Als weitere Technik der Selbstbehauptung stellen Ich-Botschaften eine Möglichkeit dar, das Verhalten eines anderen klar zu benennen und anzugeben, wie es uns tangiert, beziehungsweise warum es von ausgesprochener Bedeutung für uns ist. Eine Bitte in Form einer Ich-Botschaft ist sehr wirksam und hat eine bessere Aussicht auf Erfolg als ein Befehl, eine Drohung oder eine Beschwerde. Ich-Botschaften helfen uns, unseren Standpunkt gelassen auszudrücken, ohne jemanden zu beschuldigen oder ihm auf die Zehen zu treten. Ich-Botschaften helfen uns, klar und geschickt zu kommunizieren. Ich-Botschaften ebnen einer klaren und ehrlichen Kommunikation den Weg und erhöhen so die Wahrscheinlichkeit, ein positives Ergebnis zu erzielen.

Wenn Sie sich über jemanden ärgern oder ihn bitten wollen, etwas zu unterlassen, und eine herzliche Beziehung aufrechterhalten oder aufbauen wollen – senden Sie eine Ich-Botschaft.

Ich-Botschaften setzen sich aus drei Teilen zusammen:

1. Teil Wir sagen, was wir sehen oder hören, oder was wir als Tatsachen ansehen (ohne Beschuldigungen, mit neutralen Wörtern): »Wenn du ...«

2. Teil Wir teilen mit, was wir empfinden, wie wir uns dabei fühlen (nicht, was wir denken): »Ich bin« oder »Ich werde (frustriert, verärgert, wütend, überglücklich, verletzt).«

3. Teil Wir geben an, warum es uns wichtig ist: »Weil ...«

Im ersten Teil beschreiben wir mit neutralen Worten die Tatsachen oder das Verhalten. Wir bringen unseren Punkt in klaren und knappen, aber nicht kritischen Worten vor.

Sprechen Sie nur über objektiv wahrnehmbares Verhalten oder nennen Sie die Tatsachen, so wie Sie sie verstehen. Geben Sie keine Deutungen.

Im zweiten Teil sprechen wir über die Auswirkungen, die das Verhalten auf uns persönlich hat: Nicht, was wir darüber denken, sondern was wir fühlen (»Es geht mir wirklich auf die Nerven.« »Ich habe das Gefühl, du bringst nicht deine volle Leistung« = »Ich denke, du bringst nicht deine volle Leistung«. Ja, aber wie fühlen Sie sich denn dabei: enttäuscht, wütend, ausgenutzt?

Im dritten Teil erläutern wir die Konsequenzen des Verhaltens. Wir wollen deutlich, höflich und objektiv sein. Wir stellen keine Forderung und drohen auch nicht, sondern wir informieren – »und das bedeutet ...« oder »Ich mache mir Sorgen, dass unsere Kunden das falsch verstehen könnten und wir dadurch an Umsatz verlieren«. Diese Informationen helfen dem Betreffenden, sich zu entscheiden, ob er sein Verhalten ändern will oder nicht. Wir sagen dem anderen nicht, was er tun soll, nennen ihm jedoch einen Grund, über eine Verhaltensänderung nachzudenken.

Verwenden Sie Ich-Botschaften in einfachen Fällen

Wenn die Sache ganz eindeutig ist, können wir die ersten beiden Teile wie oben beschrieben übernehmen, im dritten Teil jedoch eine direkte Bitte aussprechen.

3. Teil: Wir geben an, was wir stattdessen lieber hätten: »Mir wäre es lieber, wenn ...« oder »Und was ich wirklich möchte, ist ...« oder »Wie wäre es mit ...?«

Verwenden Sie Ich-Botschaften für komplizierte Angelegenheiten

Nicht alles ist so unkompliziert. Wenn die Lösung nicht auf der Hand liegt, können wir uns im dritten Teil auf unser übergeordnetes Ziel oder das von uns angestrebte Endergebnis konzentrieren.

Rahmen: »*Enzo, haben Sie ein paar Minuten Zeit? Ich würde gerne darüber reden, wie wir die Übergabe von Ihrer Schicht zu meiner besser regeln können.*«

Die Formulierung von Ich-Botschaften erfordert zunächst einige Übung. Durchdenken Sie sorgfältig, was Sie sagen möchten, notieren Sie es sich. Sie werden vielleicht nicht genau das sagen, was Sie aufgeschrieben haben, aber dieser Vorgang ist sehr nützlich. Indem Sie Ihre Botschaft aufschreiben, verdeutlichen Sie diese für sich selbst, und Sie werden sich davon überzeugen können, dass sie die oben genannten Kriterien erfüllt. Indem Sie Ich-Botschaften formulieren, werden Sie auch viel über sich selbst lernen. Seien Sie aber vorsichtig mit Ich-Botschaften. Es gibt nur einen feinen Unterschied zwischen einer Ich-Botschaft und dem Versuch, einem anderen die eigenen Wertvorstellungen oder Wünsche aufzuzwingen. Sie sollten zur Eröffnung, nicht aber zum Schluss eines Gespräches eingesetzt werden.

1. Teil: *»Ich weiß, dass Sie so schnell wie möglich nach Hause zu Ihren Kindern kommen wollen. Allerdings habe ich oft den Eindruck, dass ich nicht alle Wartungsinformationen bekomme, und*

2. Teil: *ich mache mir Sorgen, das könnte zu einem Ausfall der Maschine oder sogar zu einem Unfall führen.«*

3. Teil: *»Ich würde gerne mit Ihnen ein Übergabesystem vereinbaren, das mir die Sicherheit gibt, dass ich alle Wartungsinformationen habe, und das Sie zeitlich nicht aufhält. Das würde mich sehr beruhigen.«*

Benutzen Sie Ich-Botschaften, um positives Verhalten zu verstärken

Ich-Botschaften sind aber nicht nur dazu da, negative Informationen zu vermitteln. Mit ihnen kann auch sehr gut gelobt werden.

1. Teil: *»Liz, dein Vortrag war hervorragend. Du hast so gelassen und selbstsicher gewirkt, die Hauptpunkte kamen klar und deutlich herüber. Deine Grafiken waren besonders gut und haben deine Hauptpunkte unterstrichen.«*

2. Teil: *»Ich war sehr stolz darauf, dass du zu meinem Team gehörst.«*

3. Teil: *»Nach seiner Begeisterung zu urteilen, wird der Vorstand unseren Vorschlag genehmigen.«*

Der erste Teil gibt genau an, was gut war. Wir lassen Liz auch wissen, was uns wichtig ist. Dadurch weiß sie, worauf sie sich in Zukunft konzentrieren sollte. Der zweite Teil lobt sie und hebt ihr Selbstvertrauen. Im dritten Teil schließlich wird betont, dass ihre Bemühungen nicht umsonst waren.

Benutzen Sie Ich-Botschaften, um das von Ihnen gewünschte Verhalten zu verstärken.
Nachdem Sie eine Ich-Botschaft gesendet haben, schalten Sie auf »aktives Zuhören« um (siehe Kapitel 16). Das ermuntert den anderen, auch seine eigenen Vorstellungen zu äußern. Verwenden Sie Ich-Botschaften und aktives Zuhören im Zusammenspiel, um gute Informationen sowohl zu geben als auch zu empfangen.

Hören Sie jetzt zu!

Senden Sie eine Ich-Botschaft, um klar und deutlich zu sagen, was Sie wollen. Dann schalten Sie auf Zuhören um: Hören Sie, was der andere zu sagen hat.

Und nun nehmen Sie den großen Stock ...

Der amerikanische Präsident Harry Truman sagte einmal über die Außenpolitik: »*Tritt leise auf und trage einen großen Stock bei dir.*«

Das trifft manchmal auch zu, wenn es darum geht, andere zu überzeugen. Am Anfang treten wir leise auf – wir bitten, wir befehlen nicht. Falls notwendig, können wir etwas nachdrücklicher werden, indem wir eine Ich-Botschaft senden. Und wenn das nicht funktioniert? Dann greifen wir zum großen Stock: Der »**Veränderungs-Zeit-Konsequenz-Formel**«:

Veränderung	»Wenn nicht *diese* Veränderung
Zeit	bis zu *diesem* Zeitpunkt,
Konsequenz	dann ergibt sich *diese* Konsequenz.

INFO

Zwölf positive Prinzipien für eine kooperative Kommunikation

Bringen Sie Ihre Forderungen behutsam vor oder verwandeln Sie diese in Ich-Botschaften, um nicht diktatorisch zu klingen.

1. Ersetzen Sie Formulierungen wie »Sie werden ... müssen« durch Wendungen wie: »Könnten Sie ...« , »Wäre es Ihnen möglich ...« oder »Was ich brauchen werde, ist ...«.
2. Richten Sie Ihre Aufmerksamkeit auf die Lösung oder das Ziel, nicht auf das Problem. Also statt »Wir haben keine Milch mehr« könnte es heißen »Ich gehe noch mal eben Milch einkaufen«.
3. Verwandeln Sie ein »nicht können« in »können«. Also nicht »Wir können das nicht vor nächster Woche erledigen«, sondern »Wir werden das nächste Woche erledigen können«.
4. Übernehmen Sie die Verantwortung – geben Sie nicht anderen die Schuld. Sagen Sie nicht »Das ist nicht meine Schuld«, sondern »Ich kann ... machen, um das wieder in Ordnung zu bringen«.
5. Sagen, was Sie wollen, nicht, was Sie nicht wollen. Ersetzen Sie »Fahre nicht zu schnell« durch »Fahre vorsichtig!«
6. Machen Sie Verbesserungsvorschläge. Dann heißt es nicht »Deine schmutzigen Schuhe verderben deine ganze äußere Erscheinung!«, sondern »Wenn du die Schuhe putzen würdest, wäre dein Outfit einfach perfekt!«.
7. Verwandeln Sie einen negativen Ausdruck in einen positiven. Also nicht: »Kein Problem«, sondern »Mit Vergnügen!«.
8. Konzentrieren Sie sich auf die Zukunft, nicht auf die Vergangenheit. Sagen Sie nicht »Ich habe Ihnen vorher gesagt, nicht zu ...«, sondern »Von jetzt an ...«.
9. Bitten Sie – befehlen Sie nicht. Ersetzen Sie »Machen Sie das so ...« durch »Könnten Sie bitte ...« oder »Hätten Sie etwas dagegen ...«.
10. Verwandeln Sie Beschwerden in Bitten. Also nicht »Nie ... Sie«, sondern »Wie wäre es mit?«.
11. Informieren Sie, statt zu streiten oder Vorwürfe zu machen. Sagen Sie nicht »Nein, du irrst dich«, sondern »Ich sehe es so ...«.
12. Formulieren Sie positiv. Ersetzen Sie »Nein, weil...« durch »Ja, sobald ...«.

Denken Sie jedoch daran, dass wir niemals jemanden zwingen können, etwas zu tun. Es steht dem anderen frei zu tun oder auch zu lassen, worum wir bitten. Auch wenn Sie das dem anderen nicht zugestehen wollen – Sie haben gar keine Wahl! Wir können nicht mehr tun, als die Konsequenzen aufzuzeigen, die sich für den anderen ergeben, wenn er nicht tut, worum wir bitten. Die »Veränderungs-Zeit-Konsequenz-Formel« wird dem Betreffenden zumindest helfen, seine Entscheidung auf der Basis ausreichender Informationen zu treffen. Im folgenden Beispiel haben wir zunächst den Rahmen und die ersten beiden Teile der Ich-Botschaft. Im dritten Teil wird die »Veränderungs-Zeit-Konsequenz-Formel« angewandt.

Rahmen: *»Sam, in den letzten vier Wochen haben wir dreimal über deine Einhaltung der Arbeitszeit gesprochen.«*
2. Teil: *»Ich ärgere mich sehr darüber, dass*
1. Teil: *du auch weiterhin morgens zu spät kommst.*
3. Teil: *Das kann so nicht länger weitergehen. Du musst wissen, dass du das nächste Mal, wenn du ohne sehr guten Grund zu spät kommst, von mir eine Abmahnung bekommst. Sam, dass du die Arbeitszeit nicht einhältst, kann dich deinen Job kosten. Ich hoffe, dass es nicht dazu kommt.«*

Schalten Sie anschließend um auf aktives Zuhören. Sie können mit der Reihenfolge der drei Teile variieren, sollten jedoch den wichtigsten Punkt als Erstes nennen. Setzen Sie alle drei Teile ein!

Üben Sie keinen Druck aus – überzeugen Sie den anderen

Überreden ist immer eine freundlichere Alternative. Es ist unsere einzige Möglichkeit, wenn wir nur unsere Glaubwürdigkeit und unsere kommunikativen Fähigkeiten ins Spiel bringen können. Versuchen Sie es in einfachen Fällen mit dieser knappen Formel: *Wenn ... – dann ...*: Wenn du das tun wirst, dann wirst du diese Belohnung bekommen. Einen anderen Menschen zu überzeugen ist oft mehr, als nur jemandem den eigenen Standpunkt schmackhaft zu machen. Es geht auch darum, die Meinung des anderen anzuhören und unsere eigene Sicht der Dinge entsprechend zu modifizieren. Es ist ein Geben und Nehmen. Wir müssen uns drei Fertigkeiten aneignen, um zu überzeugen: Glaubwürdig sein, gute Informationen empfangen und senden.

Glaubwürdigkeit

Glaubwürdigkeit hat zwei Voraussetzungen: Beziehungen und Sachkenntnis. Es ist leichter, andere Menschen zu überzeugen, wenn diese folgendes Bild von Ihnen haben:

- Sie sind sympathisch.
- Sie sind den anderen ähnlich.
- Sie sind vertrauenswürdig.
- Sie sind flexibel.
- Sie haben Sachkenntnis, Wissen und Erfahrung bewiesen.

Sie können etwas dafür tun, anderen Menschen diesen Eindruck zu vermitteln, indem Sie an Beziehungen arbeiten und Ihre Sachkenntnis erweitern.

- **Beziehungen.** Suchen Sie Gemeinsamkeiten. Bauen Sie Rapport auf. Zeigen Sie Interesse und Anteilnahme – andere Menschen schätzen unsere Aufmerksamkeit. Helfen Sie, wann immer es möglich ist, durch Ihre kooperative Haltung anderen, ihre Ziele zu erreichen. Handeln Sie ohne Hintergedanken. Seien Sie konsequent und zuverlässig. Kommunizieren Sie und hören Sie zu.
- **Sachkenntnis.** Bauen Sie Ihre Wissensbasis aus. Erweitern Sie Ihre Erfahrung in Sachfragen. Entwickeln Sie eine Sammlung von Fakten, Anekdoten und Beispielen, die Ihre Ansichten und Ideen stützen.

Empfangen Sie gute Informationen

Wir müssen über die Menschen, die wir zu überzeugen versuchen, so viel wie möglich herausfinden. Wie stehen sie zu dieser Sache? Welche guten oder schlechten Erfahrungen haben sie diesbezüglich gemacht? Was ist ihnen wichtig? Was macht ihnen Sorgen? Was ist ihnen lieb und wert? Womit fühlen sie sich wohl? Verlangen wir von ihnen, dass sie etwas aufgeben? Oder ihre kostbare Zeit oder Energie investieren? Würden Sie andere Optionen bevorzugen?

INFO

Wie Sie andere Menschen überzeugen

- *Vergewissern Sie sich, dass die anderen Ihnen aufmerksam zuhören.*
- *Sammeln Sie Ihre Gedanken.* Sie sollten nicht einfach drauflosreden und das Beste hoffen – vergewissern Sie sich, dass Sie wissen, was Sie und wie Sie es sagen wollen.
- *Gehen Sie nicht aggressiv vor.* Das bedrängt den anderen und ruft nur Widerstand hervor. Seien Sie locker und freundlich.
- *Seien Sie zu Kompromissen bereit.* Ohne echte Kompromisse können wir andere nicht gewinnen. Flexibilität führt ohnehin oft zu besseren Ergebnissen.
- *Achten Sie darauf, dass Sie glaubwürdig wirken.*
- *Sprechen Sie anschaulich und lebendig.* Sagen Sie genau, was Sie möchten und was es für die anderen bedeutet.
- *Betrachten Sie Überredung als einen Prozess, nicht als einmaliges Geschehen.* Hören Sie zu, erklären Sie, überprüfen Sie, ändern Sie Ihre Position – immer wieder.
- *Stellen Sie Ihre Ideen und Vorschläge als Spielart des Status quo hin, wenn es Ihnen möglich ist.* Korrekturen werden oft viel bereitwilliger akzeptiert als völlige Veränderungen.

Wenn wir die Dinge mit den anderen durchsprechen und uns ihren Standpunkt anhören, können wir unser Denken leichter überprüfen und revidieren – vorausgesetzt, wir sind aufgeschlossen und bereit, Kompromisse einzugehen. Damit wird es uns möglich, andere Gesichtspunkte, Ideen und Anliegen in unsere Pläne aufzunehmen. Dies ist in sich schon überzeugend, denn es ist vertrauensbildend und ihre Bereitschaft, mit uns zusammenzuarbeiten, wächst.

Geben Sie gute Informationen

Wir müssen Mittel und Wege finden, unseren Standpunkt so darzulegen, dass unsere Zuhörer ihre Sichtweisen, Anliegen und Wünsche darin wieder finden. Wir sollten unsere Position so vorbringen, dass auch Vorteile für den anderen unterstrichen werden – das überzeugt!

Auch Gefühle haben Überzeugungskraft. Um andere Menschen wirklich überzeugen zu können, müssen wir ihre Empfindungen und Emotionen gewinnen. Wie wir im Kapitel »Treffen Sie die richtige Wortwahl« (s. S. 173ff.) gesehen haben, sollten wir eindrückliche, positive und einprägsame Worte wählen, die klar, präzise und überzeugend sind. Wir sollten sie mit visuellen Hilfsmitteln, mit Anschauungsmaterial, Geschichten, Beispielen und Analogien untermauern. Nackte Tatsachen allein werden wahrscheinlich nicht ausreichen.

Wir müssen sowohl mit dem Herzen als auch mit dem Verstand an unsere Position glauben, wenn wir gute Informationen überzeugend vermitteln wollen. Es ist aber ebenso nötig, dass wir die emotionale Ebene derjenigen spiegeln, die wir überreden wollen (s. Kapitel »Die Sprache des anderen sprechen«, S. 183ff.). Das stärkt unsere Glaubwürdigkeit und schützt uns davor, zu gefühlsbetont oder zu distanziert zu werden.

Hören Sie auf das, was hinter dem Schweigen steht

Haben Sie Schweigen schon einmal als Zustimmung gedeutet? Das kann ein Fehler sein. Schweigen kann tatsächlich viel bedeuten:

- Ich denke positiv darüber.
- Ich halte nichts davon.
- Ich erwäge, welche Möglichkeiten ich habe.
- Ich denke über meine Antwort nach.
- Ich zähle bis zehn.
- Ich stimme zu und werde dementsprechend handeln.
- Ich bin zu verärgert, um zu sprechen.
- Ich habe überhaupt nicht zugehört, sondern nur geistesabwesend genickt.
- Ich bin verwirrt und gebe das nur ungern zu.
- Ich bin verwirrt und weiß nicht, wie ich am besten um Klarstellung und Erläuterung bitten sollte.
- Ich fühle mich zu unbedeutend, um dazu etwas sagen zu können.
- Ich bin beleidigt und verweigere eine Antwort.
- Es ist unter meiner Würde zu antworten.

Ohne die Hilfe anderer Menschen können wir nichts Wesentliches erreichen. Die Chance, dass wir diese Hilfe erhalten, ist sehr viel größer, wenn wir uns an das Prinzip »Bitten, nicht befehlen« halten. Wie John Donne, englischer Dichter des 16. Jahrhunderts, sagte: »Niemand ist eine Insel.«

! Wenn Sie mit Schweigen konfrontiert werden, achten Sie besonders auf die Körpersprache. Stellen Sie einige Fragen, um herauszufinden, was der andere denkt. Versuchen Sie zu ergründen, was hinter dem Schweigen steht – statt von einer falschen Annahme auszugehen.

Feedback geben

Der richtige Umgang mit Rückmeldungen

Zwei wichtige kommunikative Fähigkeiten sind, Feedback zu geben und anzunehmen. Im Folgenden wollen wir uns die verschiedenen Feedbackmöglichkeiten anschauen sowie die Wirkungen, die jede hat. Wir zeigen, wie man um Feedback bittet, es anbringt oder empfängt.

Drei Arten von Feedback

Es gibt drei Arten von Feedback: positives, negatives oder gar keines. Positives Feedback kann sowohl allgemein als auch spezifisch sein.

- **Allgemein-positives Feedback**
  Äußerungen wie »Es ist toll, mit Ihnen zusammenzuarbeiten« oder »Ich freue mich immer, wenn ich dich sehe« bestätigen andere Menschen in ihrem Selbstwertgefühl. Dann bringen sie auch uns positive Gefühle entgegen. Wenn wir aufrichtig und für den anderen glaubwürdig sind, wird ein allgemein-positives Feedback sein Selbstwertgefühl stärken und die Beziehung zwischen uns beiden festigen.

Benutzen Sie von Zeit zu Zeit ein allgemein-positives Feedback, um Beziehungen zu festigen und dafür zu sorgen, dass alle bei guter Laune sind.

- **Spezifisch-positives Feedback**
  Rückmeldungen wie »*Du bist ein toller Kollege, weil du immer Wort hältst*« oder »*Ich bewundere die Art, wie Sie einen aufgebrachten Kunden beruhigen können, ohne dass Sie dabei selber aus*

der Ruhe kommen« sind vorteilhaft, um das von uns erwähnte spezifische Verhalten zu verstärken.

Benutzen Sie das spezifisch-positive Feedback unmittelbar nach einem bestimmten Verhalten, wenn Sie möchten, dass es wiederholt wird. Machen Sie dies regelmäßig.

- **Schmeichelei oder Lob?**
  Es gibt einen Unterschied zwischen diesen beiden. Schmeichelei betrifft etwas, das der andere nicht in der Hand hat und für das er nichts getan hat. Lob dagegen bezieht sich auf eine Leistung oder auf seinen Charakter. Lob muss verdient sein.
  Das beste Lob ist aufrichtig und konkret. Denken Sie daran, dass zehn Prozent unserer zehn Milliarden Gehirnzellen Lügendetektoren sind – sie erkennen unaufrichtiges Lob sofort. Ist das Lob jedoch ernst gemeint, setzt das Gehirn Neuropeptide und Endorphine frei, natürliche Opiate und Glückshormone. Das ist die positive Macht des Lobs.
  Damit ein Lob oder positives Feedback überhaupt etwas bedeutet, muss es von jemand kommen, dessen Meinung geachtet und geschätzt wird.

INFO

Die Zehn Gebote des Lobens

1. Du sollst konstruktives Verhalten wahrnehmen.
2. Du sollst daran denken, dass positives Feedback beflügelt.
3. Du sollst öfter mal ein freundliches Lob aussprechen.
4. Du sollst Teilerfolge ebenso belohnen wie tapfere Versuche.
5. Du sollst dein Lob sofort aussprechen.
6. Du sollst daran denken, dass Lob eine viel größere Wirkung hat, wenn es vor anderen ausgesprochen wird.
7. Du sollst mit deinem Lob die Leistung würdigen und den, der sie vollbracht hat.
8. Du sollst wissen, dass Geld nicht die einzige Belohnung ist.
9. Du sollst nicht vergessen, dass ersehntes Lob am meisten geschätzt wird.
10. Du sollst wissen, dass die Sprache des Körpers genauso machtvoll ist wie Worte.

(Quelle unbekannt)

Auch negatives Feedback kann sowohl allgemein als auch spezifisch sein.

- **Allgemein-negatives Feedback**
  Rückmeldungen, wie zum Beispiel: »Mensch, bist du blöd!« oder »Lassen Sie mich in Ruhe« oder »Du gibst dir nicht genug Mühe«, sorgen dafür, dass die anderen sich schlecht fühlen.
  Ein allgemein-negatives Feedback setzt ihr Selbstwertgefühl herab und zerstört Beziehungen.
- **Spezifisch-negatives Feedback**
  Äußerungen dieser Art, wie zum Beispiel »Du machst das nicht so, wie ich dir das gezeigt habe« oder »Sie haben sich heute Morgen wieder verspätet«, sagen den Menschen nur, was sie nicht zu tun haben.
  Solch ein Feedback verfehlt oft seinen Zweck – nämlich das unerwünschte Verhalten zu unterbinden. Es kann leicht dazu führen, dass die Betroffenen sich lediglich deshalb unauffällig verhalten, um auf Nummer sicher zu gehen, und weil sie nicht sicher sind, was sie stattdessen tun sollen. Sie wissen nur, dass sie in Schwierigkeiten sind!

Benutzen Sie niemals ein allgemein-negatives Feedback.
Wir alle machen Fehler, aber wir lernen auch daraus. Wenn Sie ein negatives Feedback anbringen müssen, dann tun Sie es so, dass der andere etwas daraus lernen kann. Denken Sie daran, ein spezifisch-positives Feedback zu geben, sobald eine Verbesserung zu erkennen ist.

Negatives Feedback muss konstruktiv oder hilfreich sein, um wirklich etwas ausrichten zu können. Halten Sie sich daher unbedingt an folgende Regeln, um negative Rückmeldungen in konstruktive zu verwandeln: Seien Sie Coach, nicht Kritiker. Sagen Sie, was Sie wollen, nicht, was Sie nicht wollen. Konzentrieren Sie sich stets auf die Zukunft. Bestätigen oder heben Sie das Selbstwertgefühl des anderen.

INFO

Die Zehn Gebote des Kritisierens

1. Du sollst dich an das erinnern, was gut war, bevor du ein Urteil abgibst.
2. Du sollst daran denken, dass Menschen sich irren, und zwar oft unabsichtlich.
3. Bevor du einen anderen zurechtweist, sollst du herausfinden, was und warum der Fehler geschehen ist.
4. Du sollst nicht die Beherrschung verlieren, während du jemanden kritisierst.
5. Du sollst andere Menschen nicht beschimpfen.
6. Du sollst alte Fehler nicht ausgraben.
7. Du sollst dich dessen vergewissern, dass alle vorausgegangenen Anweisungen klar und deutlich waren.
8. Du sollst nachprüfen, ob der andere genügend Sachkenntnis besitzt.
9. Du sollst einen anderen Menschen nur unter vier Augen zurechtweisen.
10. Nachdem du deine Kritik ausgesprochen hast, sollst du erklären, wie solche Dinge in Zukunft zu machen sind.

(Quelle unbekannt)

Wenn es keine Rückmeldungen gibt, dann verkümmern Menschen seelisch. Die Botschaft »Weder du noch das, was du machst, sind wichtig« wird durch mangelndes Feedback vermittelt. Wenn Menschen den Eindruck bekommen, dass sie und ihr Tun unwichtig sind, verlieren sie das Interesse und bemühen sich nicht mehr, es gut zu machen. Ihre Selbstachtung und ihre Leistungen können so weit absinken, dass ein konstruktives Feedback notwendig wird.

!

Benutzen Sie niemals die Taktik »Kein Feedback«! – das heißt, ignorieren Sie andere Menschen nicht. Bringen Sie Ihr Feedback so an, dass der Empfänger Sie auch »hören« und akzeptieren kann.

Verschaffen Sie sich Gehör

Stellen Sie sich Feedback wie einen Spiegel vor, als eine Möglichkeit, durch die wir das Verhalten eines anderen reflektieren können. Für die meisten von uns ist es viel einfacher, positive Rückmeldungen zu geben. Doch auch konstruktive Kritik ist wertvoll. Die nachfolgenden Empfehlungen werden Ihnen helfen, negative Rückmeldungen konstruktiv zu formulieren, das heißt, klar und behutsam – sodass Ihr Feedback von dem anderen angenommen, verstanden und später in die Praxis umgesetzt wird.

Seien Sie empathisch, konkret und rücksichtsvoll

Nehmen wir ein Beispiel aus einem früheren Kapitel: »unhöflich« und »barsch« haben für den Sprecher eine Bedeutung, aber wahrscheinlich eine ganz andere für denjenigen, dem Unhöflichkeit und Schroffheit vorgeworfen werden. Wie würden Sie sich fühlen, wenn Ihnen jemand vorhalten würde, Sie seien unhöflich und unfreundlich?! – Diese Wörter sind vage und verallgemeinernd. Darum können sie unterschiedlich gedeutet werden. Weil sie nicht neutral, sondern wertend und daher möglicherweise verletzend sind, wird das Ergebnis wahrscheinlich ein Streit sein. Unklare und kritische Wörter führen zu nichts. Andere Menschen werden eher auf uns hören, wenn wir konkrete und neutrale Wörter gebrauchen. Formulierungen wie »sehr schnell sprechen«, »zu wenig Blickkontakt« oder »nebenbei mit anderen Sachen beschäftigt sein« sind neutraler, konkreter und anschaulicher. Sie sind auch rücksichtsvoller.

Sprechen Sie das Verhalten an, nicht Ihre Deutung

Grundsätzliche Bewertungen wie »faul« und »schlechte Einstellung« sind nicht nur bedeutungslos, sondern auch kommunikative »Sünden«, denn sie versehen andere Menschen mit einem Etikett.

- »Ich beobachte dich eigentlich nie dabei, dass du den anderen hilfst, wenn du mit deiner Arbeit fertig bist. Ich beobachte aber, dass du dich dann verdrückst, um eine Zigarette zu rauchen.«
- »Du läufst langsam und schlurfst dabei mit den Füßen über den Boden.«
- »Sie lassen zu, dass das Telefon mehr als viermal klingelt, bevor Sie abheben.«

So geäußerte Kritik lässt sich leichter ertragen, da spezifische Verhaltensweisen angesprochen werden, ohne diese zu deuten. Diese Form des Feedbacks bietet auch die Gewähr, nicht persönlich zu werden. Wir müssen deutlich machen, dass wir nicht die Person, sondern nur ihr Verhalten kritisieren.

Benutzen Sie vorzugsweise konkrete Wörter und Formulierungen, die ein Verhalten deutlich beschreiben. Vermeiden Sie dagegen Wörter und Wendungen, die Ihre Deutungen, Eindrücke oder Ihre ganz persönlichen Bewertungen wiedergeben.

Unterstützen Sie den anderen, zwingen Sie ihn nicht

Manche Leute geben Feedback so, als ob sie ihren ganzen aufgestauten Ärger auf einmal abladen wollten. Es kann sein, dass sie sich nachher besser fühlen, aber für den Empfänger ist es wenig hilfreich. »Du tust dieses und dieses und das, und du machst auch jenes, und während wir dabei sind ...« Ein solches Abladen erzeugt defensive und ärgerliche Reaktionen. Es ist besser, jeweils nur einen Punkt anzusprechen und dem anderen gerade so viel Feedback zu geben, wie er verarbeiten und praktisch umsetzen kann.
Wenn eine Rückmeldung dem Empfänger helfen soll, dann muss er spüren, dass das Feedback konstruktiv ist und eine Unterstützung und Ermutigung sein soll. Dies wird besonders durch Verbesserungsvorschläge deutlich. Feedback sollte Menschen stärken und motivieren.

Formulieren Sie Ihr Feedback nach dem Muster »Ich glaube, du wärest effektiver, wenn ...« oder »Du könntest dir überlegen ... zu versuchen«. Wenden Sie diese Art von Feedback so oft an, wie dies möglich ist.
Lassen Sie den anderen die freie Wahl, Ihre Kritik zu akzeptieren oder auch abzulehnen. Seien Sie ausgewogen – geben Sie sowohl positives als auch negatives Feedback. Dadurch zeigen Sie, dass Sie objektiv sind. So verhelfen Sie dem anderen auch zu einem getreueren Selbstbild.

Seien Sie realistisch

Ein Feedback sollte etwas ansprechen, das der betreffende Mensch auch ändern oder gegen das er etwas tun kann – mit anderen Worten, sein Verhalten, nicht seine Persönlichkeit. Versuchen Sie nicht, andere Menschen nach Ihrer Vorstellung umzuformen. Wenn beispielsweise jemand so schüchtern ist, dass er große Schwierigkeiten im Umgang mit Kunden hat, dann helfen keine Rückmeldungen, egal wie konstruktiv oder hilfreich diese sein mögen.

Die besten Rückmeldungen sind diejenigen, die ausdrücklich gewünscht sind: »Wie war ich?«, »Was, meinst du, könnte ich machen, um mich zu verbessern?«

Wenn wir den Eindruck haben, dass es richtig ist, können wir unsere Gefühle oder Reaktionen auf das Verhalten des anderen zur Sprache bringen oder sagen, wie es sich beispielsweise auf uns, auf einen Kunden oder auf ein Leistungsziel auswirkt. Dadurch könnte dem anderen ein neue Sichtweise eröffnet werden. Richten Sie sich immer nach der FKK-Regel: Fassen Sie sich kurz und klar.

Wie man um ein hilfreiches Feedback bittet

Haben Sie schon einmal um Rat, Meinungen oder Rückmeldungen gebeten, obwohl Sie eigentlich Bestätigung suchten? Hier sind vier Tipps, die Sie beachten sollten, wenn Sie wirklich Feedback wollen:

- **Fragen Sie die richtigen Leute.** Bitten Sie einen Rasenexperten um Rat, was Sie machen sollen, damit Ihr Rasen grün wird, und einen Buchhalter um sein Feedback zu Ihren Investitionen.
- **Sagen Sie, was für eine Art von Rat oder Rückmeldung Sie wollen.** Tatsachen? Meinungen? Die persönliche Erfahrung der anderen? Dass diese auf Lücken in Ihrer Argumentation achten? Oder Ihnen helfen, sich zu entscheiden? Dass Sie in Ihrem Entschluss unterstützt und bekräftigt werden? Wollen Sie hören, wie gut Sie waren? Oder möchten Sie Verbesserungsvorschläge?
- **Konzentrieren Sie sich auf das, was Sie wissen müssen.**
- **Seien Sie aufgeschlossen für die Rückmeldungen der anderen.**

Wenn wir andere Menschen wissen lassen, dass wir uns Feedback wünschen, ist es für sie einfacher, uns Rückmeldungen zu geben. Wir sollten die anderen ebenfalls wissen lassen, in welchen Bereichen wir eine Rückmeldung wollen. Wenn wir nicht bitten, bekommen wir auch nichts. Außerdem sollten wir auch auf nonverbales Feedback achten – dann können wir gegebenenfalls durch gezielte Fragen noch mehr herausfinden.

Wie man Feedback aufnimmt

Durch Feedback können wir lernen, wie wir unsere Fertigkeiten, unser Image, unsere Beziehungen und unser Leben verbessern können. Es kann uns helfen, zu Entscheidungen zu kommen, Pläne zu machen, Willenskraft zu finden und selbstbewusster zu werden. Es kann eine Art Frühwarnsystem für mögliche Probleme und drohendes Unheil sein. Der größte Vorteil besteht jedoch darin, dass es ein Klima des Vertrauens, der Unterstützung und der positiven Veränderung schafft.

Betrachten Sie Feedback als ein Geschenk. Denken Sie darüber nach und überlegen Sie, wie Sie es am besten nutzen können.
Danken Sie anderen Menschen für ihr Feedback.

Können Sie Feedback annehmen, ohne sich über denjenigen zu ärgern, von dem es kommt? Oder »köpfen Sie den Boten«? Wenn wir die Rückmeldung eines anderen abtun, ignorieren, darüber streiten oder umständliche Entschuldigungen oder Erklärungen vorbringen, werden wir von diesem Menschen wahrscheinlich kein Feedback mehr bekommen. Es kann allerdings schwierig sein, einer Rückmeldung offen zuzustimmen, vor allem, wenn sie im Ärger oder in Eile gegeben wird, oder von jemandem kommt, den wir nicht besonders mögen oder respektieren. Unser Stolz kann verletzt und unser Ego »angeknackst« werden.

INFO

Wenn Sie Feedback bekommen

- Hören Sie zu, wehren Sie sich nicht.
- Bleiben Sie ruhig und halten Sie nicht den Atem an.
- Zeigen Sie durch Ihre Körpersprache, dass Sie aufgeschlossen sind.
- Fragen Sie nach, um sicherzugehen, dass Sie den anderen richtig verstanden haben.
- Seien Sie nicht zu empfindlich, abwehrend oder kurz angebunden.
- Weiß derjenige, der Ihnen die Rückmeldung gibt, wovon er spricht?
- Haben Sie noch andere Informationen, die dieses Feedback stützen?
- Falls Sie geneigt sind, diese Rückmeldung zu ignorieren: Gibt es Anhaltspunkte, die diesem Feedback widersprechen?

Mit kritischem Feedback umgehen

Nicht jedes Feedback ist freundlich – daher sollten Sie es überdenken. Manche Meinungen sind begründet, andere nicht. Einige Menschen haben nur die Absicht, den anderen zu verletzen, andere aber haben wirklich den Wunsch zu helfen. Da es wohl noch etwas dauern wird, bis alle gelernt haben, konstruktives Feedback zu geben, folgen hier sieben Tipps, wie man Kritik aufnimmt:

- Achten Sie darauf, dass Ihr innerer Monolog positiv bleibt.
- Überlegen Sie, was Ihre Kritiker beabsichtigen, damit Sie wissen, wie Sie am besten mit der Information umgehen sollten. Soll die Kritik Ihnen helfen weiterzukommen? Oder möchte der andere einfach »Dampf ablassen«? Oder Sie verletzen?
- Filtern Sie die Kritik. Trennen Sie die Emotionen von den Tatsachen. Dann können Sie auf die nützliche Information reagieren.
- Fragen Sie so lange nach, bis Sie verstehen, was der Sprecher Ihnen zu sagen versucht.
- Reden Sie sich nicht heraus. Hören Sie zu, um zu verstehen, was der andere meint.
- Schauen Sie nach vorn: Was können Sie tun, um sich positiv zu verändern?
- Wenn die Kritik Sie verletzen soll, wenden Sie die Vernebelungstaktik (s. S. 191ff.) oder die Technik der negativen Selbstbehauptung an.

Reagieren Sie nicht defensiv und nehmen Sie Lob an

Eine defensive Reaktion wird entweder das Gespräch beenden oder zu Auseinandersetzungen und Konflikten führen. Für andere ist solch eine Reaktion ein Zeichen dafür, dass wir uns ärgern, dass wir innerlich nicht aufgeschlossen sind und wir uns bedroht fühlen. Hier sind einige Ratschläge, wie Sie Ihren Widerstand verringern und offener für das Feedback werden können:

- Achten Sie auf Ihre eigenen Reaktionen. In der Regel wissen wir, wann wir defensiv werden – vielleicht verspannen wir uns im Schulter-Nacken-Bereich, möglicherweise atmen wir flach und schnell, oder wir strecken unser Kinn vor.
- Wenn Sie merken, dass Sie in eine Abwehrhaltung geraten, dann atmen Sie tief durch und konzentrieren Sie sich auf das, was der andere sagen möchte. Hören Sie aufmerksam zu.
- Wenn Ihr Widerstand nicht nachlässt, »spielen Sie auf Zeit«. Schlagen Sie eine Pause vor, holen Sie sich ein Glas Wasser.
- Fragen Sie nach, um herauszufinden, worauf der Sprecher hinaus will.
- Überprüfen Sie, ob Sie den anderen richtig verstanden haben.
- Konzentrieren Sie sich auf das, was der Sprecher sagt, trennen Sie die Emotionen von den Tatsachen.
- Denken Sie daran, dass der andere Sie vermutlich nicht verletzen, sondern Ihnen etwas mitteilen will, das er für wichtig hält.

Und: Nehmen Sie Lob an. Lächeln Sie und sagen Sie »Danke!«.

Schalten Sie auf gleiche Wellenlänge

Die verschiedenen Persönlichkeitstypen, Stile und Temperamente

Kennen Sie jemanden, dem Sie sich einfach nicht verständlich machen können? Einen Menschen, der es schafft, Sie zu verärgern oder Sie misszuverstehen? Vielleicht treffen Sie nicht den richtigen Ton. Wenn das geschieht, kommt die Botschaft beim anderen nicht klar und deutlich an. George Bernard Shaw hat gesagt: »Im richtigen Ton kann man alles sagen. Wenn der Ton nicht stimmt, nichts. Es ist nur schwierig, den richtigen Ton zu treffen.«

Was ist der richtige Ton? Das ist für jeden von uns anders. – Dieses Kapitel untersucht, wie das Verständnis für die verschiedenen Persönlichkeitstypen und Temperamente Ihnen helfen kann, mit Ihrem Gesprächspartner auf eine Weise zu kommunizieren, die das gegenseitige Verständnis sowie die Übereinstimmung und Zusammenarbeit fördert. Sie werden lernen herauszufinden, welches der richtige Ton ist und wie Sie ihn einsetzen.

Erkunden Sie die primären Bedürfnisse der anderen

Die Arbeitspsychologen John W. Atkinson und David McClelland haben nachgewiesen, dass wir die grundlegenden psychischen Bedürfnisse der Menschen in drei Gruppen unterteilen können: Bedürfnis nach Leistung, Zugehörigkeit und nach Macht. Menschen mit einem hohen Leistungsbedürfnis setzen sich spezifische, messbare Ziele und Anforderungen. Sie arbeiten so lange daran, bis sie diese auch erreicht haben. Sie wollen es immer ein bisschen besser machen. »Gib niemals auf« und »Wo liegt die nächste Herausforderung?« scheinen ihre Wahlsprüche zu sein.

Gestatten Sie solchen Menschen, selbstverantwortlich zu arbeiten. Sorgen Sie dafür, dass sie häufig Feedback darüber bekommen, wie erfolgreich ihre Bemühungen sind. An wen erinnert Sie diese Beschreibung? Schreiben Sie sich die Namen auf, damit Sie ein besseres Gefühl für diese Menschen bekommen können.

Andere Menschen sind eher an freundschaftlichen, partnerschaftlichen, herzlichen Arbeitsbeziehungen interessiert. Sie arbeiten gerne mit anderen, deren Gesellschaft sie schätzen, in einer gelassenen, kollegialen Atmosphäre zusammen. Ihr starkes Bedürfnis nach »Zugehörigkeit« treibt sie dazu an, zum Beispiel mehr Briefe zu schreiben, mehr Zeit mit ihren Kollegen zu verbringen und mehr zu telefonieren.

Sorgen Sie für freundliche Arbeitsbeziehungen zu Menschen mit einem starken Zugehörigkeitsbedürfnis. Erkundigen Sie sich nach Familie, Wochenenden, privaten Interessen und wie sie über bestimmte Dinge denken und was sie dabei fühlen. Notieren Sie sich auch hier, auf wen diese Beschreibung passt.

Andere wiederum blühen auf, wenn sie Verantwortung übernehmen. Solche Menschen haben ein ausgeprägtes Machtbedürfnis. Sie streben nach Autorität, damit sie Entscheidungen treffen und diese auch in die Tat umsetzen können. Sie umgeben sich gerne mit Prestigeobjekten als Symbolen ihrer Macht. Sie kommunizieren sehr bestimmt und können in den meisten kommunikativen Situationen andere beeinflussen.

Vermitteln Sie Menschen mit einem starken Machtbedürfnis das Gefühl, dass sie die Verantwortung und die Kontrolle haben. Erkennen Sie ihr Bedürfnis an, als mächtig und wichtig behandelt zu werden. An wen erinnert Sie diese Beschreibung? Schreiben Sie die Namen auf.

Jeder von uns hat ganz individuelle, spezifische Bedürfnisse. Wir alle haben verschieden starke und unterschiedlich kombinierte Bedürfnisse nach Leistung, Zugehörigkeit und Macht.

Nutzen Sie die Meta-Programme der anderen

Wir haben uns bereits mit einigen Erkenntnissen der Neurolinguistik befasst. Dieses Gebiet hat noch mehr zu bieten. Die inneren Prozesse von Menschen – wie Entscheidungen treffen, Ziele setzen, aktiv werden, »Beweise« finden, Informationen einordnen – laufen auf charakteristische und erkennbare Weise ab. Wir richten unser Augenmerk auf unterschiedliche Dinge, haben voneinander abweichende Überzeugungen und verschiedenartige Arbeitsstile. Wenn wir darauf achten, können wir auf das psychische Grundprogramm eines Menschen eingehen und erfolgreich mit ihm kommunizieren.

Wenn Sie die folgenden Schilderungen lesen, denken Sie daran, dass diese Meta-Programme jeweils ein Ende einer Skala beschreiben. Die meisten Menschen liegen irgendwo dazwischen und tendieren in eine der beiden Richtungen.

Manche Menschen sind Vermeider, andere sind Sucher

- **Vermeider** bewegen sich von etwas weg – in der Regel von schädlichen, bedrohlichen oder schmerzlichen Dingen. Die Welt ist für sie ein gefährlicher Ort. Sie neigen dazu, Sicherheit und Schutz zu suchen. Wenn sie laufen oder joggen, tun sie es, weil sie nicht dick und krank werden wollen. Sie lesen Bücher, weil sie von anderen nicht für ungebildet oder dumm gehalten werden wollen.
- **Sucher** bewegen sich auf etwas zu – meistens auf angenehme oder spannende Dinge. Ihre Welt ist ein interessanter Ort. Es sind energiegeladene, neugierige Menschen, die bereit sind, Risiken einzugehen. Wenn sie laufen oder joggen, tun sie es, weil sie die Bewegung lieben. Bücher lesen sie, weil ihnen die Geschichten und Ideen gefallen.Wir alle bewegen uns auf manche Dinge zu und von anderen weg. Allerdings haben wir alle auch eine Grundtendenz – entweder zum Vermeider oder zum Sucher.

Wie können Sie herausfinden, ob jemand ein Vermeider oder ein Sucher ist? Stellen Sie dem anderen Fragen und hören Sie den Antworten zu. Fragen Sie zum Beispiel nach dem Berufswunsch. Manche Leute werden ihren Traumberuf dadurch beschreiben, indem sie aufzählen, was sie *nicht* wollen, andere dagegen werden darüber sprechen, was sie sich wünschen. Die Vermeiderin erhofft sich vielleicht einen Arbeitsplatz in einem Umfeld, in dem es *nicht* rücksichtslos zugeht, wo sie nicht kurzfristig entlassen werden kann, in dem sie sich *nicht* langweilt und *nicht* für einen unmenschlichen Chef arbeitet. Sucher konzentrieren sich auf die positiven Aspekte. Ein Sucher wünscht sich möglicherweise einen Job, der relative Sicherheit, interessante Arbeit oder Gelegenheit zu reisen bietet.Wenn wir versuchen, auf andere Menschen Einfluss zu nehmen, sollten wir unangenehme Dinge betonen oder lieber Vorteile hervorheben? Welcher Ton soll es sein? Um das zu entscheiden, sollten Sie herausfinden, ob der andere Spaß sucht oder Unangenehmes vermeidet. Entscheiden Sie sich dann für Ihre Kommunikationsstrategie.

Manche Menschen »wissen es einfach«, andere müssen es hören

Woher bekommen Sie Ihre Bestätigung? Wie erfahren Sie zum Beispiel, ob Sie etwas gut gemacht haben? Manche Leute »wissen es einfach«, andere dagegen müssen es von ihrem Chef, ihren Kollegen oder ihren Kunden hören. Manche Menschen finden Bestätigung in sich selbst, andere sind auf äußere Quellen angewiesen – andere Leute, Auszeichnungen, Zertifikate.

> Wenn Sie jemanden überzeugen wollen, dessen Bestätigung von innen kommt, sollten Sie sich auf das berufen, was der andere für richtig hält. Falls Sie dagegen an einen Menschen appellieren, der die Bestätigung von außen braucht, sollten Sie sagen, was andere meinen.

Manche suchen Übereinstimmung, andere Verschiedenheit

Worauf schauen Sie zuerst – auf die Ähnlichkeiten oder Unterschiede? Die einen suchen die Übereinstimmungen, die Gleichheit. Sie sehen und konzentrieren sich auf das, was Dinge miteinander gemein haben. Die anderen dagegen suchen die Unterschiede, die Ausnahmen und richten ihr Augenmerk darauf. Man kann sich leicht vorstellen, wie schwierig es für diese unterschiedlich ausgerichteten Menschen wäre, Rapport aufzubauen – ihr Kommunikationstanz wäre ziemlich gekünstelt und unbeholfen.

Wenn Sie mit einem Gesprächspartner zu tun haben, der Übereinstimmungen sucht, für Sie dagegen die Unterschiede und Ausnahmen interessant sind, dann sollten Sie versuchen, entgegen Ihrer eigenen Neigung auch einige Ähnlichkeiten zu entdecken und zu bejahen.

Wenn Sie ein Mensch sind, der die Gemeinsamkeiten sucht, Ihr Kommunikationspartner aber die Verschiedenartigkeit betont, dann sollten Sie auch Unterschiede und Ausnahmen akzeptieren und mit ihnen arbeiten. Beachten Sie die Fähigkeit des anderen, potenzielle Schwierigkeiten zu erkennen. Und hüten Sie sich vor Ihrer eigenen Neigung zur – manchmal unangemessenen – Verallgemeinerung.

Manche Menschen sind Einzelkämpfer, andere Teamarbeiter

Was würden Sie bevorzugen:

- Selbstständig zu arbeiten und allein die Verantwortung für die Ergebnisse zu tragen?
- Als Teil eines Teams mit anderen zusammen zu arbeiten und gemeinsam Erfolge zu erzielen?
- Andere um sich zu haben, aber dennoch für die eigenen Ergebnisse verantwortlich zu sein?

Das erste Punkt beschreibt einen **selbstständigen Arbeitsstil**. Unabhängige Menschen ziehen es vor, nicht zu streng kontrolliert zu werden und ihr »eigener Boss« zu sein. Der zweite Punkt charakterisiert den **kooperativen Arbeitsstil**. Kooperative Menschen arbeiten am besten als Teil einer Gruppe und teilen gerne Verantwortung. Der dritte Punkt beschreibt den **Nähe-Arbeitsstil**, der zwischen den beiden anderen liegt. Es ist schön, andere zur Gesellschaft um sich zu haben, gleichzeitig aber auch allein verantwortlich zu sein.

> Es lohnt sich, den bevorzugten Arbeitsstil der Leute zu kennen, mit denen Sie kommunizieren – denn dann wissen Sie, wie Sie ihnen Informationen am besten präsentieren. Wenn Sie das Meta-Programm des anderen ansprechen, werden Sie den richtigen Ton treffen.

Berücksichtigen Sie die verschiedenen Persönlichkeitstypen

Menschen sind unendlich komplexe Wesen. Wäre es nicht trotzdem schön, wenn wir lernen könnten, grundlegende Persönlichkeitsunterschiede zu erkennen?

Ausgehend von den Arbeiten C.G. Jungs auf dem Gebiet der Persönlichkeitstypologie, haben Psychologen seine Erkenntnisse wesentlich erweitert. Er unterscheidet zwischen **Introvertierten**, die 25 Prozent der Bevölkerung ausmachen und sich hauptsächlich für innere Werte (wie Gedanken und Ideen) interessieren, und **Extrovertierten**, die die anderen 75 Prozent der Bevölkerung darstellen und die eher ein Verhältnis zur äußeren Welt der Menschen und Gegenstände haben. Introvertierte sind beschaulich – sie denken mehr, während Extrovertierte eher tatenorientiert sind – sie sind Macher. Es wird häufig behauptet, dass Introvertierte denken, bevor sie sprechen, während Extrovertierte sprechen, bevor sie denken.

Dann gibt es noch die Orientierung an Aufgaben bzw. Menschen. Manche Menschen konzentrieren sich zunächst einmal auf die vorliegende Aufgabe, auf die Fertigstellung der Arbeit, während sich andere eher auf die zwischenmenschlichen Beziehungen konzentrieren: Verstehen alle unsere Ziele und sind sie auch damit einverstanden? Sind alle zufrieden, fühlen sie sich wohl, sind sie glücklich?

> Finden Sie heraus, welche Ideen dem Introvertierten wichtig sind und passen Sie Ihre Kommunikation seinem Gedankengerüst an.
> Machen Sie Extrovertierten deutlich, dass Ihre Vorstellungen auch den Gedanken anderer entsprechen und sich in die Aktivitäten der übrigen Menschheit einfügen lassen.
> Konzentrieren Sie sich auf die vorliegende Aufgabe bei Gesprächen mit aufgabenorientierten Menschen. Berücksichtigen Sie aber auch menschliche Elemente bei Gesprächen mit beziehungsorientierten Mitarbeitern.

Vier Methoden der Informationsverarbeitung

Jung beschrieb außerdem grundlegende Unterschiede in der Art, wie wir Informationen wahrnehmen, verarbeiten und wie wir damit umgehen. Er fand heraus, dass wir Informationen nach vier Methoden wahrnehmen und verarbeiten: Denken, Fühlen, Intuition und Empfinden. Die meisten von uns neigen dazu, eine oder zwei dieser Methoden zu bevorzugen. Möglicherweise haben wir noch eine dritte Methode in Reserve, sind in der vierten jedoch unterentwickelt. Da wir sie selten anwenden, haben wir sie nie richtig gelernt.

Die Stärke von **Denkern** ist, wie Sie wohl erraten können, klares, logisches Denken. Sie gehen methodisch vor und können Probleme gut analysieren. Sie können mit Fakten und Zahlen sehr gut umgehen und brillieren bei Recherchen und Systemanalysen.

> Helfen Sie den *Denkern*, indem Sie ihnen erklären, welche Theorie oder welches Konzept Ihrem Vorhaben zu Grunde liegt. Präsentieren Sie Informationen in logischer Reihenfolge. Schildern Sie Tatsachen auf neutrale und folgerichtige Weise. An wen erinnert Sie diese Beschreibung? Schreiben Sie sich auch hierzu wieder die Namen auf.

Die Weltsicht von **Gefühlsbetonten** ist durch persönliche Ansichten gefärbt, und ihre Urteile basieren darauf. Sie sind herzlich, umgänglich und genießen die Gesellschaft anderer. Sie übertreffen sich darin, Gruppenbeziehungen zusammenzuhalten. Ihre Stärke ist die Beratung, Schlichtung und die Öffentlichkeitsarbeit.

> Im Umgang mit *Gefühlsbetonten* sollten Sie Ihre Wertvorstellungen ausdrücklich klarlegen, damit die anderen Sie einschätzen können. Sorgen Sie dafür, dass sie sich unterstützt und akzeptiert fühlen. Notieren Sie sich die Menschen, auf die diese Beschreibung zutrifft.

Intuitive haben eine blühende und kreative Vorstellungskraft. Sie arbeiten mit ihrer Intuition, ihren Gefühlen und Ahnungen und haben ein gutes Gespür für das, was möglich ist. Ihre Stärke liegt im langfristigen Planen, im kreativen Schreiben sowie im Hervorbringen von Ideen.

Schildern Sie den *Intuitiven* Ihre Absichten, Ihre Vorstellungen und Ihre Ziele – dann überlassen Sie es ihrer Kreativität, Modalitäten zu finden, um diese Ziele zu verwirklichen. Wen kennen Sie, auf den diese Beschreibung passt? Schreiben Sie die Namen auf.

Sensitive stehen mit beiden Füßen auf dem Boden der Tatsachen, sind tatkräftig und pragmatisch. Sie ziehen Taten Worten und Ideen vor. Sie machen sich am liebsten gleich an die Arbeit. Sie agieren im Hier und Jetzt. Sie sind in ihrem Element, wenn sie Projekte in Gang bringen, Geschäfte einfädeln, verhandeln, Störungen oder Probleme finden und beseitigen sowie Ideen in die Tat umsetzen.

Im Umgang mit *Sensitiven* schmücken Sie Ihre Beschreibungen nicht mit allzu vielen Details oder aufwändigen Theorien. Kommunizieren Sie deutlich und ohne Umschweife. Benutzen Sie dabei konkrete Begriffe, und stellen Sie greifbare Ergebnisse in Aussicht. Notieren Sie sich, an wen Sie diese Beschreibung erinnert.

Vier Persönlichkeitstypen

In ihrer Weiterentwicklung der Arbeiten Jungs unterschieden Katharine Myers und Isabel Briggs bei ihren Forschungen 16 Persönlichkeitstypen. Diese basieren auf den jeweils bevorzugten Verhaltensweisen, wie Menschen mit anderen Menschen bzw. mit Informationen umgehen. Hier haben wir diese 16 Persönlichkeitstypen in zwei Hauptgruppen mit jeweils vier Grundtypen zusammengefasst. Dadurch wird es leichter, die wichtigsten Typenunterschiede zu erkennen, und das erleichtert folglich den Umgang mit den entsprechenden Menschen. Zunächst kombinieren wir die Pole Introversion/Extroversion und Aufgabenorientierung/Menschenorientierung. Daraus ergeben sich die vier Persönlichkeitstypen der ersten Hauptgruppe: **Dominante Manager, Sozial Engagierte, Zuverlässige Partner** und **Gewissenhafte Denker.**

Dominante Manager

Diese Menschen sind Extrovertierte, die sich vornehmlich an Aufgaben orientieren. Sie sind umgänglich, direkt, auf Wettbewerb bedacht und ergebnisorientiert. Sie ergreifen die Initiative, sind bereit, sich mit andern zu konfrontieren, treffen leicht Entscheidungen und sind meistens ehrgeizig. Dominante Manager sind willensstarke und praktische Menschen, die häufig ein starkes Machtbedürfnis haben. Sie übernehmen gerne die Kontrolle und widersetzen sich der Autorität anderer.

Dominante Manager kommen schnell zur Sache – daher gelten sie manchmal als »ungehobelt«, penetrant und ungeduldig. Sie sind immer auf Touren und wollen die Sachen jetzt sofort erledigt sehen. Sie hegen eine Abneigung gegen schlampige Ergebnisse.

> Behandeln Sie den Typus *Dominante Manager* mit der ganzen Achtung, die dieser zu verdienen meint. Lassen Sie ihn in dem Glauben, er habe die Kontrolle. Stellen Sie seine Autorität nicht in Frage. Leisten Sie gute Arbeit. Sprechen Sie präzise, deutlich und kurz gefasst. Überstrapazieren Sie deren Geduld nicht: weder mit abstrakten Theorien und Entwürfen, die sie als substanzlos betrachten könnten, noch mit sehr viel Betonung auf menschlichen Faktoren, die sie als wenig geschäftsmäßig ansehen würden. Konzentrieren Sie sich auf das Endergebnis. Kennen Sie Personen, die diesem Typus entsprechen?Schreiben Sie die Namen auf.

Sozial Engagierte

Sozial Engagierte sind ebenfalls extrovertiert und konzentrieren sich auf menschliche Faktoren. Sie mögen andere Menschen und sind beziehungsorientiert. Sie sind begeisterungsfähig, optimistisch, ge-

sellig, gesprächig, können andere gut überzeugen und handeln impulsiv. Sozial Engagierte sind häufig chaotisch und achten nicht auf Details, können aber andere gut beeinflussen. Sie sind zu Späßen aufgelegt, tatkräftig, kreativ, und sie zeigen ihre Gefühle offen. Sie genießen die Abwechslung, neue Trends und Ideen sowie die Anerkennung ihrer Leistungen. Sozial Engagierte können allerdings auch eitel, reizbar, manipulativ und undiszipliniert sein.

Halten Sie Details sowie Arbeit, bei der es auf Genauigkeit ankommt, fern von den *Sozial Engagierten*, sonst werden sich diese eingeengt vorkommen. Lassen Sie sie reden, teilnehmen, motivieren und eine angenehme Atmosphäre schaffen. Behandeln Sie sie als Freunde. Wen kennen Sie, der diesem Typus entspricht? Schreiben Sie die Namen auf.

Zuverlässige Partner

Zuverlässige Partner sind zwar introvertiert, jedoch auf andere Menschen bezogen. Sie konzentrieren sich auf mitmenschliche Faktoren und Beziehungen, um ihre Aufgabe erfüllen zu können. Sie scheuen Konflikte, ziehen eine vertraute und gleich bleibende Routine vor. Sie sind ruhige und häufig wenig sich selbst behauptende, loyale, stabile und konsequente, wertvolle und gelassene Teammitglieder. Sie sind hilfsbereit und gefällig. Als gute Denker und geduldige Zuhörer können Zuverlässige Partner aufgeregte Gemüter rasch besänftigen. Sie sind der Kitt, der Arbeitsgruppen zusammenhält. Manchmal werden sie von anderen für unsichere, lasche, unbeholfene und besitzergreifende Konformisten gehalten.

Wenn Sie die Gedanken oder Meinungen eines *Zuverlässigen Partners* erfahren wollen, werden Sie viele offene Fragen stellen und aufmerksam zuhören müssen. Diese Mühe wird sich aber lohnen. Achten Sie darauf, Zuverlässige Partner nicht zu übersehen oder ihre Loyalität oder Leistungen nicht als selbstverständlich hinzunehmen. Auf wen trifft dies zu?

Gewissenhafte Denker

Gewissenhafte Denker sind ordnungsliebend und systematisch. Es handelt sich hier um Introvertierte mit einem starken Leistungsbedürfnis und einer Orientierung an Aufgaben. Sie lieben Recherchen und Analysen, gehen Projekte und Aufgaben gewissenhaft und objektiv an. Sie sind ernsthafte, genaue, gut organisierte Perfektionisten, die erstklassige Arbeit leisten. Gewissenhafte Denker können jedoch auch verknöchert, pingelig, zensierend und kritisch sein und sich mit Entscheidungen schwer tun.

Bitten Sie *Gewissenhafte Denker* niemals darum, Arbeiten abzugeben, die unter Zeitdruck ausgeführt werden müssen. Konfrontieren Sie sie auch niemals mit Arbeitsergebnissen, die so zu Stande gekommen sind. Wenn Sie Kritik üben müssen, dann sanft. Erklären Sie die Dinge sorgfältig und beziehen Sie die Details ein, auf die Gewissenhafte Denker so erpicht sind. Wenn Veränderungen notwendig werden, dann erläutern Sie diese deutlich und geben Sie dem Gewissenhaften Denker Zeit, nachzufragen und sich auf die Veränderungen einzustellen. Sicher kennen Sie Leute, auf die diese Beschreibung passt. Notieren Sie sich diese.

Vier Temperamente

Die zweite Hauptgruppe enthält ebenfalls vier Persönlichkeitstypen: **Analytiker, Gewissenhafte, Realisten** und **Einfühlsame**. Diese Bezeichnungen heben wichtige Unterschiede zwischen den einzelnen Menschen hervor.

Analytiker

Analytiker machen etwa zwölf Prozent der Bevölkerung aus. Sie sind fähig, intuitiv zu denken, und werden wegen ihrer Kreativität und ihres Einfallsreichtums geschätzt. Sie sind ernste, tüchtige, strebsame und selbstmotivierte Menschen, von denen es häufig heißt, sie seien mit ihrer Arbeit verheiratet. Analytiker sind abstrakte, theoretische, logische Denker, die am besten allein arbeiten.

Halten Sie Details, Routinearbeit und praktische Angelegenheiten von den *Analytikern* fern. Sagen Sie ihnen, was Sie wollen, und geben Sie ihnen dann die Freiheit, dafür einen Plan zu entwickeln. Verschaffen Sie ihnen auch die Möglichkeit, alles selbst einzuteilen. Lassen Sie ihnen viel freie Hand.

Gewissenhafte

Gewissenhafte (gut 40 Prozent der Bevölkerung) sind konservativ, ernst, loyal, verantwortungsbewusst, konsequent und praktisch veranlagt. Sie tendieren dazu, vorsichtig zu sein, sie suchen Sicherheit und meiden Veränderungen. Gerne beschäftigen sie sich mit Details und arbeiten am besten in strukturierten, überschaubaren Situationen, in denen sie Regeln und Abläufe zuverlässig einhalten werden.

Stellen Sie *Gewissenhaften* sämtliche Details zur Verfügung, die sie benötigen, um ihre Arbeit fertig zu stellen. Geben Sie ihnen formelle Zeichen der Anerkennung für ihre Beiträge und Bemühungen. Seien Sie pünktlich und konsequent im Umgang mit ihnen. Bereiten Sie ihnen keine Überraschungen, denn sie werden sich gegen Veränderungen sträuben. Zwingende Veränderungen sollten Sie daher am besten ausführlich und sorgfältig erklären. Verlassen Sie sich darauf, dass sie sich an die üblichen Abläufe halten werden.

Realisten

Realisten stellen etwa 35 Prozent der Bevölkerung dar. Sie sind technisch begabte, pragmatische, hemdsärmelige, handlungsorientierte Menschen. Unkonventionell, spontan, impulsiv und zu Späßen aufgelegt, genießen sie Aufregungen. Realisten sind aufgeschlossen, tolerant, flexibel und können mit Veränderungen gut umgehen.

Sorgen Sie dafür, dass *Realisten* gut vorbereitete, praxisbezogene Arbeiten bekommen, und helfen Sie ihnen, sich zu organisieren und ihre Zeit einzuteilen. Gestatten Sie ihnen viel Freiraum und so viel Abwechslung, dass es ihnen nicht langweilig wird und sie »herumgammeln«. Helfen Sie ihnen, ihre Fähigkeiten weiterzuentwickeln. Verlassen Sie sich darauf, dass sie die Herausforderung einer Krise meistern werden. Genießen Sie ihre Gesellschaft.

Einfühlsame

Einfühlsame sind Menschen, die von Natur aus anleiten, helfen, unterstützen und ermuntern. Sie sind warmherzig, spirituell und kommunikativ. Intuition und Gefühl sind ihre Stärken. Sie streben nach Harmonie und nach einer tieferen, inneren Bedeutung des Lebens. Sie machen etwa 13 Prozent der Bevölkerung aus.

Geben Sie *Einfühlsamen* persönliche Instruktionen und Ermunterung. Sorgen Sie dafür, dass sie spüren, wie wichtig ihre Arbeit ist. Würdigen Sie ihre Beiträge. Wenn Sie doch ein negatives Feedback geben müssen, achten Sie darauf, dass dies nicht als persönlicher Angriff gedeutet werden kann. Einfühlsame sollten autonom arbeiten können und eine Chance bekommen, sich weiterzuentwickeln. Belasten Sie sie nicht mit Details.

Wie bei den Meta-Programmen gilt auch hier: Keiner dieser vier Persönlichkeitstypen oder keines der Temperamente ist besser oder schlechter als der oder das andere – jeder ist verschieden und auf seine Weise wertvoll.

Es besteht kein Zweifel, dass wir uns besser mit anderen verständigen können, wenn wir die entscheidenden Unterschiede zwischen den Menschen erkennen. Erfolgreiche Kommunikation nutzt diese Einteilung, um die Stärken der anderen zu erkennen und damit zu arbeiten. Wir sind alle verschieden, und gerade diese Unterschiede machen das Leben interessant und bringen uns weiter. Denn: *Wenn zwei Menschen das Gleiche denken würden, wäre einer von ihnen überflüssig.*

Im Gespräch mit anderen sollten Sie überlegen, wie Sie sich mit ihnen verständigen. Häufig bedeutet dies, dass Sie Ihre Kommunikation darauf abstimmen müssen, wie Ihr Gesprächspartner mit Informationen und Eindrücken umgeht. Versuchen Sie es – und Sie werden sehen, dass sich viele Kommunikationsprobleme wie von selbst lösen.

Sechster Teil

Weiterkommen und Fortschritte machen

Lernen Sie, wie man erfolgreich mit schwierigen Menschen umgeht, Konflikte und Probleme löst, Beschwerden handhabtund effektive Entscheidungen herbeiführt.

Wir haben gute Informationen empfangen. Wir haben gute Informationen gesendet. Jetzt ist es an der Zeit, durch gezielte Überlegungen und Analysen sowie durch methodisches Vorgehen Fortschritte und Resultate zu erzielen. Denn: »Reden ist viel wert. Aber damit werden noch keine Rechnungen bezahlt.«

Rezepte zur Konfliktlösung

Mit Konflikten sicher umgehen

»Man muss geben und nehmen können«, »Es ist wichtig, dass alle gewinnen«, »Höre auf den anderen, und finde heraus, was er wirklich will«, »Du wirst die Quittung bekommen, wenn du andere schlecht behandelst«. Jeder, der diese Sprüche äußert, meint im Prinzip das Gleiche: Wenn es einen Verlierer gibt, dann hat eigentlich niemand eine Auseinandersetzung gewonnen.

Meinungsverschiedenheiten, Unstimmigkeiten, Auseinandersetzungen, Rivalitäten, Streitigkeiten, Zwietracht – kurzum, Konflikte in unterschiedlichen Formen – sind weit verbreitet. Nicht sie sind jedoch das Problem, sondern unser Umgang mit ihnen.

Probleme und Schwierigkeiten offen darlegen und besprechen

Eine der wichtigsten kommunikativen Fertigkeiten ist die Fähigkeit, Konflikte gemeinsam anzugehen, um so zu einer allseits befriedigenden Lösung zu kommen.

Ein positives Denkmuster macht es uns möglich, Probleme und Schwierigkeiten auf eine sachliche und freundliche Art zu thematisieren. Wir können sie besprechen, analysieren und diskutieren. Sobald wir herausgefunden haben, wie der andere das Problem sieht, können wir es auch gemeinsam zu lösen versuchen.

Fünf Möglichkeiten, Konflikte anzugehen

Kooperation

Wenn es unser Hauptanliegen ist, eine für beide Seiten annehmbare Lösung zu finden, werden wir das Problem gemeinsam besprechen. Wir werden uns die Zeit nehmen, den Standpunkt und die Vorstellungen des anderen anzuhören und zu verstehen. Anschließend werden wir nach einer für alle akzeptablen Lösung suchen, mit der wir beide leben und die wir auch unterstützen können. Das ist die partnerschaftliche »**Win-win-Methode**«.

Wenn es wichtig ist, dass sowohl unseren Wünschen als auch denen unseres Gesprächspartners Rechnung getragen wird, wollen wir gemeinsam eine Lösung finden. Diese Methode bringt uns doppelten Gewinn: Sie ist nicht nur dafür geeignet, gangbare Lösungen zu finden, sondern eignet sich auch hervorragend dazu, die zwischenmenschlichen Beziehungen zu verbessern.

Wann sollten wir die partnerschaftliche Methode wählen?

- Wenn wir tragfähige Beziehungen aufbauen müssen.
- Wenn wahrscheinlich ist, dass sich die Situation wiederholt.
- Wenn unsere Ziele zu wichtig sind, um Kompromisse zu schließen.
- Wenn wir auf die Unterstützung und Mitarbeit des anderen angewiesen sind, damit eine Vereinbarung funktioniert.

Zwang

Wie reagieren Sie, wenn Ihnen jemand seine Lösung aufdrängt? Mit Empörung, Wut, Widerstand? Würden Sie sich am liebsten rächen oder es dem anderen heimzahlen? Hat der andere dann zwar »die Schlacht, aber nicht den Krieg« gewonnen? Die meisten Menschen reagieren so, wenn ihnen etwas aufgezwungen wird und ihre Bedürfnisse ignoriert werden. Mit der »**Gewinner-Verlierer-Methode**«, die Druck ausübt (Ich gewinne, du verlierst) werden wir wahrscheinlich erreichen, was wir wollten – aber sie hat ihren Preis.

Manchmal ist es das wert: Die Angelegenheit ist vielleicht so bedeutsam oder die Zeit so knapp, dass die Bedürfnisse des anderen nicht berücksichtigt werden können. Dennoch sollten wir nur im Notfall Druck ausüben.

> Zwingen Sie anderen keine Lösungen auf – es sei denn, es ist absolut unvermeidlich. Dann hüten Sie sich jedoch vor den voraussichtlichen Konsequenzen.

Vermeidung

Eine weitere Möglichkeit ist es, ein Problem zu vermeiden. Dies ist die »*Alle-verlieren-Methode*«, es gewinnt keiner, da die Meinungsverschiedenheit ignoriert wird. Manchmal kehren wir das Problem unter den Teppich und tun, als ob es nicht existieren würde. Dann wieder lassen wir den Konflikt andauern. Oder wir »hoffen das Beste« und überlassen eine Lösung dem Schicksal oder dem Zufall.

INFO

Wann sollten wir einen Konflikt vermeiden?

Wenn die Situation wahrscheinlich nicht wieder auftreten wird.
Wenn die Angelegenheit nicht weiter von Bedeutung ist.

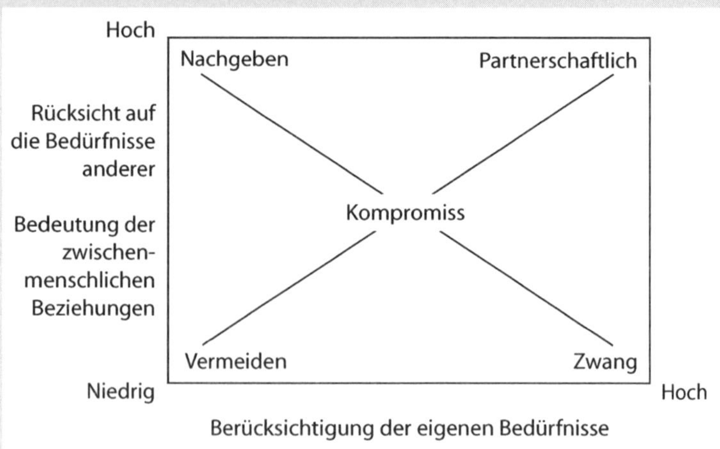

Praktisch bedeutet dies, dass die Wünsche und Bedürfnisse keiner der beiden Parteien berücksichtigt werden.

Es kann durchaus sein, dass die betroffenen Personen davon profitieren, wenn eine Konfliktsituation bestehen bleibt. Es kann spannend sein; als Ausrede für nicht erledigte Arbeit dienen; und es kann Gesprächsstoff bieten oder uns Aufmerksamkeit einbringen. – Letzten Endes jedoch wird sich das Problem allmählich verschlimmern und die Beziehung leiden, wenn wir das Problem – aus welchem Grund auch immer – nicht angehen.

Nachgeben

Die vierte Möglichkeit besteht darin nachzugeben, also dem anderen seinen Willen zu lassen. Dies ist die »Verlierer-Gewinner-Methode«, da wir die Bedürfnisse und Wünsche des anderen berücksichtigen, bisweilen sogar auf unsere Kosten.

INFO

Wann sollten wir nachgeben?

- Wenn die Harmonie wichtiger ist als das Problem.
- Wenn die Angelegenheit dem anderen mehr bedeutet als uns.
- Wenn wir nicht gewinnen können.
- Wenn wir uns irren.

Nachgeben kann also nur dann sinnvoll sein, wenn uns die Angelegenheit nicht besonders viel bedeutet oder uns die zwischenmenschliche Beziehung wesentlich wichtiger als die Sache ist.

Geben Sie aus Gewohnheit nach? Richten Sie sich nach dem anderen, auch wenn es Ihnen Ungelegenheiten bereitet, Sie aufregt oder es Ihnen unangenehm ist? Wenn ja, üben Sie zu sagen, was Sie denken und was Sie vorziehen würden.
Geben Sie nicht nach oder vermeiden Sie kein strittiges Thema, nur weil Sie sich nicht dem Problem stellen wollen. Das kann dazu führen, dass Sie Ihre Wut, Ihren Schmerz oder Ihren Groll auf weniger konstruktive Weise »herauslassen« und dadurch Beziehungen Schaden nehmen oder zerstört werden.

Kompromiss

Die fünfte und letzte Möglichkeit der Konfliktlösung besteht darin, einen Mittelweg zu finden. Obwohl die Wünsche und Bedürfnisse beider Parteien nicht absolut befriedigt werden, ist ein Kompromiss doch oft die bestmögliche Lösung. Es wird eine einigermaßen schnelle, annehmbare und durchführbare Problemlösung erreicht, und auch die Beziehung wird wenig belastet.

INFO

Wann sollten wir einen Kompromiss schließen?

- Wenn die Angelegenheit beiden zwar etwas bedeutet, aber die zeitaufwändige Suche nach einer Lösung nicht wert ist.
- Wenn das Problem nur vorübergehender Natur und eine schnelle Lösung angezeigt ist.
- Wenn wir keine Zeit für eine ausführliche Diskussion haben, aber doch einige unserer Ziele schnell verwirklichen wollen.

Denken Sie erst darüber nach

Worum geht es bei dem Konflikt? Wenn wir die Ursache des Konfliktes erkennen, wissen wir, wo wir die Lösung suchen müssen.

Wenn Sie mit einer Situation konfrontiert werden, in der es verschiedene widersprüchliche Wünsche bzw. Lösungen gibt, oder wenn Sie ein Problem erkannt haben, das gelöst werden muss: Werden Sie sich klar darüber, was Sie wollen.

Manchmal hat es mit der **Persönlichkeit** des anderen zu tun. Die kleinen Marotten, Gewohnheiten, Eigenheiten oder das ganze persönliche Auftreten des anderen können uns zuweilen ärgern. Da es jedoch unwahrscheinlich ist, dass andere Menschen ihre Persönlichkeit uns zuliebe ändern, ist es normalerweise am besten, wenn wir über diese Unterschiede hinwegsehen und lernen, damit zu leben.

Auseinandersetzungen über **Ziele** profitieren dagegen häufig von Kompromissen oder partnerschaftlichem Vorgehen. Bei dem Versuch, gemeinsame Ziele zu finden, könnten wir entweder den größeren Zusammenhang oder die einzelnen Aspekte ins Auge fassen. Die entscheidende Frage ist: Wie können wir den Bedürfnissen von uns beiden gerecht werden?

Ein Streit über **Fakten** kann verhältnismäßig leicht geklärt werden. Vertagen Sie die Diskussion, bis Sie sich informieren konnten. Dagegen sind Konflikte, bei denen es um **Wertvorstellungen** geht, schwer zu lösen. Wahrscheinlich ist es das Beste anzuerkennen, dass wir die Werte eines anderen Menschen nicht ändern können – sie sind zu tief verwurzelt.

Unklare Erwartungen oder Ansprüche führen oft zu Streitigkeiten. Wir können unser Gesicht wahren, indem wir dies als Ursache des Problems zugeben: »Ich weiß, dass ich Ihnen nicht klar gesagt habe, X zu machen, daher kann ich verstehen, dass Sie überrascht sind.« **Druck** mag schnelle Ergebnisse bringen, und **Vermeidung** kann der einfachste Weg sein, aber letztendlich ist eine partnerschaftliche Zusammenarbeit befriedigender.

Zielen Sie auf »Alle gewinnen«

Die Suche nach einem Lösungsweg, bei dem alle Parteien gewinnen, ist ausschlaggebend für eine erfolgreiche Kommunikation. Wie können wir das praktisch umsetzen? Nachfolgend sind einige Verhaltensweisen aufgeführt, die sich als nützlich bzw. hinderlich bei schwierigen Verhandlungen erwiesen haben.

Wie heißt es doch so schön: »Die einzigen Leute, die sich beide Seiten eines Streites anhören, sind die Nachbarn.« Damit das nicht auf Sie zutrifft, lernen Sie im Folgenden eine Zusammenstellung der Zutaten erfolgreicher Konfliktlösung kennen.

INFO

Wie beide Parteien gewinnen können

Fähigkeiten, die Sie anwenden sollten

- Gute Informationen empfangen,
- sich auf den jeweiligen Gesprächspunkt konzentrieren,
- geduldig sein,
- das Thema und seine Bedeutung herausstellen,
- zuhören, damit der andere uns auch zuhört,
- der Wille, eine Einigung zu erzielen,
- andere Meinungen respektieren,
- sich auf die gemeinsamen Vorstellungen konzentrieren,
- Beschwerden vorbringen und Probleme deutlich machen,
- gemeinsame Wünsche beachten.

Fallen, die Sie umgehen sollten

- Das Gespräch und sein Ergebnis wie einen Wettkampf behandeln,
- an der eigenen Meinung festhalten,
- schreien und die Kontrolle verlieren,
- Unterbrechungen,
- alle reden gleichzeitig,
- anderen eine »Lösung« aufzwingen,
- undeutliche Zielsetzung,
- nur auf die eigenen Bedürfnisse und Wünsche achten,
- nicht zu geben wollen, dass der andere Recht hat,
- voreilige Schlüsse ziehen.

Gegenseitige Achtung

Wir haben im Kapitel »Kommunikation beruht auf Gegenseitigkeit« (s. S. 90ff.) gesehen, dass gegenseitige Achtung ein Grundstein erfolgreicher Kommunikation ist. Wenn wir uns selbst achten, wollen wir Probleme und Schwierigkeiten, auf die wir stoßen, lösen und dabei sichergehen, dass unsere Bedürfnisse und Wünsche durch die Lösung befriedigt werden. Der Respekt für unseren Gesprächspartner lässt uns darauf achten, dass seine Anliegen ebenfalls berücksichtigt werden. Gegenseitige Achtung führt zu Lösungen, bei denen beide gewinnen.

Suchen Sie nach einem gemeinsamen Nenner

Es kommt sehr selten vor, dass zwei Menschen völlig unterschiedliche Ansichten und keinerlei Gemeinsamkeiten haben. Wenn wir intensiv genug daran arbeiten, werden wir bestimmt Berührungspunkte oder gemeinsame Ziele entdecken, auf denen sich eine Lösung aufbauen lässt – und fast unmerklich sind wir keine Gegner mehr, sondern stehen auf derselben Seite.

Wenn wir beide darin übereinstimmen, dass wir dies zur größten und einträglichsten Festlichkeit schlechthin machen wollen oder dass die Arbeitszufriedenheit und die Arbeitsplatzsicherheit in unserer Abteilung gesteigert werden sollen, wird es einfacher sein, eine Lösung zu finden. Wir haben dann einen gemeinsamen Rahmen und ein Ziel, auf das wir miteinander hinarbeiten können.

Stellen Sie die Bedürfnisse, Wünsche und Sorgen fest

In jeder Situation haben wir Bedürfnisse und Wünsche, die berücksichtigt werden müssen bzw. bei denen es wünschenswert ist, dass sie berücksichtigt werden, damit wir mit der Lösung zufrieden sind. Wir haben auch Sorgen oder Bedenken in Bezug auf Dinge, die aus unserer Sicht nicht passieren sollten, weil sie für uns oder für diejenigen, die wir vertreten, irgendwie von Nachteil wären. Nehmen Sie sich Zeit, um die andere Seite zu hören!

Genauso wie wir hat unser Gesprächspartner Bedürfnisse, Wünsche und Sorgen. Solange wir diese nicht richtig verstehen, werden wir mit unseren Gesprächen wahrscheinlich nicht weiterkommen. Das Verständnis für den anderen motiviert uns nicht nur, eine Lösung zu finden, die beide Parteien zufrieden stellt, sondern erleichtert diesen Prozess auch.

Wenn Sie sowohl Ihre eigenen Bedürfnisse, Wünsche und Sorgen als auch die Ihres Gesprächspartners offen aussprechen, werden in der Regel Gemeinsamkeiten deutlich. Diese ist ein tragfähiges Fundament, auf dem Sie bauen können.

Formulieren Sie das Problem oder die Streitfrage neu

Eine neue Formulierung, eine andere Perspektive oder eine andere Betonung kann uns manchmal aus einer schwierigen Situation heraushelfen. Wir können etwas Abstand nehmen und den Streit im größeren Zusammenhang sehen; wir können auch näher herangehen und uns Einzelheiten anschauen, oder zur Seite treten, um den Konflikt aus einem anderen Blickwinkel zu betrachten. Je mehr wir uns »um das Problem herum bewegen«, um es von allen Seiten anzuschauen, desto eher werden wir es verstehen und eine Antwort finden.

Finden Sie ein für alle annehmbares Ziel – dann arbeiten Sie rückwärts

Welches Endergebnis wünschen sich beide Parteien? Was muss zuerst geschehen? Was muss davor passieren? Und davor? Vergessen Sie die »Gewinner-Verlierer-Methode« – sie ist im Sport angebracht. Ein Konflikt ist kein Wettkampf.

Konzentrieren Sie sich auf Ihre Ziele

Wenn wir uns auf unsere Konfliktpunkte fixieren, werden wir nicht weiterkommen. Wir müssen uns darauf konzentrieren, wie wir die gemeinsamen Ziele erreichen, damit wir einen Weg um unsere Probleme herum finden.

Entwickeln Sie Alternativen

Suchen Sie die eine optimale Antwort? Wahrscheinlich gibt es sie nicht – das moderne Leben ist zu vielschichtig! Die Wirklichkeit sieht so aus, dass es vermutlich mehrere denkbare Alternativen gibt und nur zu entscheiden ist: Mit welcher Lösung können wir jetzt, in dieser Situation, am besten leben?

> Halten Sie mehrere Lösungsmöglichkeiten bereit, die für Sie annehmbar wären: je mehr, desto besser. Seien Sie sich aber auch darüber im Klaren, was Sie nicht akzeptieren könnten.
> Einigen Sie sich auf eindeutige Ziele und klare Erwartungen, anhand derer Sie Lösungsmöglichkeiten beurteilen können.

Bleiben Sie offen für neue Ideen

Rigides Denken, »Scheuklappen« sowie vorgefasste Meinungen machen alle Versuche einer konstruktiven Konfliktlösung zunichte. Sie führen dazu, dass ein Problem so behandelt wird, als gebe es nur konkurrierende Lösungen bzw. nur einen möglichen Weg (nämlich den eigenen). Das macht es schwierig und eventuell sogar unmöglich, Meinungsverschiedenheiten zur allgemeinen Zufriedenheit beizulegen.

Je aufgeschlossener wir an ein Problem herangehen und nach Alternativlösungen suchen, desto größer sind die Chancen, dass wir einen Weg aus dem Konflikt finden. Eine flexible Haltung erlaubt uns, andere Meinungen anzuhören und verschiedene Lösungsmöglichkeiten zu prüfen.

Vergessen Sie nicht das Gesetz der psychologischen Reziprozität

Im Kapitel »Wir ernten, was wir säen« (s. S. 30ff.) haben wir gelernt: »Verhalten erzeugt Gegenverhalten«. Dieses Prinzip ermahnt uns, darauf zu achten, dass sowohl unser verbales als auch unser nonverbales Kommunikationsverhalten einen Konflikt entschärft und nicht etwa hervorruft.

Seien Sie positiv

Jawohl: Verhalten erzeugt Gegenverhalten, und so ist sowohl negatives als auch positives Denken ansteckend. Eine negative Haltung ist deprimierend und destruktiv.

INFO

So wird aus einem Streit ein Dialog

Wenn Sie verhindern wollen, dass ein Streit eskaliert, versuchen Sie es mit den folgenden Tipps:

- Bitten Sie den anderen darum, ein Beispiel zu nennen – oder führen Sie selber eines an.
- Fragen Sie nach bzw. geben Sie selber mehr Informationen: »Kannst du mir mehr dazu sagen, warum dir das so am Herzen liegt?« »Kann ich dir noch mehr zu ... sagen?«
- Fassen Sie das bisher Gesagte zusammen – »Wenn ich Sie richtig verstanden habe ...«
- Sagen Sie deutlich, was Sie möchten – »Könnten Sie Ihre Vorstellungen weniger persönlich formulieren?«
- Bleiben Sie bei den entscheidenden Punkten – »Ich denke, damit kommen wir jetzt vom Thema ab ...«
- Bleiben Sie ruhig und achten Sie auf Ihre Sprache!
- Machen Sie eine Pause, wenn die Atmosphäre zunehmend angespannt ist. Holen Sie sich vielleicht ein Glas Wasser, bitten Sie um Zeit zum Nachdenken.
- Fassen Sie – jeder von Ihnen – zwischendurch Ihre Sicht der Dinge zusammen.
- Fragen Sie einen Dritten um seine Meinung.
- Beziehen Sie sich immer wieder auf Ihren gemeinsamen Nenner und Ihre gemeinsamen Ziele.

Aussagen wie »Das wird nie klappen«, »Damit kommen wir nie im Leben weiter« und »Sie liegen total falsch« ziehen eine kontraproduktive Spirale von Angriffen, Gegenangriffen und Auseinandersetzungen nach sich. Aber genauso ist eine positive Vorgehensweise ansteckend. Sie ist aufbauend und ermutigend.

Bevor Sie jemandem widersprechen, skizzieren Sie Ihre Gründe und schließen dann mit einem Satz wie: »Und deshalb sehe ich das anders.« Oder Sie fassen zusammen, wie Sie die Meinung des anderen verstanden haben, und fügen dann hinzu: »Und so sehe ich es ... «
Geben Sie alle Ihre positiven und neutralen Äußerungen klar als solche zu erkennen: »Ich stimme zu und ...«, »Ich möchte da eine Frage stellen ... «, »Um dann zusammenzufassen ...«

Setzen Sie sich neben den anderen

Wenn jemand neben uns statt uns gegenüber sitzt, wird es schwierig, sich mit ihm zu streiten – denn dann sind wir buchstäblich »auf derselben Seite«. Das fördert die Kooperation und eine partnerschaftliche Haltung: »Wir arbeiten an einem Problem, das uns beide angeht.« Das mag subtil sein, aber es wirkt.

Probleme lassen sich am besten im Sitzen diskutieren. Wenn wir stehen, kommt es eher vor, dass die Körpersprache aggressiv und einschüchternd wird oder der andere es so deutet.

Arbeiten Sie gemeinsam an Problemlösungen

Wir engagieren uns alle stärker für eine Lösung, die wir mit ausgearbeitet haben und die zumindest einige unserer Anliegen einbezieht. Wenn wir Informationen und Ideen miteinander teilen, wenn wir über unsere Bedürfnisse, Wünsche und Sorgen sprechen und nach einem Weg suchen, der möglichst viele dieser Anliegen berücksichtigt, werden wir uns stärker für diese Lösung einsetzen und einander gleichzeitig besser verstehen.

Ersetzen Sie »aber« durch »und«

Das Wort »aber« setzt sich über die Meinung des anderen hinweg. Es ist ein verbaler Hammer, der verneint, was zuvor gesagt worden ist, Widerspruch signalisiert und den zwischenmenschlichen Beziehungen schadet: »Ich verstehe, was Sie meinen, aber ...«; »Sie haben gute Arbeit geleistet, aber ...«. Ein »aber« kündigt »schlechte Nachrichten« an.

> Das Wort »aber« ist für sehr viele Spannungen und Streitigkeiten verantwortlich. Das Gleiche gilt für »obwohl«, denn dies ist nur eine längere Version von »aber«. – Ersetzen Sie die Worte »aber« und »obwohl« durch das Wort »und«: »Ich stimme dir zu und ...«, »Ich verstehe deinen Standpunkt und ...«, »Ich respektiere, wie sehr Ihnen das am Herzen liegt, und ...« So können Sie Ihre Meinung vortragen, ohne sich den anderen zum Feind zu machen.

Das Wort »*aber*« blockiert; »*und*« dagegen baut auf und zeigt, dass wir zugehört und verstanden haben. Es bestätigt und ergänzt, was unser Gesprächspartner gesagt hat. Mit einem »und« beziehen wir uns auf die Äußerungen des anderen, mit einem »aber« gehen wir darüber hinweg. Das Wort »und« hilft, einen Streit abzuwenden, weil es zwei Standpunkte gelten lässt: »Dies ist deine Meinung, und das ist meine Sicht der Dinge.« Manchmal ist es möglich, ein »aber« direkt durch ein »und« zu ersetzen – dann wieder müssen wir den Satz umformulieren und anders argumentieren. In einem solchen Fall ist die Neuformulierung stets aussagekräftiger, partnerschaftlicher und effektiver als die ursprünglich beabsichtigte Version.

Wenn Ihre Vorgehensweise nicht funktioniert, ändern Sie etwas

»Das habe ich dir bestimmt schon zum tausendsten Mal gesagt!« Wenn es aber die ersten hundert Male nicht funktioniert hat, warum erwarten wir dann, dass es dieses Mal klappen wird? Versuchen Sie doch etwas anderes!

Atmen Sie tief durch

Stress und Spannungen verhindern, dass das Gehirn so leistungsfähig arbeitet, wie es eigentlich könnte. Warum? Wenn wir uns aufregen oder uns irgendwie bedroht fühlen, entzieht das affektive Zentrum des Gehirns dem Neocortex, unserem »denkenden Hirn«, Sauerstoff und löst den Adrenalinreflex aus. Wenn das geschieht, können wir nicht mehr klar denken. Unser Körper ist auf Kampf oder Flucht eingestellt (s. S. 191ff.), und eine Auseinandersetzung ist das vorhersehbare Ergebnis.

In einer Situation, in der die Kommunikation schwierig ist, brauchen wir aber unseren ganzen Verstand, um das Gespräch zu führen, um nach Alternativen zu suchen, um Empathie zu zeigen. Tief einatmen fördert die Sauerstoffversorgung des Neocortex – wir können wieder klar denken. Es wirkt unserer natürlichen Neigung entgegen, flach zu atmen, wenn wir unter Druck stehen, und es unterbricht den Adrenalinreflex. Anstatt flach zu atmen: Atmen Sie tief ein. Schon drei tiefe Atemzüge werden Ihnen helfen, sich zu entspannen. Ihre Angst wird vermindert, und Sie bekommen wieder einen klaren Kopf. Gehirn und Herz werden besser mit Sauerstoff versorgt – das hat eine beruhigende Wirkung und trägt dazu bei, dass Sie klarer und kreativer denken können.

INFO

Wie man richtig atmet

Atmen Sie aus dem Bauch: Legen Sie eine Hand auf Ihre Brust, die andere 5 cm unter Ihren Nabel. Die Hand auf Ihrem Bauch sollte sich heben.

Einatmen durch die Nase ... ausatmen durch den Mund.
Einatmen durch die Nase ... ausatmen durch den Mund.
Einatmen durch die Nase ... ausatmen durch den Mund.

Sprechen Sie über Ihre Gefühle

Manchmal ist es hilfreich, den anderen wissen zu lassen, wie es uns während des Gesprächs geht. Zum Beispiel: Wenn wir den Eindruck haben, dass sich ein Gespräch im Kreis dreht, und uns nach einer Pause zu Mute ist, können wir sagen: »Ich glaube, wir haben das Thema jetzt schon mehrfach angesprochen, vielleicht sollten wir erst einmal eine Pause einlegen.« (Wahrscheinlich wird Ihr Gesprächspartner das genauso empfinden.)

Zu sagen, was wir fühlen, kann nützlich sein, wenn eine Diskussion hitzig wird. Fragen können vorwurfsvoll klingen und Streit heraufbeschwören, aber zu sagen, was wir denken oder fühlen, kann dem Gespräch eine neue Offenheit verleihen.

Arbeiten Sie mit Humor

Humor (nicht Ironie!) kann Spannungen abbauen und für einen freundlichen Gesprächston sorgen. Er schützt uns vor Stress und kann bedrohliche Situationen entschärfen. Humor trägt dazu bei, dass ein Gespräch partnerschaftlich verläuft. Er aktiviert unsere rechte Hirnhälfte und erhöht die Wahrscheinlichkeit, einen unerwarteten Durchbruch zu finden.

Unterbrechen Sie den anderen nicht bzw. lassen Sie sich nicht unterbrechen

Die Gedanken eines anderen Menschen zu unterbrechen ist genauso unhöflich, wie ihm auf die Zehen zu treten. – Wenn Sie unterbrochen werden, sagen Sie ruhig und sachlich etwas in der Art: »Rick, ich würde gern zu Ende ausführen, was ich in diesem Fall für die entscheidenden Fragen halte.«

Reden Sie im Wechsel mit Ihrem Gesprächspartner. Fassen Sie die Ansicht des anderen noch einmal in eigene Worte, bevor Sie Ihren Standpunkt darlegen.

Warten Sie den richtigen Zeitpunkt ab

Cato meinte vermutlich nicht, dass wir für immer den Mund halten sollten. Vielmehr wollte er wohl darauf hinweisen, wie weise es ist, den rechten Augenblick abzuwarten, um ein Gespräch zu eröffnen. Ein ruhiger, ungestörter, sicherer Ort und genug Zeit, um die Angelegenheit gründlich zu besprechen – wenn diese Bedingungen gegeben sind, ist der richtige Zeitpunkt für ein Gespräch gekommen.

Sie haben nun neunzehn »Zutaten« aus dem Rezept zur Konfliktlösung kennen gelernt. Überdenken Sie alle noch einmal sorgfältig, und stellen Sie sich vor, wie Sie diese in Ihrem täglichen Leben einsetzen könnten. Beobachten Sie, wie sie von erfolgreichen Gesprächspartnern eingesetzt werden. Versuchen Sie sie dann selbst anzuwenden – die Ergebnisse werden Sie überraschen.

Der Umgang mit schwierigen Menschen

Wie Sie auch bei den schwierigsten Menschen ruhig und gelassen bleiben

In diesem Kapitel befassen wir uns damit, wie man mit schwierigen Menschen umgeht. Es werden zehn Prinzipien vorgestellt, an die man in jeder problematischen Gesprächssituation denken sollte.

Erster Grundsatz: Lassen Sie schwierige Menschen wissen, dass Sie sie gehört und verstanden haben.
Häufig werden Menschen schwierig, wenn Sie den Eindruck haben, dass ihre Botschaft beim anderen nicht ankommt. Um unsere Aufmerksamkeit zu gewinnen, greifen sie vielleicht zu heftigen Worten, werden laut, übertreiben oder werden ausfällig. – Wenn wir dem anderen Beachtung schenken, wirklich zuhören und das sowohl durch unsere Körpersprache als auch durch unsere Antworten zeigen, ist die Wahrscheinlichkeit geringer, dass unser Gesprächspartner »schwierig« wird. Ist dies bereits eingetreten, wird er in der Regel seine Stimme senken und wieder vernünftiger werden – denn wir haben ihn wahrgenommen und seinen Standpunkt gehört.

Zweiter Grundsatz: Nehmen Sie es nicht persönlich.
Schwieriges Verhalten ist normalerweise nicht gegen uns persönlich gerichtet. Es kann sich gegen die Welt im Allgemeinen oder gegen »Menschen wie uns« (das heißt unsere Berufsgruppe) oder gegen das Unternehmen, das wir repräsentieren, richten. Wenn es jedoch persönlich gemeint ist, können Sie Folgendes tun.

Dritter Grundsatz: Der andere kann es wahrscheinlich nicht besser.
Die meisten von uns haben ein bestimmtes Repertoire an Methoden und Verhaltensweisen, die wir in Gesprächen einsetzen. Wir nutzen sie, weil sie funktionieren – das war in der Vergangenheit so, und wir

INFO

Wenn jemand sagt, Sie hätten ihn verärgert oder beleidigt

- Fragen Sie: »Was genau habe ich gesagt oder getan, was dich aufgeregt hat?«
- Hören Sie aufmerksam zu und geben Sie dem anderen Gelegenheit, alles loszuwerden.
- Danken Sie dem anderen dafür, dass er Ihnen das gesagt hat.
- Fragen Sie: »Was kann ich tun, um das wieder in Ordnung zu bringen?«

erwarten es auch für die Zukunft. Falls wir keinen Erfolg haben, sind wir möglicherweise flexibel genug in unserem Kommunikationsverhalten, um eine alternative Vorgehensweise zu versuchen – vielleicht aber auch nicht.

Menschen, die immer ein schwieriges Gesprächsverhalten zeigen, haben ein besonders begrenztes kommunikatives Repertoire. Wahrscheinlich machen sie einfach das, was sie immer getan haben, und kennen keine anderen Möglichkeiten, ihre Ziele zu erreichen.

Lassen Sie sich nicht auf die Ebene Ihres schwierigen Gesprächspartners ein. Und akzeptieren Sie, dass er sein Möglichstes tut.

Vierter Grundsatz: Bewahren Sie die Ruhe.

Leichter gesagt als getan? Natürlich! Trotzdem – jeder von uns ist dazu in der Lage. Denken Sie daran: Geduld ist dann am wichtigsten, wenn wir kurz davor stehen, sie zu verlieren. Gehirnzellen haben einen rascheren Stoffwechsel als der restliche Organismus und benötigen entsprechend mehr Sauerstoff. Wie wir bereits gesehen haben, entzieht Stress dem Gehirn Sauerstoff. Das führt dazu, dass wir unser psychisches Gleichgewicht, die Konzentration und die Kontrolle über unsere Gefühle verlieren. Darum ist es wichtig, richtig zu atmen, wenn wir unter Anspannung stehen – damit das Gehirn mit Sauerstoff versorgt wird. Ein tiefer Atemzug gibt uns Zeit, nachzudenken und ärgerliche Worte herunterzuschlucken.

Positive Selbstgespräche helfen Ihnen, ruhig zu bleiben: »Ich werde dies zu Ende bringen.« »Ich werde damit ruhig und richtig umgehen.« »Ich bin schon früher mit solchen Leuten fertig geworden, und ich weiß, was ich tun muss.« Atmen Sie tief durch.

Der fünfte Grundsatz: Filtern Sie das Gehörte.
Sobald Sie mit einer wütenden oder schwierigen Person konfrontiert sind, sollten Sie zwischen sich und den anderen einen imaginären Filter stellen, der aussortiert, was Sie nicht wollen – negative Emotionen –, und aufnimmt, was Sie wollen – Fakten und andere Informationen.

Schwierige und erboste Menschen stellen ihre Gefühle häufig als Fakten dar und verwechseln Tatsachen, Fantasie und Legenden miteinander. Wir müssen uns konzentrieren, um nützliche Informationen aufnehmen und gleichzeitig alle verletzenden Gefühle und persönlichen Angriffe herausfiltern zu können.

Sechster Grundsatz: Immer höflich sein.
Das kann schwierig sein, wenn wir anderer Meinung als unser Gesprächspartner sind oder er rücksichtslos und verletzend ist.

Atmen Sie immer wieder tief durch! Hören Sie weiter zu! Beißen Sie sich auf die Zunge, wenn es sein muss!

Siebter Grundsatz: Lassen Sie sich von chronisch schwierigen Menschen nicht um den Schlaf bringen.
Manche Leute sind einfach nur schwierig, und wir können nichts dagegen machen. Wenn wir einem solchen Menschen gegenüberstehen, kann es hilfreich sein, an diesen Spruch zu denken: »*Manche Menschen bringen Freude, wo immer sie hingehen. Andere bringen Freude, wann immer sie weggehen.*«

Achter Grundsatz: Wir können andere Menschen nicht ändern.
Setzen Sie beim Verhalten an, nicht bei der Person. Vergessen Sie jedoch nicht, dass wir einen anderen Menschen nicht zwingen können, sich zu ändern. Die Ich-Botschaften, tragen dazu bei, dass andere Menschen ihr Verhalten ändern wollen, weil wir ihnen gesagt haben, welche Wirkung es auf uns hat.

Neunter Grundsatz: Konzentrieren Sie sich auf ein gutes Ergebnis.
Erfolgreiche Gesprächspartner arbeiten auf ein zufrieden stellendes Ergebnis hin – nicht darauf, der schwierigen Person eins auszuwi-

schen. Unser Ansehen kommt vom erfolgreichen Umgang mit schwierigen Menschen.

Lassen Sie nicht zu, dass Ihr Ego den erfolgreichen Umgang mit schwierigen Menschen behindert. Tauschen Sie Informationen und Fakten aus, keine Emotionen.

Zehnter Grundsatz: Lösen Sie das Problem. Wenn Sie es nicht beheben können, lernen Sie, damit zu leben. Wenn Sie damit nicht leben können, lassen Sie es hinter sich.

Wir wissen, dass wir die Persönlichkeit eines anderen Menschen nicht ändern können, obwohl wir zumindest hoffen, doch einen Aspekt ihres Verhaltens korrigieren zu können.

Wenn das Verhalten des anderen unsere Rechte verletzt – zum Beispiel unser Recht, ernst genommen und mit Respekt behandelt zu werden –, dann beschließen wir möglicherweise, etwas dagegen zu tun, wohl wissend, dass wir vielleicht keinen Erfolg haben werden. Bei einer anderen Gelegenheit entscheiden wir uns dafür, das schwierige Verhalten zu ignorieren oder damit zu leben. Manchmal beschließen wir auch, unseren Kontakt mit dem Menschen einzuschränken oder ganz einzustellen, damit wir uns sein schwieriges Verhalten nicht länger bieten lassen müssen.

Die Frage ist: Welches Ergebnis ist am besten für uns? Wenn andere (zum Beispiel eine Arbeitsgruppe oder eine Gruppe von Freunden) betroffen sind: Welcher Ausgang ist für alle Beteiligten am besten? Wenn wir am Arbeitsplatz mit der schwierigen Person zu tun haben: Wovon profitiert das Unternehmen am meisten?

Nörgler

Manche Menschen sind ständig am Jammern und Klagen. Sie scheinen sich selbst einfach nicht helfen zu können. Ob das Wetter oder der Benzinpreis – sie sind nie zufrieden. Nichts ist ihnen recht. Sie haben nie das »Positivitäts-Prinzip« gelernt: *Wenn du nichts Positives sagen kannst, sag überhaupt nichts.*

Wenn Sie verhindern wollen, dass der andere in Ihrer Gegenwart ständig lamentiert, versuchen Sie es mit einer Ich-Botschaft oder bitten Sie ausdrücklich um eine positive Äußerung. Sie könnten etwa sagen: »*Jo, du hast gesagt, was dir an diesem Vorschlag missfällt. Ich würde gern hören, was dir daran gefällt.*«

Handelt es sich bei dem Betreffenden um jemanden, der sich um nichts in der Welt vom Jammern abbringen lässt, können Sie dann sein Nörgeln gelassen ignorieren? Wenn Sie nicht lernen können, damit zu leben, ist es vielleicht an der Zeit, sich von dem anderen zu distanzieren. In einer geschäftlichen Situation haben wir aber, wenn der chronische Nörgler ein Kunde ist, nicht die Möglichkeit für den Versuch, das Verhalten zu ändern, zu ignorieren oder hinter uns zu lassen. Dann sollten wir Folgendes tun:

- Danken Sie dem Kunden für seine Offenheit.
- Wenn Sie etwas tun können, um ihn zu beschwichtigen, tun Sie es.
- Wenden Sie die Vernebelungs-Technik an. »Ja, vielen Dank. Ich verstehe, was Sie meinen, und werde nächstes Mal daran denken.«

Gehen Sie so jedoch nur vor, wenn Sie sicher sind, dass der andere nur um des Jammerns willens lamentiert.

Hinterhältige Klatschmäuler

Das ist eine Gruppe von Leuten, die nicht gelernt haben, ihren Mund zu halten, wenn sie nichts Positives sagen können. Wenn jemand hinter Ihrem Rücken über Sie redet, sprechen Sie ihn darauf an, am besten unter vier Augen. »Ich habe gehört, Sie haben X gesagt; stimmt das?« Wahrscheinlich wird der andere es abstreiten. Das ist in Ordnung. »Kein Problem! Ich dachte nur, ich frage mal nach.« Sie haben den anderen ertappt, und wahrscheinlich wird er sich es zweimal überlegen, bevor er es wieder probiert. Wenn er es nicht abstreitet, schalten Sie um: Stellen Sie Fragen, um herauszufinden, was los ist (s. Kapitel »Feedback geben, S. 217ff.).

Macht der andere eine abfällige Bemerkung, könnte Ihre Erwiderung so aussehen: »Das klang wie ein Seitenhieb. War es auch so gemeint?« Wie wir im Kapitel »Verkleiden Sie Ihre Meinungen nicht als Tatsachen« (s. S. 204ff.) gesehen haben, ist etwas Klatsch und Tratsch durchaus interessant. Manche Menschen wissen jedoch nicht, wo sie die Grenze ziehen müssen. Andere Leute sind ihr einziges Gesprächsthema.

Wenn Sie keine andere Möglichkeit haben, als einem scheinheiligen Schwätzer öffentlich entgegenzutreten, sollten Sie dafür sorgen, dass er sein Gesicht wahren kann.
Machen Sie deutlich, dass Klatsch und Sticheleien für Sie nicht annehmbar sind, damit Sie nicht selbst zur Zielscheibe werden.

Angeber

Stellen Sie sich Angeber als frustrierte Entertainer vor, die Beachtung und Anerkennung wollen – und für etwas Aufmerksamkeit sehr dankbar wären. Häufig beruhigen sie sich, wenn sie erst einmal beachtet worden sind. Wenn es Ihnen unerträglich ist, dem Ego eines Angebers zu schmeicheln, könnten Sie seine Wichtigtuerei ignorieren, einen Versuch mit einer Ich-Botschaft machen (s. S. 206ff.) oder seine Gesellschaft ganz meiden.

Wenn Sie andere anschauen, dann stellen Sie sich vor, dass diese ein Schild tragen mit der Aufschrift: »Bitte gib mir das Gefühl, dass ich wichtig bin.«

Spötter

Wenn es sich bei den spöttischen Bemerkungen um Sticheleien handelt, gehen Sie diese wie oben beschrieben an. Sind sie grundsätzlich negativ, behandeln sie spöttische Menschen wie Nörgler. Wenn die Ironie jedoch eine mehrdeutige Botschaft enthält, hören und reagieren Sie auf die Meta-Botschaft (s. S. 158ff.) oder die Bedeutung, die hinter den Worten steht.

Zum Beispiel: Kamen Sie schon einmal zu spät zu einer Sitzung und jemand sagte zu Ihnen, während er demonstrativ auf die Uhr sah: »Nett von Ihnen, dass Sie kommen«, oder: »Ah, guten Tag«? Wahrscheinlich wollte er etwas ganz anderes sagen, nämlich: »Sie kommen zu spät!« Als Antwort auf diese Botschaft könnten Sie beispielsweise sagen: »Ja, es tut mir Leid, ich habe mich verspätet. Hoffentlich habe ich Sie nicht aufgehalten.« (Wenn jemand allerdings immer zu spät kommt, fällt er vielleicht unter die Kategorie der Unzuverlässigen.)

Unzuverlässige Menschen

Manche Menschen versprechen zu viel und können es dann nicht halten. Da wir sie vermutlich nicht ändern können, müssen wir wohl lernen, mit ihnen zu leben. Wenn wir allerdings nicht lernen wollen, mit ihnen zu leben, sollten wir vielleicht besser lernen, ohne sie auszukommen!

Sind wir bereit, sie immer wieder an bestimmte Dinge zu erinnern? Mit der Tatsache zu leben, dass sie möglicherweise »vergessen«, etwas zu tun? Das hängt ganz davon ab, wie sehr wir ihre anderen Eigenschaften schätzen. Manchmal können wir es so einrichten, dass wir sie erinnern. Ein anderes Mal aber ist das nicht angebracht. Vielleicht könnte ihnen eine Ich-Botschaft deutlich machen, welche Auswirkungen es hat, dass sie ihre Zusagen nicht halten. Das könnte zumindest ein Anreiz für sie sein, ihr Verhalten zu ändern.

Das Fazit ist: Wenn Sie wissen, dass jemand unzuverlässig ist, sollten Sie ihn nicht mit wichtigen Aufgaben betrauen – Sie wollen sicherlich nicht für seine Fehler zur Rechenschaft gezogen werden.

Leute, die immer bestimmen wollen

Wen kennen Sie, der immer das Sagen haben will? Im Kapitel Konzentrieren Sie sich auf den Sprecher« (s. S. 151ff.) haben wir gesehen, dass manche Menschen ein ausgeprägtes Machtbedürfnis haben. Sie sind erst zufrieden, wenn sie bestimmen, wo es langgeht.

Sie sind vielleicht nicht bedeutender als wir, aber wenn wir mit solchen Menschen erfolgreich kommunizieren wollen, müssen wir ihnen das Gefühl geben, dass sie wichtig sind – vorausgesetzt, sie machen uns nicht »fertig«. Wenn sie aggressiv sind und unsere Wünsche, Rechte oder Bedürfnisse missachten, werden wir auf die selbstbehauptende Kommunikation zurückgreifen müssen (s. S. 191ff.). Falls jemand wirklich rücksichtslos ist, haben wir es möglicherweise mit einem Menschen zu tun, der andere gern schikaniert.

Menschen, die andere schikanieren

Die Ausnahme zu allem bisher Gesagten bildet jemand, der andere gern schikaniert. Aggression bestimmt zwar das gesamte Kommunikationsverhalten eines solchen Menschen, trotzdem ist er mehr als nur aggressiv. Sein kommunikatives Repertoire ist sehr beschränkt. Er setzt andere Menschen ständig herab – sowohl verbal als auch nonverbal. Dahinter steht nicht nur das Bedürfnis, sich durchzusetzen, sondern Schikanierer müssen anderen das Gefühl geben, minderwertig zu sein. Wir wissen heute, dass Schikanieren häufiger vorkommt als angenommen. In den letzten Jahren ist viel zu diesem Persönlichkeitstyp und dem richtigen Umgang mit ihm geforscht worden:

- Behaupten Sie sich. Stellen Sie sich aufrecht hin und schauen Sie dem Schikanierer ins Auge. Lassen Sie sich nicht einschüchtern.
- Gehen Sie nicht zum Gegenangriff über, diskutieren Sie nicht. Sie können nicht gewinnen – Schikanierer haben mehr Übung.
- Lassen Sie den anderen Dampf ablassen. Ist das Schlimmste erst einmal vorbei, machen Sie auf sich aufmerksam – Sie könnten beispielsweise den anderen mit Namen ansprechen.
- Wiederholen Sie, wie Sie das wichtigste Argument des anderen verstanden haben.

- Setzen Sie sich unter vier Augen mit dem anderen auseinander. Lassen Sie ihn sein Gesicht wahren.
- Wenn sein Verhalten völlig unannehmbar ist (er schreit, flucht oder fällt Ihnen ständig ins Wort), dann denken Sie daran, dass er sich wahrscheinlich nicht anders verhalten kann, weil ihm die entsprechenden kommunikativen Fertigkeiten fehlen. Daher ist es Zeitverschwendung, ihm zu sagen, er solle das unterlassen – wahrscheinlich hat er keine andere Verhaltensmöglichkeit.
- Höfliche Umgangsformen – »Bitte« und »Danke« – kommen bei Schikanierern nicht an, ebenso Ich-Botschaften. Sagen Sie stattdessen dem anderen, was er tun soll. »John, hör auf zu schreien; sprich in normalem Ton mit mir.« »Fred, ich rede jetzt. Ich möchte ausreden.«
- Geben Sie nicht zu schnell nach. Weinen Sie nicht bzw. reagieren Sie nicht gekränkt. Schikanierer erkennen es, wenn jemand sich als Opfer fühlt, und nutzen das voll aus.

Sagen Sie dem Schikanierer nicht, dass er aufhören soll, sondern sagen Sie ihm, was er stattdessen tun soll.

Was kommt dabei heraus?

Menschen sind schwierig, weil sie glauben, dass sie mit diesem Verhalten ihre Ziele erreichen.

Finden Sie heraus, worauf die schwierige Person hinaus will. Geben Sie es oder verweigern Sie es dem anderen.

Manchmal hat das schwierige Verhalten ein Ende, wenn der andere erst einmal erreicht hat, was er will. Bei anderen Gelegenheiten dagegen eskaliert es. Im Allgemeinen kann man sagen: Wenn der andere wirklich zu kommunizieren versucht, dann geben Sie ihm, was er will. Das gilt zum Beispiel für einen Kunden mit einer ernst gemeinten Beschwerde oder für jemanden, der aus gutem Grund verärgert ist. Wenn die schwierige Person dagegen ein Nörgler, ein Klatschmaul, ein Spötter oder ein Schikanierer ist, dann wären wir wahr-

INFO

Was könnte das Ziel eines schwierigen Menschen sein?

- Respekt;
- Aufmerksamkeit;
- Dampf ablassen;
- dass auf ein Problem oder eine Beschwerde angemessen eingegangen wird;
- dass sein Problem oder seine Beschwerde oder die damit für ihn verbundenen Unannehmlichkeiten beachtet werden;
- sich schnell durchsetzen;
- verstanden werden;
- sich interessant fühlen;
- sich wichtig fühlen;
- sich überlegen fühlen.

scheinlich besser beraten, dafür zu sorgen, dass für den anderen nichts dabei herauskommt, oder seinem Verhalten eine Konsequenz folgen zu lassen, die ihm nicht gefällt. Wenn wir das oft genug machen, wird das schwierige Verhalten allmählich nachlassen. Wenn die kommunikativen Fertigkeiten des anderen beschränkt sind, kann es sein, dass wir ihm alternative Verhaltensweisen aufzeigen müssen.

Manchmal können wir einen anderen Menschen dadurch positiv beeinflussen, dass wir ihn spüren lassen, dass sich sein schwieriges Verhalten nicht auszahlt.

Dem Problem zuvorkommen

Eine andere Möglichkeit besteht darin, dem Problem zuvorzukommen. Fordern Sie den anderen zu einem bestimmten Verhalten auf, bevor er mit dem üblichen, schwierigen Gehabe begonnen hat. Sprechen Sie das Problem nur an, wenn es auftaucht. Warten Sie den geeigneten Moment ab.

Wenn Sie sich dafür entscheiden, das problematische Verhalten zu thematisieren, dann sprechen Sie jeweils nur einen Aspekt an.

Reden oder Schweigen?

Die folgenden Tipps können hilfreich sein, wenn Sie sich dafür entscheiden, etwas gegen das schwierige Verhalten eines anderen zu unternehmen. Überlegen Sie, wann und wofür Sie sich einsetzen wollen.

INFO

Wie man mit schwierigen Menschen fertig wird

Was Sie tun sollten:

- Herausfinden, worauf der andere hinauswill.
- Emotionen und Sachfragen voneinander trennen.
- Tief durchatmen, wenn nötig.
- Darauf achten, dass Ihr innerer Monolog Sie unterstützt.
- Sich selbst fragen: »Tue ich irgendetwas, um dieses schwierige Verhalten zu fördern?«
- Sich auf das Ergebnis konzentrieren, das Sie erreichen wollen.
- Flexibel reagieren.
- Ruhig und gelassen bleiben.
- Sich bewusst machen, dass das, was und wie Sie es sagen, einen entscheidenden Unterschied ausmachen kann.

Was Sie nicht tun sollten:

- Es persönlich nehmen. Machen Sie sich klar, dass der andere über keine bessere Kommunikationsmethode verfügt.
- Sich selbst klein machen oder sich demütigen lassen.
- Dem anderen erlauben, Ihnen auf die Nerven zu gehen, oder zulassen, dass er sie deprimiert, aufregt oder wütend macht.

Von Beschwerden profitieren

Lernen Sie von den Profis

Es ist leicht, hilfsbereit und höflich zu sein, wenn alles gut läuft. Unsere Professionalität steht dann auf dem Prüfstand, wenn Dinge schief gehen – dann kommt es auch am meisten darauf an. Und: Welches Unternehmen funktioniert schon die ganze Zeit reibungslos? Wir sprechen hier nicht von Nörglern, jenen Menschen, die sich immer beschweren und die nie zufrieden sind. Wie man solche Leute behandelt, haben wir bereits gesehen. Hier befassen wir uns damit, wie man mit einer echten Reklamation oder Beschwerde umgeht. Sie kann von einem Kunden kommen. Vielleicht ist es ein Auftraggeber, der meint, wir hätten auf einer Rechnung einen Fehler gemacht. Es kann auch jemand sein, der uns darauf aufmerksam machen will, dass etwas schief läuft, damit wir es für den nächsten Kunden oder für ihn selbst in Ordnung bringen können, wenn er das nächste Mal mit uns Geschäfte macht.

Die zehn Grundregeln für schwierige Gesprächssituationen aus dem letzten Kapitel gelten auch für den Umgang mit Beschwerden. Im Folgenden kommen noch drei weitere Regeln dazu.

Beschwerden sind eine Form des Feedbacks

Ob eine Beschwerde persönlich vorgebracht wird, schriftlich oder am Telefon: Zunächst einmal müssen wir erkennen, dass die meisten Beanstandungen eine Form von Feedback sind.

Untersuchungen zufolge machen sich überhaupt nur 4,3 Prozent unserer unzufriedenen Kunden die Mühe, sich zu beschweren. Die anderen 95,7 Prozent kommen einfach nicht mehr. Häufig sind es unsere besten und treusten Kunden, denen so viel an der Sache liegt,

Karin versucht zu helfen

Als sie sich eines Abends früh auf dem Flughafen eincheckte, wurde Karin mitgeteilt, dass sie einen früheren Flug nehmen könnte. Die Möglichkeit, früher als geplant nach Hause zu kommen, hörte sich verlockend an, daher stimmte sie zu. Während sie zuschaute, wie ihr Koffer mit einem Gepäckanhänger versehen wurde, erkannte sie ein mögliches Problem. Durch ihre jahrelange Erfahrung in der Logistik hatte sie einen »Riecher« dafür, und sie ahnte, dass ihr Koffer wahrscheinlich nicht in ihrem Flugzeug sein würde. Sie sagte dem Angestellten, was sie befürchtete. »Keine Sorge, das wird alles klappen«, kam die Antwort. »Wir wissen schon, was wir tun.«
Tatsächlich: Als Karin auf dem Flughafen ankam, war ihr Koffer nicht da. Da sie ziemlich sicher war, dass sie den Grund kannte, rief sie am nächsten Tag den Flughafen an. Sie erklärte die Situation. Dann sagte sie, dass sie glaube, sie habe in dem System einen Fehler entdeckt, den sie gerne melden würde.
»Sie müssen Ihre Beschwerde schriftlich einreichen«, teilte man ihr mit. –»Dies ist keine Reklamation. Ich wollte Sie nur informieren, damit Sie das System korrigieren können.« – »Wir nehmen hier keine Beschwerden an. Sie müssen es wirklich schriftlich machen.« – »Ich habe nicht die Zeit, es aufzuschreiben, und ich beschwere mich nicht. Ich habe meinen Koffer mittlerweile wiederbekommen, und ich versuche nur, Sie wissen zu lassen, dass es in Ihrem Gepäck-Transport-System für Stand-by-Flüge ein Problem gibt, damit es in Ordnung gebracht werden kann.« – »Nun, ich kann Ihnen nicht helfen. Sie werden den Flughafendirektor anrufen müssen.« – »Gut, was ist die Nummer?« – »Diese Information können wir Ihnen nicht geben.« Wird Karin sich jemals wieder die Mühe machen, die Fluggesellschaft über etwas zu informieren?

dass sie sich beschweren. Schließlich haben sie ein ureigenes Interesse daran, dass wir »die Dinge auf die Reihe bekommen«. Seien Sie für Beschwerden dankbar. Behandeln Sie diese als eine wichtige Information, die von jemandem kommt, dem etwas daran liegt.

Beschwerden sind Warnzeichen

Da sich die meisten Kunden gar nicht erst die Mühe machen, sich zu beschweren, sollten wir keine Beschwerde als einmaligen Vorfall betrachten, sondern als symptomatisch für die üblichen Abläufe in unseren Unternehmen.

Beschwerden sind Chancen

Wussten Sie, dass der richtige Umgang mit einer Beschwerde die Kundentreue mehr fördert als der reibungslose Ablauf eines Geschäfts? Auch zeigen Untersuchungen, dass 95 Prozent der Kunden uns treu bleiben werden, wenn wir uns schnell und kompetent um ihre Reklamation kümmern.

Betrachten Sie Beschwerden als Chancen, Ihre »Angelegenheiten in Ordnung zu bringen« und Kundenbindung aufzubauen.

Umgang mit einer Beschwerde

Es ist die Art und Weise, wie wir eine Beschwerde handhaben, die zählt. Tatsächlich ist den meisten Kunden eine respektvolle Behandlung wichtiger als die Lösung des Problems zu ihren Gunsten. Diesen sechs Schritten sollten Sie folgen:

1. **Sehen.** Stellen Sie Blickkontakt her und setzen Sie Ihre Körpersprache so ein, dass der andere sehen kann, dass Sie zuhören. Wenn die Beschwerde telefonisch vorgebracht wird, dann machen Sie durch Ihre Antwort deutlich, dass Sie »sehen«, was der andere meint.
2. **Hören.** Hören Sie aufmerksam zu. Hören Sie wirklich darauf, was der andere Ihnen zu sagen versucht. Unterscheiden Sie zwischen Fakten, Fantasie, Legenden und Gefühlen (s. S. 204f.).
3. **Bestätigen.** Wie wir im Kapitel »Zuhören, zuhören, zuhören« (s. S. 122ff.) gesehen haben, können wir durch bestätigendes Zuhören, wenn wir nicken und »mmh« sagen, während der andere redet, doppelt so viele Informationen bekommen wie durch passives Zuhören.
4. **In eigenen Worten wiedergeben, was Sie verstanden haben.** Setzen Sie die Technik des aktiven Zuhörens ein, um zu zeigen, dass Sie dem anderen zugehört und ihn verstanden haben, um ihn notfalls zu beruhigen und um Missverständnisse auszuräumen. Geben Sie sowohl die Tatsachen als auch die Gefühle wieder.

5. **Die richtigen Fragen stellen.** Die richtige Frage könnte sein: »Wie kann ich Ihnen jetzt am besten helfen?« Oder: »Können Sie mir das bitte noch etwas ausführlicher erklären?« Oder: »Wann ist das eigentlich passiert?« Es hängt von der Situation ab.
6. **Handeln.** Übernehmen Sie die Verantwortung dafür, dass die Dinge in Ordnung gebracht werden. Wimmeln Sie den Kunden nicht ab: »Nun, das ist nicht meine Aufgabe« oder »Sie müssen Ihre Beschwerde schriftlich einreichen« oder »Sie müssen mit dem Chef sprechen«.

Diese sechs Schritte helfen uns, gute Informationen professionell zusammenzutragen. Gleichzeitig bekommt der Kunde die Möglichkeit, seine Meinung zu sagen – der erste Schritt, wenn es darum geht, eine Beschwerde für uns zu nutzen. Er führt zum erfolgreichen Kommunikationsmuster: gute Informationen bekommen, gute Informationen geben und Fortschritte erzielen.

Gute Informationen erhalten

Überrascht es Sie, dass die ersten fünf der oben beschriebenen sechs Schritte damit zu tun haben, gute Informationen zu bekommen? Das zeigt, wie wichtig Zuhören ist, wenn wir von einer Beschwerde profitieren wollen.

Gute Informationen geben

Wenn wir an der Reihe sind, gute Informationen zu geben, sollten wir zwei Dinge tun:

- Zunächst einmal dem Kunden dafür *danken*, dass er uns über das Problem informiert hat.
- *Nach vorne schauen*. Kunden sind nicht an Entschuldigungen interessiert. Sie möchten vielmehr wissen, was dabei herauskommen wird, dass sie ihre wertvolle Zeit damit zugebracht haben, uns von dem Problem zu berichten.

Nachdem Sie dem Kunden für seine Rückmeldung gedankt haben, sollten Sie ihm erklären, was Sie tun werden, um das Problem zu beseitigen – jetzt sofort, und wenn nötig, auch auf lange Sicht. Zum Beispiel hätte der Flughafenangestellte Folgendes sagen können:

Danken »Ich danke Ihnen, dass Sie mich darüber informiert haben,
Fakten wiedergeben und es tut mir Leid, dass Ihr Koffer nicht zur rechten Zeit angekommen ist.
Gefühle wiedergeben Sicher hat Ihnen solch ein Ärger nach einem langen Tag noch gefehlt.
Die richtigen Fragen stellen Lassen Sie mich Notizen machen,
Handeln damit ich sie an den für die Gepäckabwicklung zuständigen Manager weiterleiten kann. Welches war Ihr Flug?«

Wäre das nicht höflicher und professioneller gewesen? Hätte eine solche Reaktion nicht aus Karin eine treue und zufriedene Kundin gemacht? Beachten Sie, dass die verschiedenen Elemente diesmal in einer anderen Reihenfolge stehen. Flexibilität ist der Schlüssel.

Fortschritte erzielen

Zustimmen und *aktiv werden* sind die zwei entscheidenden Aspekte, wenn es darum geht weiterzukommen. Ehe wir das Gespräch beenden, sollten wir bei dem Kunden nachfragen, ob er mit unserem Vorschlag zufrieden ist. Wenn Sie sich einmal dafür entschieden haben, was zu tun ist, fassen Sie es zusammen und vergewissern Sie sich, dass der Kunde zustimmt. Dann setzen sie es in die Tat um.

Der zuständige Mitarbeiter im Flughafen, mit dem Karin sprach, hätte ihre Unterhaltung so beschließen können:

Danken »Ich danke Ihnen noch einmal, dass Sie sich die Zeit genommen haben, uns auf dieses Problem aufmerksam zu machen.
Handeln Ich werde diese Information an den zuständigen Manager weiterleiten, damit andere Passagiere, nicht den gleichen Ärger haben.
Zustimmen Ist das in Ordnung für Sie?

Wie viel besser wäre das für alle Beteiligten gewesen.

Mit schwierigen Kunden umgehen

Sicher haben Sie das bereits erlebt: Bei dem Versuch, einem anderen Ihre Ansicht darzulegen, haben Sie sich sehr geärgert, weil Ihr Gegenüber nicht zugehört hat. Und vermutlich haben Sie auch schon einmal gehört, wie jemand zu einem wütenden Menschen sagte: »Nun beruhigen Sie sich erst einmal, und dann reden wir vernünftig über diese Sache«, oder: »Sprich' nicht so mit mir!« Sie mögen gut gemeint sein, aber leider haben solche Aufforderungen den gegenteiligen Effekt – der Ärger wird noch größer. Wenn jemand verärgert ist, hat er vor allen Dingen den Wunsch, gehört zu werden. Wir können dem anderen helfen, seinen Ärger »loszuwerden«.

Wütende Menschen befinden sich auf der Gefühlsseite des Mount Anger. Wenn wir ihnen sagen, sie sollten sich beruhigen, sorgen wir dafür, dass sie dort bleiben – und die Situation verschlimmert sich jedes Mal, wenn wir nicht zuhören. Um dem anderen zu helfen, den Berg zu erklimmen und die Fortschrittsseite zu erreichen, müssen wir ihn zu Wort kommen lassen und ihm zeigen, dass wir zugehört haben.

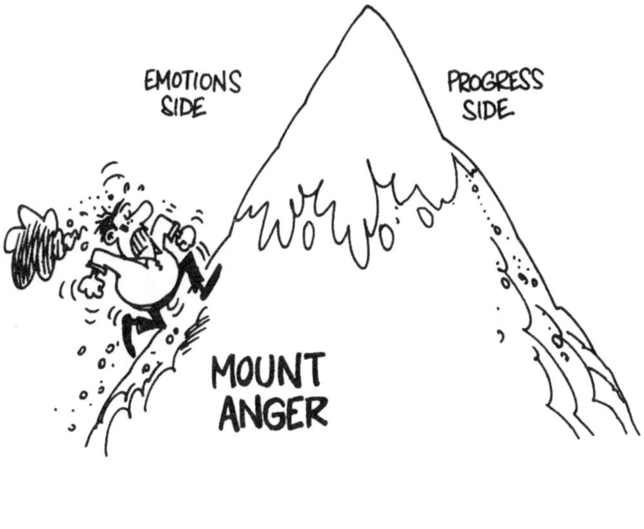

Die sechs Schritte im Umgang mit einem ärgerlichen Menschen sehen wie folgt aus:

- Sehen.
- Hören.
- Bestätigen.
- In eigenen Worten wiedergeben, was Sie verstanden haben – sowohl Fakten als auch Gefühle.
- Fragen stellen.
- Zusammenfassen.

Wenn Ihr wütendes Gegenüber alles gesagt hat und Sie alle Fragen gestellt haben, die notwendig waren, um gute Informationen zu bekommen, dann fassen Sie noch einmal sowohl die Gefühle des anderen als auch die Fakten zusammen. Dies hilft ihm, den Mount Anger zu besteigen, sodass er nach dem Aufstieg über die Gefühlsseite jenseits des Gipfels die Fortschrittsseite erreicht.

Es ist die Art und Weise, wie wir mit Menschen umgehen, die zählt.

Mit notorischen Beschwerdeführern umgehen

Manche Menschen sind zum Klagen geboren. Wenn einer dieser Menschen zu Ihren Kunden gehört, können Sie Folgendes tun:

- Danken Sie ihm.
- Sagen Sie, dass Sie seine Angaben weitergeben werden.
- Tun Sie etwas, um den Kunden jetzt zu beschwichtigen, wenn das möglich ist.

Denken Sie an das lateinische Motto: *Non tu bastardi carborundum.* (Lassen Sie sich von den »schwierigen Kunden« nicht drangsalieren.)

Gehen Sie es an!

Probleme lösen und Entscheidungen treffen

Wäre es nicht wunderbar, wenn wir nie Probleme oder schwierige Entscheidungen hätten? Wenn wir jedoch ein heikles Problem lösen oder uns zwischen Alternativen entscheiden müssen, so erleichtern uns die folgenden Prinzipien die Aufgabe.

Lohnt sich die Mühe?

Die erste Frage, wenn wir ein Problem lösen oder eine Entscheidung treffen müssen, lautet: Wie viel an Mühe ist es wert?

INFO

Wie viel ist es wert?

Die folgenden Fragen können Ihnen helfen zu beurteilen, wie viel Zeit und Mühe Sie in eine Entscheidung investieren sollten.

- Wie groß ist das damit verbundene Risiko?
- Wie einschneidend sind die möglichen Folgen, je nachdem, ob ich es falsch oder richtig anpacke?
- Was würde passieren, wenn ich nichts tue?
- Wer ist noch beteiligt oder interessiert?
- Wie viel Zeit steht mir zur Verfügung?
- Steht die Sicherheit eines anderen auf dem Spiel?
- Welche Ressourcen (beispielsweise Geld, Zeit, Firmenwert, Eigentum) kostet es, das Problem zu ignorieren oder zu lösen?
- Habe ich viel Freiheit bei meiner Entscheidung oder ist mein Handlungsspielraum beschränkt?

An dem einen Ende der Skala stehen alltägliche, unbedeutende, belanglose Probleme und Entscheidungen. Ihnen steht nicht viel Zeit oder Energie zu. Am anderen Ende befinden sich die vielschichtigen, folgenschweren oder grundlegenden Probleme und Entscheidungen, denen wir so viel Zeit, Mühe und Kreativität wie möglich widmen sollten.

Gehen Sie Probleme positiv an

Ebenso wie in anderen Kommunikations- und Lebensbereichen müssen wir die selbsterfüllende Prophezeiung für uns arbeiten lassen. Gehen Sie an Probleme und Entscheidungen mit der positiven Erwartung heran, dass Sie sie lösen können.

Lösen Sie es!

Dies sind die Schritte erfolgreicher Problemlösung:

- Identifizieren Sie das Problem.
- Beschreiben Sie das Problem.
- Listen Sie Ihre Optionen auf.
- Visualisieren Sie Ihre Lösungsmöglichkeiten.
- Werten Sie Ihre Ergebnisse aus.

Identifizieren Sie das Problem

Haben Sie schon einmal gedacht, Sie hätten ein Problem gelöst, nur um dann festzustellen, dass es in leicht veränderter Form wieder aufgetaucht ist? Oder dass all Ihre Anstrengungen überhaupt nichts bewirkt haben? Vielleicht sind Sie dem Fehler erlegen, der am häufigsten gemacht wird, wenn es um das Lösen von Problemen geht – Sie haben voreilig gehandelt. Wir fühlen uns gut, wenn wir etwas unternehmen, aber unser sofortiges Handeln ist auf das falsche oder nur auf ein Symptom des eigentlichen Problems gerichtet. In unserem Wunsch, etwas (irgendetwas!) zu machen, haben wir uns nicht die Zeit genommen, es gründlich zu durchdenken.

Bevor wir irgendetwas unternehmen, müssen wir wissen, womit wir es zu tun haben. Der erste Schritt besteht in einer klaren und präzisen Beschreibung des Problems. Dadurch bekommen wir das eigentliche Problem in den Blick, können praktische Lösungen finden und zudem sicher sein, dass wir unsere Zeit und Kraft nicht damit verschwenden, »Symptome« zu beseitigen, während das ursprüngliche Problem andauert oder sich zuspitzt.

Beheben Sie Probleme, nicht Symptome: Wenn Sie Schuhe tragen würden, die zu eng sind und Blasen verursachen, was wäre vernünftiger:

- ein Pflaster darauf zu tun und die Schuhe weiterzutragen oder
- die Schuhe zu wechseln?

Ein Pflaster könnte eine gewisse Linderung bringen, aber wenn Sie nicht die Schuhe wechseln, werden die Blasen immer wiederkehren. Die Blasen sind nur ein Symptom des eigentlichen Problems.

Symptome sind die Folgen von Problemen. Ein Symptom anzugehen und zu beseitigen kann durchaus verlockend sein, weil es schnell und einfach ist, aber es ist, als würde man Aspirin gegen Kopfschmerzen nehmen, die durch Kurzsichtigkeit verursacht werden.

Zwei gute Fragen helfen, das eigentliche Problem aufzudecken und von den Symptomen zu unterscheiden:

- Wie weiß ich, dass ich ein Problem habe? Analysieren Sie die Anhaltspunkte, die Sie auf ein Problem hinweisen.
- Fünf »Warum-Fragen« reichen in der Regel aus, um das eigentliche Problem aufzuspüren.

Beschreiben Sie das Problem

Führen Sie nun die Definition des Problems weiter aus. Untersuchen Sie das Problem von allen Seiten, um so viel wie möglich darüber herauszufinden. Um gute Informationen zu bekommen, denken Sie an die uns bereits bekannte Unterscheidung von Tatsachen, Fantasie, Legenden und Gefühlen: Welches sind die Fakten? Was ist Ihre Meinung? Was denken andere? Kann uns die Gerüchteküche nützliche Informationen bieten? Was sagt Ihnen Ihre Intuition? Was für ein Gefühl haben andere?

Manchmal können frühere Erfahrungen unser Denken einengen und dazu führen, dass uns wichtige Informationen entgehen oder wir unerwartete Lösungen übersehen. Die oben aufgeführten Fragen helfen, Probleme zu untersuchen und sorgfältig zu analysieren.

! Nehmen Sie Ihre Scheuklappen ab und verabschieden Sie sich von vorgefassten Meinungen. Hören Sie auf Ihre Intuition. Denken Sie das Problem logisch durch. Bitten Sie andere um Anregungen. Ermitteln Sie die Fakten.

Wissen, wann es genug ist: Wer sich nur noch darauf konzentriert, Informationen zu sammeln, der ist nicht mehr handlungsfähig! Wir sollten uns besser mit der Tatsache abfinden, dass wir niemals alles herausfinden werden. Wir müssen so viel in Erfahrung bringen, wie es vernünftig und realistisch ist. Dann sollten wir wissen, wann es

INFO

Was Sie bei der Problembeschreibung bedenken sollten

- *Was* ist das Problem? *Was* ist nicht das Problem?
- *Wann* tritt es auf? *Wann* tritt es nicht auf?
- *Wo* sitzt das Problem? *Wo* sitzt es nicht?
- *Wer* ist davon betroffen? *Wer* ist wider Erwarten nicht davon betroffen?
- In *welchem* Maß, *wie* oft, *wie* regelmäßig tritt das Problem auf?
- *Wie* wirkt es sich auf andere aus?
- *Wie viel* Zeit, Geld, Mühe oder andere Ressourcen kostet es?
- *Welche* Dinge spielen eine Rolle? Welche nicht?
- *Welcher* Art ist das Problem?
- *Wie* war es vorher? *Was* hat sich verändert?
- *Welche* Kunden sind beteiligt? *Welche* Geräte sind betroffen? Welche sind es nicht?
- Verbessern oder verschlimmern sich die Dinge?
- *Wie* reagiere ich normalerweise auf das Problem? *Was* passiert, wenn ich so reagiere?

Zeit ist, die Analyse des Problems zu beenden und anzufangen, uns auf Lösungen zu konzentrieren.

Abgesehen davon: Je gründlicher wir ein Problem umreißen, desto größer sind die Chancen, es zu verstehen und zu lösen. Eine eingehende Analyse verhindert, dass wir an den Symptomen arbeiten oder in der falschen Richtung aktiv werden. Sie kann uns viel Zeit und Ärger ersparen – deshalb lohnt sich der für eine genaue Analyse erforderliche Zeitaufwand. Tatsächlich weist eine gründliche Untersuchung des Problems oft direkt auf eine Lösung hin.

Nachdem Sie mit Hilfe dieser Fragen das Problem eingehend untersucht haben, müssen Sie möglicherweise noch einmal einen Schritt zurückgehen und Ihre Problembeschreibung überarbeiten. Geben Sie nicht auf, bis Sie die eigentliche Ursache des Problems gefunden haben.

Suchen Sie nach der Ursache: Auf welche Ursache lassen die Informationen schließen? Haben wir den Grund erst einmal herausgefunden, liegt der Großteil der Arbeit wahrscheinlich hinter uns. Komplexe Probleme haben gewöhnlich mehrere mögliche primäre wie auch verschiedene sekundäre Ursachen. Kennen wir die Ursache eines Problems, können wir eine Lösung suchen. Unsere Aufgabe besteht darin, die primäre Ursache zu isolieren, die am ehesten in Frage kommt, damit wir keine Zeit damit vergeuden, weniger wichtige Faktoren oder falsche Ursachen auszuschalten. Um das zu erreichen, können wir jede mögliche Ursache daraufhin überprüfen, ob es sich tatsächlich um den eigentlichen Anlass handelt. Wenn alle Fragen geklärt werden, die wir beim Umreißen des Problems gestellt haben, werden wir die eigentliche Ursache finden.

Listen Sie Ihre Optionen auf

Legen Sie Ziele fest: Um entscheiden zu können, wie wir das Problem am besten beheben, müssen wir uns Ziele setzen. Was soll die Lösung bringen? Was wollen wir erreichen? Welche Ergebnisse wünschen wir? Wie können wir sehen, ob unsere Lösung funktioniert?

Führen Sie Alternativen an: Stellen Sie eine Liste möglicher Lösungen auf. Wie können wir die Problemursache gänzlich beseitigen? Wie können wir seine Auswirkungen abschwächen? Könnten wir diese so kanalisieren, dass sie weniger schädlich oder neutral oder sogar nützlich sind? Wenn keine dieser Optionen denkbar ist, wie können wir dann lernen, besser mit unserem Problem zu leben?

Geben Sie sich nicht mit der erstbesten Idee zufrieden, die Ihnen in den Sinn kommt. Entscheiden Sie sich nicht für die nahe liegenden oder eleganten und einfachen Lösungen. Schreiben Sie – für sich allein oder mit anderen – wenigstens zehn Lösungsmöglichkeiten für Ihr Problem auf. Je mehr Alternativlösungen Sie entwickeln, desto besser.

Da gute Ideen sich uns selten wie von selbst präsentieren, sind wir auf unser eigenes Denkvermögen und das der anderen angewiesen, um mögliche Lösungen zu entwickeln. Nutzen Sie bei der Erarbeitung von Optionen sowohl das logische als auch das kreative Denken. Achten Sie auf Ihre Intuition.

Werten Sie später aus: Es ist ein großer Fehler, jede Idee gleich zu bewerten. Es erfordert eine gewisse Disziplin, aber es ist weitaus besser, erst alle Ideen aufzulisten und sie später auszuwerten.

Visualisieren Sie Ihre Optionen

Der nächste Schritt besteht darin, dass wir uns die praktische Umsetzung unserer Lösungsmöglichkeiten vorstellen. Dies hilft uns, sie anhand der zuvor entwickelten Kriterien zu beurteilen und macht uns auf mögliche Schwierigkeiten aufmerksam.

Es gibt selten »eine optimale« Antwort auf ein Problem. Häufiger legt uns die Realität gewisse Beschränkungen auf. Manchmal ist es sinnvoll, zwei oder drei Optionen miteinander zu verbinden. Bei anderen Gelegenheiten müssen wir Möglichkeiten finden, eine keineswegs ideale Lösung zu optimieren. Wenn wir uns bildlich vorstellen, wie unsere Lösungen in der Praxis aussehen, können wir sehen, was misslingen könnte, was wir tun müssen, damit die Lösung Erfolg hat, wer mit einbezogen werden muss, welche Ressourcen wir benötigen und welche Methoden am besten funktionieren. Auf diese Weise sichern wir unsere Lösung ab und sorgen dafür, dass sie funk-

INFO

Haben Sie Schwierigkeiten?

Versuchen Sie, anders an das Problem heranzugehen:

- Betrachten Sie das Problem aus einem weiteren – oder einem engeren – Blickwinkel.
- Konzentrieren Sie sich auf eine Lösung, die für jeden annehmbar ist und Ihren Bedürfnissen Rechnung trägt.
- Bleiben Sie aufgeschlossen.
- Definieren Sie das Problem neu.
- Betrachten Sie das Problem von einer anderen Seite.
- Machen Sie zwischendurch etwas ganz anderes, um Ihrem Gehirn eine Pause zu geben.
- Entwickeln Sie eine neue Problembeschreibung.
- Schließen Sie die Augen, entspannen Sie sich und atmen Sie tief durch. Hören Sie auf Ihr Gefühl.
- Schlafen Sie darüber.

tionieren kann. Das Visualisieren unserer Optionen hilft uns auch, diejenige auszuwählen, die am besten geeignet ist. Wir können sie zuversichtlich in die Tat umsetzen, weil wir sie anhand vernünftiger Kriterien ausgewählt haben, uns vorgestellt haben, wie sie praktisch funktioniert, und sie den Gegebenheiten angepasst haben.

Stellen Sie sich jede mögliche Lösung praktisch vor. In welchem Maß wird sie Ihren Kriterien gerecht? Was können Sie tun, damit sie noch besser funktioniert? Welche Schwierigkeiten können auftreten, und wie können Sie diese umgehen?

Werten Sie Ihre Ergebnisse aus

Wir legen doch nicht einfach ein leckeres Steak auf den Grill und überlassen es sich selbst, bis wir es essen wollen, oder? Wir behalten es im Auge, wir wenden es und kümmern uns darum, damit wir schließlich etwas Gutes zu essen haben. Ebenso wenig setzen wir unsere Lösung in die Praxis um und gehen einfach weg! Wir schauen, ob sie erfolgreich ist. Hält sie, was sie versprochen hat? Gibt es irgendwelche Schwierigkeiten? Werden unsere Erfolgskriterien erfüllt oder müssen wir noch »Feinabstimmungen« vornehmen?

Entscheidungen treffen

Im Grunde geht es bei den letzten drei Schritten darum, Entscheidungen zu treffen. Ehe wir anfangen, unsere Optionen aufzulisten, müssen wir unsere Ziele festlegen. Sie verhelfen uns zu guten Auswahlkriterien, die wir unserer Entscheidung zu Grunde legen können. Bevor wir zu einer Entscheidung kommen, stellen wir uns vor, wie unsere Lösungsmöglichkeiten faktisch aussehen werden. Ist die Entscheidung einmal getroffen und in die Praxis umgesetzt, werten wir sie aus, um sicherzugehen, dass sie wie erwartet funktioniert. Manchmal müssen wir Korrekturen vornehmen, dann wieder verläuft alles nach Wunsch, und gelegentlich müssen wir wieder ganz von vorne beginnen.

Gründen Sie Ihre Entscheidungen eher auf Emotionen oder auf Tatsachen? Sowohl übermäßig emotionale als auch allzu logische Entscheidungen können schwierig umzusetzen sein. Die besten Lösungen wahren das Gleichgewicht zwischen diesen beiden Polen. Ausgewogene Entscheidungen sind leichter zu realisieren. Sind Ihnen Optionen vorgelegt worden, damit Sie die endgültige Entscheidung treffen? Akzeptieren Sie diese nicht ohne weiteres – überlegen Sie, ob es noch andere Lösungsmöglichkeiten gibt, die in Betracht gezogen werden sollten.

Andere einbeziehen

Der berühmte Erfinder Thomas Edison wurde einmal gefragt, warum er ein Team von 21 Assistenten habe. Darauf erwiderte er: »*Wenn ich alle Probleme allein lösen könnte, würde ich das tun.*« In den meisten Fällen trifft das Sprichwort zu, dass zwei Gehirne besser sind als eines. Das stimmt natürlich nur, wenn das auch unterschiedliche Perspektiven, Erfahrungen und Kenntnisse bedeutet. Benutzen Sie gezielte Fragen, um einem Gespräch eine bestimmte Richtung zu geben, beispielsweise: Was schließen Sie daraus? Wie sieht unser nächster Schritt aus? Welches Ziel peilen wir jetzt an?

INFO

Wann Sie andere einbeziehen sollten

- Wenn sie an der Umsetzung oder Ausführung Ihrer Entscheidung oder der Behebung Ihres Problems beteiligt sind.
- Wenn sich Ihre Entscheidung oder die Lösung Ihres Problems auf sie auswirkt.
- Wenn sie Interesse zeigen.
- Wenn Ihre Entscheidung von ihnen befürwortet und unterstützt werden muss.
- Wenn Sie Unterstützung oder Ermutigung brauchen.
- Wenn das Problem oder die Entscheidung kompliziert und vielschichtig ist und andere ihre Sicht und Meinung, ihr Urteil, ihre Erfahrung oder ihre Sachkenntnis beitragen können.
- Wenn andere einbezogen werden wollen und meinen, dass sie etwas beisteuern oder lernen können.

Beziehen Sie andere nicht nur deshalb ein, damit Sie nicht alleine »schuld« sind, oder damit Ihre Gedanken und Ideen bestätigt werden.

Stolpersteine, die Sie umgehen sollten

Haben Sie schon einmal eine übereilte Entscheidung getroffen? Mangel an Geduld ist für viele dilettantische Entscheidungen verantwortlich. Wenn wir in Eile sind, fehlt uns oft die Zeit, um Informationen zu sammeln, um Alternativen klar zu definieren und zu untersuchen oder um eindeutige Ziele festzulegen, denen die Entscheidung Rechnung tragen muss.

Auch unser Gehirn kann uns einen Streich spielen, denn es benutzt uns nicht bewusste Routinemethoden, so genannte Heuristiken, wenn es mit komplexen Aufgaben fertig werden muss. Dabei handelt es sich um »Abkürzungen«, die uns detaillierte Denkarbeit ersparen. Wenn es darum geht, Entscheidungen zu treffen oder Probleme zu lösen, können diese Routineabläufe des Gehirns dazu führen, dass wir nicht zum effektivsten Schluss kommen.

Hier sind sechs Routinemuster, vor denen Sie sich hüten sollten:

1. **Am ersten Eindruck festhalten.**
   Die meisten von uns neigen dazu, dem ersten Eindruck besondere Bedeutung beizumessen – seien es Bemerkungen anderer, unsere eigenen Vorurteile oder vergleichbare Erfahrungen in der Vergangenheit. Häufig verinnerlichen wir, was wir als Erstes sehen, hören oder sogar denken, selbst wenn wir später gegenteilige Informationen bekommen.
2. **Am Status quo festhalten**
   Anscheinend liegt es in der menschlichen Natur, den gewohnten Zustand aufrechterhalten zu wollen. Wenn wir nichts verändern, müssen wir auch nicht aktiv werden. Änderungen dagegen bedeuten, dass wir handeln müssen – außerdem bergen sie Risiken, da wir nicht genau wissen, was dabei herauskommen wird. Nichts zu tun scheint oft das sicherere Vorgehen zu sein.
3. **An einer falschen Entscheidung festhalten.**
   Haben Sie schon einmal die falsche Wahl getroffen, dann Ihre Entscheidung aber nicht mehr rückgängig machen wollen und darauf gehofft, dass alles gut gehen wird? Es ist nicht leicht, etwas aufzugeben und einen anderen Kurs einzuschlagen.

Lassen Sie sich nicht von Ihrem ersten Eindruck leiten. Betrachten Sie Probleme immer von verschiedenen Seiten, bevor Sie eine Entscheidung treffen. Entscheiden Sie sich für den Status quo wirklich nur dann, wenn keine andere Option Ihren Zielen besser entspricht.

4. **Sehen, was wir sehen wollen.**
   Wie wir gesehen haben, nimmt das Gehirn oft nur wahr, was wir uns wünschen und was wir zu sehen erwarten. Was unseren Standpunkt oder die von uns bevorzugten Entscheidungen und Lösungen stützt, springt uns ins Auge, während wir gegenteilige Informationen dagegen kaum wahrnehmen.
5. **An unserer Einordnung festhalten.**
   Wie wir weiter oben gesehen haben, ist unsere erste Problembeschreibung entscheidend, da sie uns in eine bestimmte Richtung führen kann. Auch unsere Problemanalyse sowie die Entwicklung und die Auswahl von Lösungsmöglichkeiten können von ihr beeinflusst werden. Die Weise, wie wir unser Problem einordnen, kann den Status quo oder unsere ersten Eindrücke verstärken und unterstützen. Sie kann nicht-relevante Kosten hervorheben oder vorgefassten Meinungen Glauben schenken.
6. **Grob schätzen.**
   Manche Dinge lassen sich leicht einschätzen und vorhersagen, weil sie eindeutig sind und wir schnell erfahren, ob unsere Diagnose richtig war. Das macht es beim nächsten Mal leichter, eine vergleichbare Angelegenheit abzuwägen oder vorherzusagen oder unsere frühere Einschätzung entsprechend zu korrigieren.
   Die Bewertung unsicherer, ungewöhnlicher oder unbekannter Sachverhalte ist jedoch riskant. Je weniger greifbar das Objekt unserer groben Schätzung ist, desto schwieriger ist es, ein objektives oder schnelles Feedback darüber zu bekommen, ob unsere Beurteilung richtig war. Das macht uns anfällig für Selbstüberschätzung oder Übervorsichtigkeit.

Vergessen Sie die Fehler der Vergangenheit und versuchen Sie nicht, durch zukünftige Entscheidungen frühere Verluste wettzumachen. Machen Sie stattdessen einen neuen Anfang. Bitten Sie andere um ihre unvoreingenommene, objektive Meinung.
Bleiben Sie flexibel und aufgeschlossen, wenn Sie Informationen sammeln, interpretieren und abwägen. Bitten Sie andere, den Advocatus Diaboli zu spielen und gegen die von Ihnen favorisierte Entscheidung zu argumentieren.
Verwenden Sie viel Zeit und Mühe für Ihre erste Definition des Problems. Berücksichtigen Sie die unterschiedlichen Betrachtungsweisen, um zu einer objektiven Problembeschreibung zu kommen. Achten Sie darauf, ob Ihre Einordnung des Problems realistisch und angemessen ist. Stellen Sie Probleme auf neutrale, objektive Weise dar. Seien Sie diszipliniert, wenn es um Vermutungen oder Schätzungen geht. Berücksichtigen Sie beide Enden des Spektrums, um sich von Ihrer ersten Bewertung zu lösen. Hinterfragen Sie kritisch die Einschätzungen anderer.

Profitieren Sie von Ihrer Kreativität

Sicher ist Ihnen schon einmal völlig unerwartet eine gute Idee gekommen, oder Sie haben etwas ganz plötzlich verstanden. Das war Ihr kreatives Denken. Normalerweise stellen wir uns Kreativität als plötzliche Eingebung vor, aber sie kann auch das Ergebnis systematischer, analytischer Gedankenprozesse sein. Zwar sind einige von uns kreativer als andere, aber wir haben alle die Fähigkeit, kreativ zu denken, und wir können unsere Kreativität durch Übung steigern. Durch den Einsatz von Kreativität finden wir bessere Problemlösungen und gelangen eher zu ausgereiften, praktikablen Entscheidungen. Die folgenden acht Punkte zeigen Ihnen, was Sie tun können, um Ihre Kreativität zu steigern.

Eignen Sie sich Wissen und Erfahrung an

Sir Isaac Newton hatte bereits eine Weile über das Rätsel der Schwerkraft nachgedacht, bevor er den Apfel fallen sah. Als er gefragt wurde, wie er diese und andere bahnbrechende mathematische Entdeckungen gemacht habe, erwiderte er: »Indem ich darüber nachgedacht habe.« Ganz gleich wie kreativ wir auch sein mögen, wenn wir nicht das nötige Wissen und die Erfahrung haben, werden wir nicht in der Lage sein, durchführbare Lösungen zu entwickeln oder sie zu erkennen, wenn wir sie sehen.

Bleiben Sie dran

Fachwissen alleine genügt nicht. Wir brauchen auch Ausdauer und das aufrichtige Bedürfnis, eine kreative Lösung zu finden. Wenn unsere ersten Einfälle nicht sehr überzeugend sind, so sollten wir weder Zeit noch Mühe scheuen, mit Beharrlichkeit, Engagement und Entschlossenheit das Problem zu durchdenken, um alternative Lösungsmöglichkeiten zu entwickeln. Große Erfinder machen das wieder und wieder, bis sie »es knacken«.

Tatsächlich ist Kreativität harte Arbeit. Die fünf oben aufgeführten Regeln der Problemlösung und die hier besprochenen Kreativitätstechniken werden uns zu dem erforderlichen kreativen Rüstzeug verhelfen, das wir mit unserer Sachkenntnis, Beharrlichkeit und Motivation ergänzen können.

Halten Sie sich an eine Methode

Folgen Sie dem »So-tun-als-ob«-Prinzip – ahmen Sie kreative Menschen nach (s. S. 30ff.). Das wird Ihre innere Kreativität anregen.

- **Brainstorming:** Brainstorming ist seit den 30er-Jahren bekannt. Es erleichtert das Lösen von Problemen sowie Entscheidungsprozesse und verbessert die Kommunikation, die Fluency (unsere Fähigkeit, eigene oder neue Ideen hervorzubringen) und die Flexibilität (unsere Fähigkeit, viele Ideen zu entwickeln).
- **Der Zauberstab:** Was wäre die perfekte Lösung für Sie? Das wird Ihr Ziel. Nun arbeiten Sie rückwärts, um herauszufinden, wie Sie dahin kommen können. Was muss geschehen? Fragen Sie sich immer wieder: »Wie erreiche ich diese Lösung?«, während Sie rückwärts arbeiten.

- **Änderungen vornehmen:** Um die perfekte Idee zu finden, führen Sie diejenigen, die Sie bereits haben, weiter aus oder variieren Sie sie – sodass sie größer, kleiner, verrückter, praktischer werden. Kombinieren Sie Ihre Einfälle oder nehmen Sie sie auseinander. Spielen Sie so lange mit ihnen, bis sie zu einer Lösung kommen.
- **Fantasieren:** Nutzen Sie Symbole, Analogien und Metaphern, um Annahmen in Frage zu stellen oder Ideen zu produzieren. Wie würde ein anderer das Problem lösen, beispielsweise ein Chirug, ein Künstler, ein Wissenschaftler oder ein Kriminalschriftsteller? Wie würde jemand, den Sie kennen und achten, es lösen?

Schlafen Sie darüber

Viele unserer kreativsten Einfälle kommen wie aus dem Nichts, wenn wir über etwas anderes nachdenken, wenn wir vor uns hin träumen, oder sogar in unseren nächtlichen Träumen, wenn wir uns daran erinnern können.

Wir können eine Technik anwenden, die als Brüten bekannt ist: Vor dem Einschlafen analysieren wir das Problem, das wir lösen wollen, erinnern uns an unsere Lösungskriterien, und schlafen dann – wortwörtlich – »über« unserem Problem. In acht von zehn Fällen wird uns unser kreatives Unterbewusstsein innerhalb von drei Nächten irgendeine Antwort präsentieren.

> *»Lasst uns lernen zu träumen, meine Herren, dann werden wir vielleicht die Wahrheit entdecken.«* (Friedrich Kekule, 1829–1896, Chemie-Nobelpreisträger)

Kreative Menschen haben gelernt, ihre Konflikte, Schwierigkeiten und Probleme ihrem Unterbewusstsein zu überlassen und es daran arbeiten zu lassen, während sie sich entspannen, sich Tagträumen hingeben oder sich mit anderen Arbeiten befassen. Vorausgesetzt die Sachkenntnis und Erfahrung sind gegeben, um das Unterbewusstsein zu unterstützen, funktioniert diese Technik sehr gut.

Siebter Teil
Sich schriftlich ausdrücken

Lernen Sie, wie Sie Ihren Texten – sowohl auf dem Papier als auch dem Bildschirm – Deutlichkeit und Überzeugungskraft geben

»Fassen Sie sich kurz, damit die anderen Ihre Worte lesen;
formulieren Sie klar, damit sie diese richtig beurteilen;
anschaulich, damit sie sich daran erinnern;
und vor allem seien Sie genau, damit die anderen vom Licht Ihrer Worte geleitet werden.«

Joseph Pulitzer, 1847–1911, aus Ungarn stammender Journalist und Politiker, begründete den Pulitzer-Preis

Fassen Sie sich kurz

Verwenden Sie kurze Wörter und Sätze, damit Ihre Texte lesbar sind

In Kapitel »Es kommt auf den ersten Eindruck an!« (s. S. 94ff.) haben wir gelernt, dass die Bedeutung einer Botschaft zu 55 Prozent von unserer Körpersprache, zu 38 Prozent von unserer Stimme und zu sieben Prozent von den Wörtern bestimmt wird, die wir wählen. Bei der schriftlichen Kommunikation verlassen wir uns vollständig auf Worte – was in der persönlichen Begegnung sieben Prozent ausmacht, beträgt auf dem Papier oder auf dem Bildschirm 100 Prozent. Die Wörter, die wir gebrauchen, sowie ihre optische und gedankliche Anordnung erreichen entweder das von uns angestrebte Ziel oder stehen unserer Botschaft im Wege.

Um Ihre Schriftsprache zu verbessern, vergleichen Sie Ihre Memos, Berichte und Briefe mit den Hinweisen, die in den nächsten zwei Kapiteln erläutert werden. Überarbeiten Sie einige Ihrer Texte, indem Sie sich eng an diese Richtlinien halten.

Alle stehen unter Zeitdruck

Kaum einer hat Zeit, ein Schriftstück mehrmals durchzulesen, um es zu verstehen. Man will es in die Hand nehmen, durchlesen, es verstehen, darauf reagieren und zur nächsten Aufgabe übergehen. Wenn wir uns in langen, komplizierten Sätzen ausdrücken, zu viele und zu lange Wörter, ausgefallene Begriffe oder eine Fachsprache benutzen, dann wird unser Text schwer zu lesen sein. Wenn wir den Zweck unseres Schreibens nicht klar angeben, wenn unsere Hauptargumente nicht deutlich werden, wenn unsere Gedanken schlecht organisiert und dazu noch optisch unattraktiv präsentiert werden, bereiten wir dem Leser zusätzliche Mühe. Dadurch verringern wir die Wahrscheinlichkeit, dass unser Text gelesen und verstanden wird und dass er die gewünschte Aktivität auslöst. Schreiben sollten drei Bedingungen erfüllen:

- Sie müssen leicht lesbar sein.
- Sie müssen gut verständlich sein.
- Sie müssen den Leser überzeugen.

Treffen Sie eine sorgfältige Wortwahl

Benutzen Sie kurze Wörter

Sind Sie der Meinung, dass lange Wörter komplexe Gedanken vermitteln und kurze Wörter eher einfachere? Wenn ja, dann ist Ihr Stil vielleicht unnötig weitschweifig und schwierig zu lesen. Es stimmt schon, dass manche kurzen Wörter einfachere Begriffe darstellen: »Stuhl«, »Hut«, »Tisch«. Aber es gibt auch kurze Wörter, die sehr komplexe Inhalte ausdrücken: »Tod«, »Gott«, »Ich«. Eine einfache Sprache vermittelt also nicht unbedingt ein einfaches Thema. Durch die Verwendung von kurzen Wörtern wird geschriebene Sprache nicht einfältig, sondern lesbarer. Wörter bis maximal drei Silben gelten als kurz. Von dieser Regel gibt es drei Ausnahmen:

- Eigennamen (Orts- und Personennamen): Großbritannien, Dezember, Donnerstag.
- Zusammensetzungen von kürzeren Wörtern: Buchhalter, Tischdecke, nichtsdestoweniger.
- Wörter, die je nach ihrer Beugungsform eine zusätzliche Silbe bekommen: des Geheimniss*es*.

Wörter, die auf »-ung« enden, zum Beispiel, wenn aus Verben Substantive gebildet werden, gelten als lang, wenn sie dadurch drei oder mehr Silben bekommen. Dies ist aber keine starre Regel, denn manche kurzen Wörter sind durchaus schwierig zu lesen.

Wann sind lange Wörter angebracht?

Viele lange Wörter sind im ständigen Gebrauch. Manche sollten benutzt werden, weil sie unersetzlich sind oder einfach dazugehören. Andere dagegen würden das Lesen nur erschweren.

Benutzen Sie ein vielsilbiges Wort, wenn es die einzige korrekte Bezeichnung für etwas ist (beispielsweise »neurolinguistisches Programmieren«) oder wenn es sich um einen technischen Begriff (beispielsweise »Laparotomie«), aber keinen Fachjargon handelt. Verwenden Sie ein langes Wort nur, wenn es tatsächlich das zutreffendste ist und genau das vermittelt, was Sie ausdrücken wollen. Wählen Sie ein längeres Wort auch dann, wenn Sie mehrere kürzere Wörter

Mehrsilbige Wörter, die durch kürzere ersetzt werden können

- unternehmen → tun
- einwilligen → sich fügen
- verabreichen → geben
- Ermahnung → Verweis
- Verwendung → Zweck
- schätzungsweise → etwa
- Assistenz → Hilfe
- Kategorie → Klasse, Gruppe
- wohl überlegt → durchdacht
- Vergütung → Lohn, Geld
- Konsequenzen → Folgen
- demonstrieren → zeigen
- konstatieren → sagen
- konstruieren → bauen
- funktionieren → laufen
- initiieren → anregen
- modifizieren → ändern
- Notwendigkeit → Bedarf
- Obliegenheit → Pflicht
- Möglichkeit → Chance
- unter der Bedingung → wenn
- nachträglich → später
- Substitution → Ersatz
- ausreichend → genug

einsparen. So ist beispielsweise das Wort »Arbeitslosigkeit« Platz sparend, weil dadurch mehrere kürzere Wörter – eine umständliche Umschreibung – eingespart werden: »der Zustand, bei dem jemand ohne Stelle ist«. Gebrauchen Sie ein längeres Wort, wenn es Ihren Lesern geläufiger sein könnte als ein kürzeres (beispielsweise ist »Schirmherrschaft« gebräuchlicher als »Ägide«).

Streichen Sie nicht alle langen Wörter – nur die überflüssigen. Benutzen Sie das Wort, das am besten ausdrückt, was Sie sagen möchten. Gebrauchen Sie geläufige, prägnante und bedeutungsvolle Wörter.

Vermeiden Sie Fachjargon und Modewörter

Für die meisten Leser wirkt sich Fachjargon erschwerend auf die Lesbarkeit aus. Das Gleiche gilt für Modewörter bzw. Anglizismen. Nicht jeder versteht sie. Falls Sie Fachjargon oder Modewörter verwenden wollen, sollten Sie sich vergewissern, dass Ihre Leser diese auch richtig verstehen.

Verwenden Sie kurze Sätze

Setzen Sie Umfang mit Bedeutung gleich? Schmücken Sie Ihre Texte mit blumigen Phrasen, Füllwörtern, aufwändigen Satzkonstruktionen, Wiederholungen und Relativierungen aus? Überlange Sätze ermüden jedoch den Leser und sorgen dafür, dass er den Faden verliert. Sie verhindern, dass unsere Botschaft gelesen, verstanden und in die Tat umgesetzt wird. Kurze Sätze dagegen gliedern unsere Gedanken. Sie helfen dem Leser, zu erkennen und zu verstehen, was wir mitteilen wollen. Kurze Sätze machen unseren Stil nicht simpler, sondern lesbarer und verständlicher. Sie erhöhen die Wahrscheinlichkeit, dass unser Text das Gewünschte bewirkt.

Zielen Sie auf eine durchschnittliche Satzlänge von weniger als 18 Wörtern. Verwenden Sie zur Auflockerung auch kurze Sätze mit weniger als zehn Wörtern.

Zum Glück ist es recht leicht, überlange Sätze auf eine passende Länge zu kürzen. Es gibt drei Möglichkeiten:

- Streichen Sie überflüssige Wörter. Wenn sie für den Sinn des Satzes nicht wichtig sind, kann man gut auf sie verzichten.
- Beseitigen Sie Schachtelsätze, indem Sie Bindewörter streichen und neue Punkte einsetzen.
- Gestalten Sie Ihre Sätze einfacher, indem Sie einschränkende Floskeln wie »aber«, »mit Ausnahme von«, »unter der Bedingung« und so weiter streichen. Machen Sie aus einem besser zwei Sätze.

Benutzen Sie kürzere Sätze, um Ihre Texte aufzulockern

Wenn wir kürzere Sätze einschieben (maximal zehn Wörter), wird die durchschnittliche Satzlänge wesentlich reduziert. Dies trägt dazu bei, dass unsere Texte lesbarer werden. Unser Stil wird dynamischer, interessanter und überzeugender. – Die Komplexität unseres Themas können wir nicht beeinflussen, wohl aber, wie verständlich wir darüber schreiben.

> Je kürzer der Satz, desto nachdrücklicher und lesbarer ist er. Verwenden Sie kurze Wörter und kurze Sätze. Dadurch wird auch ein komplexes Thema leicht verständlich.

- **Straffen Sie Ihre Texte:** Ersetzen Sie die folgenden Wörter, wann immer es möglich ist, damit Ihre Sätze kürzer und Ihr Stil knapper und klarer werden:
  Mitglied des Vorstandes → Vorstandsmitglied
  Professor für Marketing → Marketingprofessor
  Steuerung von Prozessen → Prozesssteuerung
- **Streichen Sie überflüssige Wendungen:** In unsere Texte schleichen sich zu viele überflüssige Formulierungen ein. Dies sind Wörter, die der Leser zusätzlich verarbeiten muss. Dadurch werden unsere Sätze über Gebühr lang und schwierig. Wie viele der folgenden Phrasen kommen Ihnen bekannt vor?

Überflüssige Wendung	Ersatz
• nachdem wir fertig gestellt haben	→ dann
• davon ausgehend, dass	→ wenn
• behilflich sein	→ helfen
• zu einem Ende führen	→ beenden
• während dieser Zeit	→ während
• auf Grund der Tatsache, dass	→ weil
• mit Ausnahme von	→ meistens
• zu dem Zweck	→ um zu
• aus dem Grund	→ weil
• der Tatsache ins Gesicht sehen	→ akzeptieren
• dem Anschein nach	→ anscheinend
• den Eindruck erwecken	→ scheinen
• eine Vorliebe haben für	→ bevorzugen
• um zu bewerkstelligen, dass	→ um
• für den Fall, dass	→ wenn
• in nächster Nähe zu	→ nahe
• an erster Stelle	→ erstens
• die Bekanntschaft machen	→ kennen lernen
• nicht häufig vorkommend	→ selten
• mit dem einzigen Unterschied, dass	→ außer
• es gibt nicht viele, die	→ wenige
• im Rahmen des Möglichen	→ möglich

- **Vermeiden Sie komplizierte Satzkonstruktionen:** Reduzieren Sie die Komplexität Ihrer Sätze. Ihr Stil wird so leichter lesbar.
- **Trennen Sie überlange Sätze:** Häufig setzen wir zwei Sätze zu einem zusammen, obwohl eigentlich jeder Satz nur einen Gedanken enthalten sollte. Er sollte ein Subjekt und ein Verb aufweisen.
- **Vermeiden Sie überladene Sätze:** Unnötige Wortwiederholungen werden als Redundanz bezeichnet. Da sie so selbstverständlich sind, ist uns oft nicht bewusst, dass wir uns wiederholen und nichts Neues mitteilen.
- **Sinngemäße Wiederholungen vermeiden:** »Neu renoviert«, schwarzer Rabe«, »schwere Verwüstungen« usw. machen Ihre Sätze unnötig lang und erschweren die Lesbarkeit. Vermeiden Sie daher diese Kombinationen.

> Hinterfragen Sie alle feststehenden Wendungen, die Sie gebrauchen, vor allem dann, wenn es sich dabei um sehr abgedroschene Phrasen handelt. Wenn ein Wort keine zusätzlichen Informationen hinzufügt, streichen Sie es einfach.

In den folgenden Beispielen lässt sich viel streichen:

- Diese Dienstleistung ist rund um die Uhr ~~24 Stunden immer~~ für Sie abrufbereit.
- ... um mit eigenen Augen ~~persönlich~~ zu besichtigen ...
- Dieses Angebot, das nur an ~~einzelne~~ ausgewählte Führungskräfte ergeht, bietet ihnen 70 ~~verschiedene~~ Produkte in fünf Bundesländern und bleibt ~~volle~~ sechs Monate gültig.

Problematische Präpositionen

In der Regel führen auch Wendungen, die mit Präpositionen gebildet werden, zu unnötig langen Sätzen. Streichen Sie Formulierungen, die mit einer Präposition enden:

- zeigt Verachtung für → verachten, gering schätzen, herabsehen
- ist in Übereinstimmung mit → zustimmen, bejahen, anerkennen
- hat kein Vertrauen zu → misstrauen, zweifeln
- ergreift die Partei von → unterstützen, beistehen
- findet sich ab mit → tolerieren, zulassen, erlauben, dulden

Vermeiden Sie Wendungen, die mit einer Präposition anfangen, wie beispielsweise: zu diesem Zeitpunkt, in diesem Fall, mit Ihrer Erlaubnis, bei dieser Gelegenheit, ohne Frage, unter diesen Umständen.

Vermeiden Sie den Nominalstil

Verwandeln Sie manchmal Verben in Substantive?

Das wird von Nutzen für dich *sein*	*statt*	*Das wird dir* nützen.
In Erwägung ziehen	*statt*	erwägen.
Eine Einigung erzielen	*statt*	sich einigen.

Der Nominalstil schwächt die Verben, beeinträchtigt die Lesbarkeit unserer Texte und klingt geschwollen.

Schreiben Sie keine unendlichen Geschichten

Es gibt einen Unterschied zwischen notwendigen, differenzierenden Ausführungen und langatmigen, weitschweifigen Gedanken. Zu Letzteren kommt es, da unser Gehirn, noch während wir schreiben, schon die nächsten Gedanken erzeugt. Ehe wir uns versehen, haben wir einen überlangen, umständlichen Satz geschrieben. Sie schreiben zum Beispiel: »Dieses Problem ist uns seit langem bewusst.« Das ist schon ein kompletter Satz. Während Sie dies aber schreiben, denkt Ihr Gehirn weiter und erzeugt zusätzliche Informationen, die Sie dem Satz hinzufügen: »... und wir haben es bei mehreren Gelegenheiten schon besprochen und leider vergeblich abzustellen versucht, aber ich möchte jetzt vorschlagen ...«

Versuchen Sie Wörter wie »weil«, »daher«, »deshalb«, »obwohl« und »somit« zu streichen. Ersetzen Sie sie durch einen Punkt, und bilden Sie so kürzere Sätze.

Schreiben Sie, wie Sie sprechen

Vielleicht haben Sie auch schon einmal einen Brief bekommen, der solche Wendungen enthielt: Für Ihre Bemühungen möchte ich mich im Voraus bedanken; wir versichern Sie unserer Aufmerksamkeit; vielen Dank für Ihre Mühewaltung. – Wer solche Formulierungen benutzt, glaubt vielleicht, offiziell zu klingen, ist in Wirklichkeit aber steif und übermäßig beflissen. Gespreizte Wendungen führen zu einem langatmigen und wenig lesbaren Stil, der die Leser ignoriert. – Was können wir daraus lernen? Wir sollten schreiben, wie wir sprechen!

Lesen Sie Ihre Texte laut durch. Wenn sie gekünstelt und geschwollen klingen, überarbeiten Sie diese noch einmal.

Texte überzeugend und leicht verständlich gestalten

Wie Sie Ihre Leser durch inhaltliche Gliederung, Layout und Satzbau überzeugen

Tun Sie Ihr Möglichstes, damit Ihre Leser Ihre Botschaft leichter verstehen und darauf reagieren können. – In diesem Kapitel werden wir uns mit weiteren Möglichkeiten beschäftigen, wie sich die Lesbarkeit und die Überzeugungskraft Ihrer schriftlichen Mitteilungen steigern lassen.

Grammatik

Grammatik ist überaus wichtig. Tatsächlich wird Schreiben auch so definiert: »Ein Gespräch mit bereinigter Grammatik«. Nicht nur unsere schriftlichen Mitteilungen, sondern auch wir persönlich werden oft danach beurteilt, wie wir uns grammatikalisch präsentieren. Wenn Sie mit Ihren Grammatikkenntnissen unzufrieden sind, könnten Sie ein Lernprogramm starten. Besorgen Sie sich eine gute deutsche Grammatik. Achten Sie außerdem auf die Sprache von Menschen, die über eine hohe Sprachkompetenz verfügen. Merken Sie sich, wie diese ihre Sätze konstruieren und Verben einsetzen. Noch ein Tipp: Lesen Sie anspruchsvolle Bücher.
Bis Sie ganz sicher mit der Schriftsprache umgehen können, sollten Sie immer die Grammatikprüfung Ihres Computers nutzen. Lesen Sie die Erklärungen und Begründungen und vergewissern Sie sich, dass Sie diese auch verstehen. Dann bitten Sie jemanden, Ihre Texte auf grammatikalische Fehler hin durchzusehen.

Strukturieren Sie Ihr Material

Konstruieren Sie ein Netzdiagramm

Ein Netzdiagramm ist ein einfaches, aber wirkungsvolles Hilfsmittel, um Informationen und Gedanken zu ordnen. Es wird Ihnen helfen, Auslassungen, Wiederholungen und Nebensächlichkeiten zu vermeiden. Sie können in folgenden Schritten vorgehen:

Schritt 1: Schreiben Sie Ihr Thema in die Mitte des Blattes und kreisen Sie es ein.

Schritt 2: Notieren Sie den Zweck Ihres Schreibens. Ohne klare Zielsetzung wird es nahezu unmöglich sein, Ihre Gedanken schriftlich zusammenzufassen. Häufige Ziele von Texten sind: analysieren, interpretieren, erklären, besprechen, vorschlagen, vorstellen, bitten, empfehlen, bedanken, bestätigen.

Wenn uns unser Ziel (oder mehrere Ziele) wirklich bewusst ist, können wir unsere Informationen und Ideen jetzt in die richtige Reihenfolge bringen.

Falls Sie an einem umfassenden Text arbeiten, der mehrere längere Abschnitte enthalten soll, könnten Sie ein solches Diagramm für jeden einzelnen Paragraphen erstellen. Jeder dieser Abschnitt könnte dann ein anderes Ziel verfolgen.

Schritt 3: Machen Sie ein Brainstorming und notieren Sie alle Informationen, die Sie in Ihrem Text möglicherweise verwenden könnten. Wo es angebracht ist, benutzen Sie dabei ein Verb plus Substantiv. Verben bezeichnen Handlungen: Sie erinnern Sie daran, was noch zu tun ist. Zum Beispiel ist »Fragen stellen« eindeutiger als nur das Stichwort »Fragen«.

Schritt 4: Schauen Sie sich Ihr Netzdiagramm genau an. Wollen Sie wirklich alles für Ihren Text verwenden? Streichen Sie all das, was Ihnen überflüssig erscheint oder doppelt vorkommt.

Schritt 5: Welche Informationen und Daten müssen Sie eventuell noch beschaffen, überprüfen oder weitervertiefen? Heben Sie diese durch Unterstreichung oder einen Marker hervor.

Fällt Ihnen noch etwas ein? Fügen Sie es jetzt hinzu.

Gestalten Sie Ihre schriftlichen Mitteilungen so prägnant wie möglich – je knapper, desto besser. Denken Sie an das »FKK-Prinzip«: Fassen Sie sich kurz und klar.

Es gibt viele Möglichkeiten, Gedanken zu präsentieren. Sobald ein Netzdiagramm aufgebaut ist, fällt es leicht, Informationen auf logische und verständliche Weise zu gliedern und anzuordnen.

Schritt 6: Versehen Sie jeden Arm Ihres Netzdiagramms mit einer Zahl, um die Reihenfolge zu kennzeichnen. So kann der Leser schrittweise durch Ihren Text geführt werden. Das kann auf verschiedene Weise erfolgen:

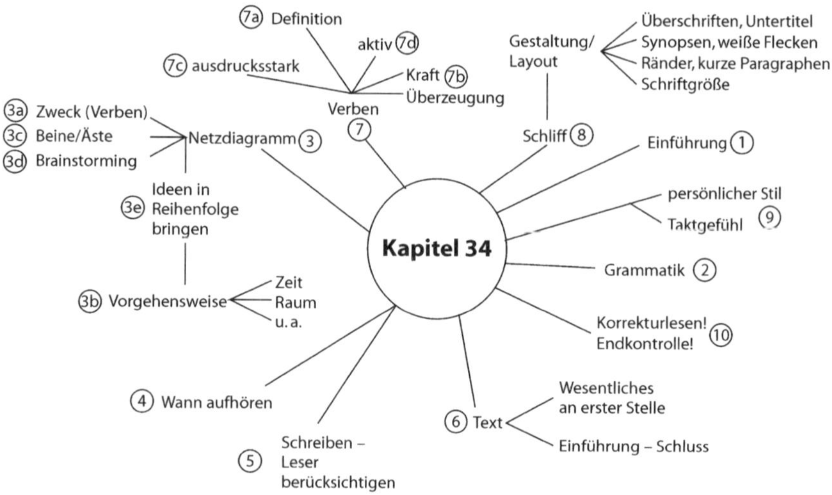

Zeit	Chronologisch: Vergangenheit → Gegenwart → Zukunft
Raum	Geografisch: Mittelpunkt → Umgebung
Kausalität	Tatsachen → Ursachen → Auswirkungen
Prozess	Logischer Ablauf: beispielsweise Rohstoffe → Herstellungsprozess → Produkt
Prinzip	Theorie → Praxis
Problem	Zustand → Lösungen: Beispielsweise Übergewicht → eine Diät machen, für mehr Bewegung sorgen, größere Kleidung kaufen usw.
Vergleich	Vergleiche ziehen
Reihenfolge	Absteigende Reihenfolge: vom Allgemeinen zum Besonderen, oder aufsteigende Reihenfolge: vom Besonderen zum Allgemeinen
Empfehlungen	**Tatsachen → Schlussfolgerung → Empfehlungen:** Diese Argumentationsweise eignet sich für Leser, die sich gerne mit Details beschäftigen. **Schlussfolgerung → Empfehlungen → Tatsachen:** Eignet sich für Leser, die sich nicht so gerne mit Details beschäftigen.

Empfehlungen → Schlussfolgerung → Tatsachen: Diese Variante ist sehr ausgefallen. Sie erregt sofort die Aufmerksamkeit des Lesers, weil sie die Logik darlegt, bevor sie die Empfehlung anbietet. Sie können sie einsetzen, wenn Sie meinen, Ihre Leser werden die Empfehlungen kritisch beurteilen.
Vorteile → Konzept/Empfehlung → Erklärung: Eignet sich für Leser, die Sie überzeugen möchten.

Welche Vorgehensweise funktioniert am besten? Sie sind alle gut. Unsere Ideen sollten so aufeinander aufbauen, dass sie deutlich und überzeugend wirken. Wir wollen uns sowohl auf unsere Leser einstellen als auch unsere eigene Persönlichkeit und unseren Kommunikationsstil zum Ausdruck bringen.

Wie viel ist genug?

Sobald wir genügend Informationen angeführt haben, um unser Ziel zu erreichen, ist es Zeit aufzuhören. So wird Ihr Stil prägnant.

INFO

Fragen zur Selbstkontrolle

- Soll ich sowohl die Argumente als auch die Details angeben?
- Soll ich auf die Logik eingehen, die hinter meinem Vorschlag steckt?
- Sind Informationen dabei, die überflüssig oder redundant sind?
- Habe ich alles angeführt, das für mein Ziel relevant ist?
- Berücksichtigen Stil, Layout und Gliederung die Bedürfnisse meiner Leser?
- Wäre mehr oder weniger Tiefe angebracht?

Jetzt wird geschrieben

Unser Ziel steht klar und deutlich vor uns. Wir wissen, was wir anführen müssen und in welchem Umfang bzw. in welcher Reihenfolge. Wir haben die relevanten Informationen gesammelt. Jetzt können wir mit dem eigentlichen Schreiben beginnen.

Denken Sie immer an Ihre Leser

Versuchen Sie, Ihre Zielgruppe so weit wie möglich zu identifizieren. Gestalten Sie Ihren Text mit Blick auf die Leser. Hier sind einige Punkte, die Sie dabei beachten sollten:

- Über welche Hintergrundinformationen verfügen meine Leser schon, und wie viel werde ich ergänzen müssen?
- Wie viel Verständnis bringen die Leser für das Thema auf?
- Wie stehen die Leser zu mir?
- Wie ist meine Beziehung zu den Lesern?
- Welchen Kommunikationsstil bevorzugen meine Leser? Einen förmlichen oder einen lockeren Stil?
- Welche Art von Informationsvermittlung wird mir am ehesten helfen, meine Ziele durchzusetzen? Überlegen Sie sich, ob Ihre Leser eher auf technische oder statistische Daten, nur auf allgemeine Angaben oder sogar auf eine Darstellung in Erzählform eingestellt sind. Passt Ihr Text in die Unternehmenspolitik? Dies alles gilt es beim Schreiben zu berücksichtigen.

Die Gliederung, die wir mit Hilfe unseres Netzdiagramms entwickelt haben, bildet das Gerüst für unseren Text.

Stellen Sie das Wesentliche voran

Wir haben darüber gesprochen, dass wir kurze Sätze bilden sollten. Wichtiges gehört in den Hauptsatz – in der Regel an den Anfang eines Satzes. Relevante Informationen sollten also nicht durch nebenordnende Konjunktionen wie »weil«, »obwohl«, »daher« oder »ob« eingeleitet werden. Bilden Sie auch kurze Abschnitte. Da der Blick automatisch auf den Anfang eines Absatzes fällt, sollten wir dort unsere wichtigsten Informationen anbringen.

Ihr Text braucht eine Einleitung und einen Schluss

Wenn wir den Hauptteil ausgearbeitet haben, können wir unseren Text mit einer Einleitung und einem Schluss versehen.

- **Einleitung:** Kündigen Sie an, was Sie mitteilen wollen.
- **Hauptteil:** Sagen Sie es Ihren Lesern.
- **Schluss:** Fassen Sie zusammen, was Sie gesagt haben.

Die Einleitung erfüllt zwei Aufgaben. Zuerst sollte sie das Interesse des Lesers wecken. Zweitens informiert die Einleitung den Leser darüber, was er nach der Lektüre entweder wissen oder tun sollte.

Die Einleitung hilft also unseren Lesern. Sie wissen dann, worauf sie beim Lesen achten sollen. Der Leser beginnt zu ahnen, welche Schritte nach dem Lesen von ihm erwartet werden. Der Schluss fasst dies nochmals zusammen und bestätigt es.

Schreiben Sie überzeugend

Ein überzeugender Stil ist wichtig. Schließlich schreiben wir Briefe, Berichte oder Memos nicht nur zum Spaß. Wir schreiben sie, weil wir wollen, dass der Empfänger etwas erfahren, verstehen oder tun soll. Die Kraft beim Schreiben liegt in den Verben. Überzeugend wirken vor allem diejenigen, die eine Handlung ausdrücken.

Benutzen Sie ausdrucksstarke Verben

Starke Verben erzeugen klare Bilder in den Köpfen der Leser. Sie verleihen unserem Stil Ausdrucksstärke und Überzeugungskraft, weil sie die Gedankengänge anderer beeinflussen können. Unser Stil wird interessanter und prägnanter, wenn wir wirkungsvolle Verben einsetzen. Ausdrucksstarke Verben beschreiben konkrete Handlungen. Ausdrucksschwache Verben dagegen sind meistens Beugungsformen von sein: bin, sind, war, waren, sind gewesen und so weiter. Oft sind sie nicht konkret, sondern sehr allgemein. Benutzen Sie viele ausdrucksstarke, konkrete Verben, die Bilder hervorrufen. Gebrauchen Sie eindrückliche Verben, und zwar im Aktiv. Dadurch wirkt Ihr Argument überzeugender.

Ausdrucksschwache Verben	Ausdrucksstarke Verben
• Wir gingen, um ... zu besuchen	• Wir besuchten ...
• Ich befinde mich im Einklang mit	• Ich stimme zu
• Wir können ... empfehlen	• Wir empfehlen ...
• Ich werden Ihnen ... schicken	• Ich sende Ihnen ...
• Wir werden uns mit Ihnen in Verbindung setzen	• Wir rufen Sie an ..

Benutzen Sie Verben aktivisch

Gestalten Sie Ihre schriftliche Kommunikation überzeugender, indem Sie das Passiv vermeiden.

Passiv	Aktiv
• Vom Komitee wurde beschlossen, dass ...	• Das Komitee beschloss, dass ...
• Die Untersuchung wurde von uns durchgeführt ...	• Wir untersuchten ...
• Anfragen wurden von uns gestellt ...	• Wir fragten an ...
• Ihre Anteilnahme wird geschätzt ...	• Wir schätzen Ihre Anteilnahme ...
• Es wurde entschieden ...	• Wir haben entschieden ...

Gestalten Sie Ihre Texte leserfreundlich

Sicher kennen Sie Briefe, Berichte oder Zeitschriftenbeiträge, die aus einem einzigen Wortdschungel zu bestehen scheinen. Sie werden sich bestimmt an Ihre Reaktion erinnern: »Ach, nein, muss ich das alles wirklich lesen?« So reagieren die meisten Menschen auf einen Text, der nur aus einer Ansammlung von Wörtern zu bestehen scheint. Durch kurze Wörter, knappe Sätze und kurze Absätze können wir die »Ach-nein-Reaktion« vermeiden. Wir können unsere Texte optisch ansprechend gestalten. Leerräume sind die Lösung. Sie erleichtern das Lesen. Ein Text ohne ausreichende Zwischenräume ist wie eine Person, die ohne Punkt und Komma redet. Unsere schriftliche Kommunikation anders zu gestalten nimmt keine Zeit in Anspruch, macht sie aber viel ansprechender. Halten Sie Ihre Absätze kurz. Lassen Sie beim Schreiben großzügig Platz dazwischen. Halten Sie die Ränder zu beiden Seiten sowie oben und unten breit. Wählen Sie eine große Schrifttype – mindestens 12 Punkt.

Helfen Sie Ihren Lesern, indem Sie ...

- Worte, Sätze und Absätze kurz halten.
- Absätze in Abschnitte gliedern.
- Abschnitte in logischer Reihenfolge ordnen.
- Abschnitte mit aufschlussreichen Überschriften versehen.
- Unterüberschriften und Aufzählungen verwenden.

Benutzen Sie Überschriften

Überschriften haben eine wichtige Funktion: Sie sorgen für zusätzliche Zwischenräume im Text. Sie kündigen Themen an und helfen dem Leser, sich zu orientieren.

Bieten Sie Ihrem Leser eine Zusammenfassung

Zusammenfassungen sind nützliche Hilfen und gehören zu vielen geschäftlichen Texten, nicht nur zu Artikeln in Fachzeitschriften.

Längere Berichte können eine einseitige zusammenfassende Inhaltsangabe vertragen, in der die Hauptpunkte und die wesentlichen Schlussfolgerungen prägnant festgehalten werden. Dadurch können potenzielle Leser schon vorweg erfahren, wann und wie gründlich sie den Text lesen bzw. ob sie ihn überhaupt lesen sollten.

Formulieren Sie persönlich

Wenn es angebracht ist, verwenden Sie die Pronomina »ich«, »Sie« oder »wir«. Durch persönliche Fürwörter fühlt sich der Leser angesprochen. Ihr Schreiben wird direkter, klarer und überzeugender. Personalpronomina machen Ihren Stil menschlicher und lesbarer. Sie verhindern auch, dass ein knapper Stil unpersönlich wirkt.

Die Räder der Wirtschaft werden von Menschen in Bewegung gehalten. Genieren Sie sich also nicht, Personen in Ihren Texten zu erwähnen oder anzusprechen.

Schreiben Sie taktvoll und objektiv

Eine der zentralen Aussagen dieses Buches lautet, dass sich positive oder neutrale Formulierungen besser mitteilen als negative. Das gilt sowohl für die schriftliche als auch für die mündliche Kommunikation. Und: Wie wir bereits gelernt haben (s. S. 204f.): Wenn wir unsere Meinung äußern, sollten wir diese als solche klar zu erkennen geben und sie nicht als Tatsache ausgeben. Auch das Gespür für den richtigen Zeitpunkt ist wichtig. Versetzen Sie sich in die Lage des Lesers, bevor Sie ein Memo oder einen Brief abschicken. Versuchen Sie, die Sachlage auch aus seiner Perspektive zu sehen.

Vergessen Sie die Endkontrolle nicht

Überprüfen Sie sorgfältig alles, was Sie geschrieben haben. Lesen Sie es genau durch, und lesen Sie es laut vor. Achten Sie darauf, dass die Grammatik stimmt und Ihre Meinung deutlich zum Ausdruck kommt. Dann lesen Sie es nochmals laut vor. Ergibt es einen Sinn? Werden Ihre Leser es verstehen? Sind alle relevanten Informationen enthalten? Gibt es etwas Überflüssiges, das Sie streichen könnten? – Die Zeit für die Endkontrolle ist gut investiert. Dadurch stellen wir sicher, dass unser Text leicht lesbar und verständlich ist und die gewünschten Ergebnisse erzielen wird.

Elektronisch kommunizieren

Was man bei der Kommunikation per Fax oder E-Mail besonders berücksichtigen muss

»Was meinst du damit, dass wir nicht miteinander kommunizieren? Erst gestern habe ich dir eine Antwort auf deine E-Mail gefaxt!« – Wird die Welt langsam verrückt? Manchmal scheint es, als ob die elektronische Kommunikation die Kontrolle über unser Leben übernehmen würde. Bis Mitte der 80er-Jahre waren Faxgeräte nur Chefsekretärinnen in den Führungsetagen großer Unternehmen bekannt. E-Mails waren Sciencefiction. Noch vor wenigen Jahren waren Mobiltelefone den oberen Zehntausend vorbehalten. Heute besitzen die meisten Leute ein Handy. Obwohl dies alles »neu« ist, könnten die meisten von uns ohne diese Geräte nicht mehr auskommen. Für die elektronische Kommunikation gelten so ziemlich die gleichen Regeln wie für Mitteilungen auf dem Papier, obwohl der Trend dahin geht, sich immer kürzer zu fassen.

E-Mails sind eine öffentliche Angelegenheit

Elektronische Mitteilungen mögen kurzlebig scheinen, aber sie sind es nicht! Vor allem E-Mails sind quasi unvergänglich. Mit dem Verschicken einer Mail haben wir bereits vier Kopien erzeugt: eine auf unserem PC, eine auf unserem Server, eine auf dem Server unseres Empfängers und eine vierte auf seinem PC. Das automatische Backup führt zu weiteren Kopien. Ein Jahr nach dem Senden einer Botschaft könnte es 50 oder mehr Kopien geben. Es gibt praktisch keine Möglichkeit sicherzustellen, dass eine dieser Kopien nicht überlebt und an andere weitergeleitet und von ihnen gelesen wird, absichtlich oder versehentlich. E-Mails und Faxe können sogar als Beweismaterial vor Gericht verwendet werden.

Wie bei jeder schriftlichen Kommunikation können wir niemals sicher sein, wer sie sehen wird. Daher sollten Sie vor allem beim Verfassen von E-Mails und Faxen davon ausgehen, dass Unbefugte sie lesen werden. Eine gute Faustregel lautet: Schreiben Sie nichts, was nicht Ihr Arbeitgeber oder Ihre Familie lesen oder was nicht in Ihrer Tageszeitung veröffentlicht werden dürfte.

Achten Sie auf Ihren Ton

Wenn wir nicht aufpassen, kann der unpersönliche und schnelle Charakter der elektronischen Kommunikation dazu führen, dass wir schroff wirken, obwohl wir es nicht wollen. Ohne Körpersprache oder Tonfall, die den Empfängern signalisieren, wie sie unsere Botschaft oder unsere Gefühle einordnen sollen, hinterlassen elektronische Mitteilungen schnell einen ausgesprochen negativen Eindruck. – Kurze Sätze, das Fehlen der Anrede, der Wunsch, sich kurz zu fassen – all dies kann diese Form der Kommunikation allzu brüsk und unverbindlich erscheinen lassen. Humor kann seine Wirkung verfehlen, und etwas Frust oder eine leichte Verärgerung wird möglicherweise sogar als Wut interpretiert. Vergessen Sie nicht, »Bitte« und »Danke« zu sagen.

Um sicherzugehen, dass Ihnen das nicht passiert, versuchen Sie, sich auszumalen, wie der Empfänger auf Ihre Botschaft reagieren wird. Sind Sie ironisch, herablassend, fordernd oder bewertend gewesen, ohne es zu wollen? Schicken Sie nie ein Fax oder eine E-Mail im Ärger ab. Wenn Sie das Gefühl haben, dass Sie die Botschaft schreiben müssen, tun Sie es – aber warten Sie mindestens 24 Stunden, bis Sie sie wegschicken. Bis dahin haben Sie sich möglicherweise wieder beruhigt.

Übertreiben Sie es nicht

In den letzten Jahren haben sich eine Reihe von Regeln entwickelt, was das Verfassen von E-Mails betrifft. So wird beispielsweise das ausschließliche Verwenden von Großbuchstaben (kurze Überschriften ausgenommen) als SCHREIEN verstanden. Da es unhöflich ist zu schreien und ein Text zudem auch schwerer zu lesen ist, wenn er nur aus Großbuchstaben besteht, sollten wir das besser vermeiden.

Auch sollten wir auf kleine symbolische Botschaften, die aus Satzzeichen bestehen, so genannte Emoticons – beispielsweise :–) für ein Smiley-Gesicht – verzichten, ebenso auf Akronyme (wie beispielsweise MfG für »Mit freundlichen Grüßen«). Nicht jeder kennt oder mag diese »Sprache«.

Fassen Sie sich kurz

Die meisten Beschwerden über schriftliche Mitteilungen gehen dahin, dass diese zu lang seien und nicht zur Sache kämen. Natürlich wollen wir unseren Lesern nicht auf diese Weise die Zeit stehlen.

Obwohl E-Mails und Faxe keine Briefe sind, sorgen Anrede und Schlussgruß für einen freundlichen und kooperativen Ton. Sofern es keine persönlichen »Briefe« sind, sollten E-Mails auf einen Blick zu lesen und Faxe nicht länger als eine Seite sein. Wenn sie länger sind, neigt der Empfänger dazu, sie entweder nur zu überfliegen oder gar nicht zu lesen.

Sorgen Sie für Klarheit

Manche Menschen erhalten 50 bis 100 E-Mails am Tag, daher sollte jede Mail eine Betreffzeile enthalten, die ankündigt, worum es geht. Dann kann der Empfänger besser einschätzen, wie dringend die Angelegenheit ist. Je spezifischer diese Betreffzeile ist, desto besser kann der andere erkennen, welchen Inhalt er zu erwarten hat. Benutzen Sie nicht die gleiche Formulierung wie in der ersten Zeile Ihrer Mitteilung, oder Sie riskieren es, den Empfänger zu langweilen. – Schreiben Sie in den ersten drei Zeilen, was der andere wissen oder tun sollte. Anschließend führen Sie die Gründe auf. Haben Sie eine Frage, die beantwortet werden soll, oder benötigen Sie Informationen? Wollen Sie den Empfänger an einen Termin erinnern? Machen Sie ein Angebot oder sprechen Sie eine Einladung aus? All dies sollte jeweils in den ersten drei Zeilen einer Mail erscheinen.

Setzen Sie die besonders wichtigen Punkte nach oben, falls der Empfänger nicht die Zeit hat, die ganze Mitteilung zu lesen.
Wenn Sie eine E-Mail verfassen, die mehrere Punkte enthält, sollten Sie überlegen, für jedes Thema eine separate Mail zu schicken. Das macht es für den Empfänger leichter, die Wichtigkeit der einzelnen Punkte zu beurteilen und die Mail abzulegen.

Gehen die E-Mail oder das Fax an mehr als eine Person, machen Sie deutlich, wer was und bis wann tun muss. Setzen Sie in die Adresszeile die Namen der Personen, die dafür verantwortlich sind, etwas zu tun. Im Feld für die Kopien (cc:) können Sie die Personen aufführen, die diese Informationen nur zur Kenntnis erhalten.

Wie bei anderen schriftlichen Mitteilungen gilt auch hier: Je einladender die optische Gestaltung unserer Faxe und E-Mails ist, desto größer ist die Wahrscheinlichkeit, dass sie gelesen werden. Für E-Mails und Faxe bedeutet das:

- Absätze sollten nicht mehr als sechs Zeilen umfassen.
- Lassen Sie jeweils eine freie Zeile zwischen den Abschnitten.
- Verwenden Sie Aufzählungen und Nummerierungen.
- Trennen Sie die Abschnitte längerer Mitteilungen durch Überschriften voneinander.
- Heben Sie wichtige Punkte durch Fettdruck hervor.
- Lassen Sie Zwischenräume.

Wenn wir diese einfachen Techniken anwenden, kann man unsere Informationen leichter und schneller lesen.

Ködern Sie den anderen

Wenn wir uns klar und präzise ausdrücken, werden unsere E-Mails und Faxe wahrscheinlich auch gelesen werden. Eine andere Möglichkeit, Leser für unsere Mitteilungen zu gewinnen, ist das WHID-Prinzip – **W**as **h**abe **i**ch **d**avon? – Achten Sie darauf, dass der Vorteil für den Leser deutlich wird – inwiefern entspricht Ihre Mitteilung seinen Bedürfnissen? – Schreiben Sie in der ersten Person – verwenden Sie die Wörter Sie/du.

Antworten Sie schnell

Bei informellen E-Mails sieht es anders aus, aber in der Regel rechnet man damit, innerhalb von 48 Stunden eine Antwort auf die eigene E-Mail zu erhalten. Wenn wir nicht die Zeit haben, ausführlich zu antworten, können wir wenigstens den Eingang der Mitteilung kurz bestätigen und eine längere Antwort ankündigen.

Wenn Sie in Urlaub gehen, sollten Sie daran denken, Ihre Mail-Box so einzustellen, dass jede eingegangene Mail automatisch beantwortet wird. Teilen Sie mit, dass Sie Ihre Mails vorübergehend nicht beantworten können, und wann der andere mit einer Reaktion rechnen kann.

Sorgen Sie für Ordnung

Wie man dem Fax- oder Mail-Chaos abhelfen kann, zeigen die folgenden Tipps:

FAX	E-Mail
• Werfen Sie unerwünschte Faxe weg.	• Löschen Sie unerwünschte Nachrichten (und leeren Sie Ihren Papierkorb regelmäßig).
• Legen Sie Faxe ab, die Sie noch einmal benötigen werden.	• Legen Sie diejenigen Mails ab, auf die Sie später noch einmal Bezug nehmen wollen.
• Heften Sie Faxe, auf die Sie bald reagieren sollten, in einen Ordner für Unerledigtes.	• Drucken Sie die Mails aus, mit denen Sie sich später befassen wollen, oder legen Sie sie in einem E-Mail-Ordner für Unerledigtes ab.
• Beantworten Sie alle übrigen Faxe unverzüglich.	• Antworten Sie auf die restlichen Mails sofort.

Sehen Sie Ihren »Postausgang« und Ihre verschiedenen Ordner regelmäßig durch und löschen Sie alle Nachrichten, die überflüssig oder überholt sind.

Respektieren Sie die Wünsche der anderen

Warum sollte jemand überhaupt den Wunsch haben, den »Alle antworten«-Button anzuklicken? Sofern man nicht nur einen sehr kleinen Bekanntenkreis besitzt – in dem jeder außergewöhnlich ähnliche Interessen hat –, ist es äußerst unwahrscheinlich, dass sich alle für das Gleiche interessieren. Stehlen Sie anderen nicht die Zeit.

Wie ausführlich sollten Sie in Ihrer Mail werden? Wie bei jeder anderen Kommunikationsform auch, denken Sie zunächst über die Bedürfnisse des Empfängers nach. Was weiß er bereits? Wie groß ist sein Interesse? Legt er Wert auf Details? Der BCC-Button ist nützlich, wenn wir mehrere Kopien verschicken wollen. Nicht jeder schätzt es, wenn seine E-Mail-Adresse an viele andere Empfänger geschickt wird. (Die Person, die eine Blindkopie bekommt, sieht nur unsere und ihre eigene E-Mail-Adresse, nicht die ganze Empfängerliste.)

Anlagen

Sicher haben Sie auch schon einmal eine Anlage zu einer E-Mail erhalten, deren Download unendlich lange gedauert hat – nur um dann festzustellen, dass es absolute Zeitvergeudung war. Zwar ist es einfach, Anlagen zu verschicken, aber Übertragung und Download kosten Zeit. Bevor Sie eine Anlage versenden, sollten Sie sich überlegen, ob der Empfänger wirklich Interesse hat. Wenn Sie eine Anlage verschicken, erklären Sie im Text Ihrer Mail, um was es sich handelt und in welchem Format der Anhang ist. Dies hilft dem Empfänger zu entscheiden, ob er diese Anlage öffnen möchte.

Lesen Sie noch einmal Korrektur

Die Geschwindigkeit elektronischer Kommunikation reißt uns manchmal mit. Doch für unsere E-Mails und Faxe gilt das Gleiche wie für unsere Briefe, Memos und Berichte: Wir sollten sie noch einmal durchlesen, bevor wir sie abschicken.

Nehmen Sie sich die Zeit und machen Sie noch von der Rechtschreibprüfung Gebrauch, ehe Sie Ihre Nachricht wegschicken. Streichen Sie gnadenlos alle überflüssigen Wörter und Details.

Lassen Sie sich durch Fax und E-Mail nicht tyrannisieren

Wir sind alle darauf konditioniert worden, aufzuspringen und ans Telefon zu gehen, wenn es klingelt. Aber wollen wir auch auf Faxe und E-Mails reagieren wie dressierte Zirkustiere?

Falls Sie ständig online sind oder ein Intranet haben, öffnen Sie nicht gleich jede eingehende Mitteilung. Überlegen Sie sich, wann Sie am besten Ihre Mails und Faxe lesen. Es kann beispielsweise angezeigt sein, nicht schon am Morgen als Erstes die eingegangenen E-Mails zu sichten, wenn Sie das von wichtigeren Dingen abhält.

Wie wollen Sie von anderen wahrgenommen werden? Nicht nur Ihre Art sich zu kleiden und Ihre Körperhaltung vermitteln einen deutlichen Eindruck von Ihrer Persönlichkeit, sondern es sagt auch viel über Sie aus, wie Sie Ihre Gedanken auf dem Papier oder elektronisch präsentieren.

Faxen Sie nicht mehr als ein paar Seiten, wenn Sie auch den regulären Postweg nehmen können.
Lassen Sie Faxe und E-Mails kein Ersatz für persönliche Begegnungen sein.
Achten Sie auf Ihre schriftliche Kommunikation – Sie haben Einfluss darauf, welches Bild Sie anderen vermitteln!

Lösungen

Zum Kapitel »Wertvorstellungen, Überzeugungen und Denkmuster (S. 20):

Ihr innerer Dialog als Diagnose für Ihr Selbstwertgefühl

Wenn Sie gerade vor Ihren Kollegen einen Fehler gemacht haben, sagen Sie sich:

Anzeichen von geringer Selbstachtung: »Jetzt werden sie wissen, wie dumm ich bin.«
Anzeichen von hoher Selbstachtung: »Nächstes Mal werde ich ...«

Wenn Sie etwas zum ersten Mal machen und es schwierig finden, sagen Sie sich:

Anzeichen von geringer Selbstachtung: »Ich bin doch so blöd, ich kann das nie lernen!«
Anzeichen von hoher Selbstachtung: »Ich bin schon mit ähnlichen Problemen fertig geworden. Ich werde das auch schaffen.«

Wenn Sie ein Versprechen verschwitzt haben, sagen Sie sich:

Anzeichen von geringer Selbstachtung: »Was bin ich blöd und vergesslich!«
Anzeichen von hoher Selbstachtung: »Das passt eigentlich nicht zu mir. Das werde ich wieder in Ordnung bringen.«

Wenn Sie zu einer Konferenz kommen, deren Teilnehmer Sie nicht kennen, sagen Sie sich:

Anzeichen von geringer Selbstachtung: »Ich hasse das. Ich komme mit fremden Menschen nie zurecht.«

Anzeichen von hoher Selbstachtung: »Dies wird eine Herausforderung sein. Ich werde gelassen bleiben, alles wird glatt gehen.«

Wenn Sie zu Ihrem Chef bestellt worden sind und nicht wissen, warum, sagen Sie sich:

Anzeichen von geringer Selbstachtung: »Jetzt werde ich es abkriegen. Was habe ich schon wieder falsch gemacht?«

Anzeichen von hoher Selbstachtung: »Ich bin neugierig, was jetzt geschehen wird.«

Wenn Sie auf dem Weg zum Einkaufen stolpern, sagen Sie sich:

Anzeichen von geringer Selbstachtung: »Wie ungeschickt ich bin. Ich kann nicht mal die Straße entlanggehen, ohne dass ich mich blamiere!«

Anzeichen von hoher Selbstachtung: »Hoppla! Ich sollte besser darauf achten, wo ich hintrete!«

Wenn Sie feststellen, dass Sie zu einem wichtigen Termin zu spät kommen werden, sagen Sie sich:

Anzeichen von geringer Selbstachtung: »Man kann sich darauf verlassen, dass ich mich verspäte. Ich komme eben immer zu spät. Ich vermassele alles.«

Anzeichen von hoher Selbstachtung: »Es passt eigentlich gar nicht zu mir, dass ich mich verspäte. Wo ist ein Telefon, damit ich Bescheid sagen kann.«

Wenn Sie Ihr Konto nicht ausgleichen können, sagen Sie sich:

Anzeichen von geringer Selbstachtung: »Ich bin bei Geldsachen hoffnungslos. Das werde ich nie schaffen.«

Anzeichen von hoher Selbstachtung: »Das muss jetzt erledigt werden. Ich weiß, dass ich es schaffen kann.«

Wenn Sie etwas besonders gut gemacht haben, sagen Sie sich:

Anzeichen von geringer Selbstachtung: »Auch ein blindes Huhn findet mal ein Korn.«

Anzeichen von hoher Selbstachtung: »Bei solchen Sachen bin ich besonders gut!«

Zum Kapitel »Achten Sie auf die Körpersprache der anderen« (S. 113ff.):

Übungen im Umgang mit Körpersprache

Körpersprache: Der Sprecher räuspert sich ständig. Er spricht schnell, mit häufigem Wechsel der Tonlage, begleitet von ruckartigen Gesten.
Mögliche Bedeutung: Diese Person ist unsicher und verkrampft.
Ihre Reaktion: Sorgen Sie dafür, dass er sich wohl fühlt. Ermutigen, beruhigen Sie ihn. Seien Sie ganz natürlich und versuchen Sie – möglichst durch Humor – ihm seine Anspannung zu nehmen.

Körpersprache: Während einer Besprechung zieht ein Mann sein Jackett aus und hängt es über die Lehne seines Stuhles.
Mögliche Bedeutung: Er ist gerne mit Ihnen zusammen, er ist offen und kooperativ.
Ihre Reaktion: Ziehen Sie ebenfalls Ihr Jackett aus und lassen Sie erkennen, dass auch Sie offen und entgegenkommend sind.

Körpersprache: Eine Frau nimmt ihre Brille ab, reibt sich das Nasenbein, schaut an die Decke, schließt dann ihre Augen und sitzt ganz ruhig da.
Mögliche Bedeutung: Sie denkt über etwas nach und wägt ab, was gesagt worden ist.
Ihre Reaktion: Lassen Sie Ihr Zeit; bleiben Sie still und seien Sie bereit, mögliche Fragen zu beantworten.

Körpersprache: Ein Mann lehnt sich ganz in seinen Stuhl zurück, verschränkt die Hände hinter dem Kopf, legt einen Fuß auf den Tisch und lässt das andere Bein zur Seite hängen.
Mögliche Bedeutung: Diese Person fühlt sich dominant und überlegen.
Ihre Reaktion: Lassen Sie sich in Ihrem Selbstvertrauen nicht erschüttern. Spiegeln Sie gegebenenfalls – teilweise oder vollständig – die Körperhaltung des anderen. Versuchen Sie die Beziehung auf die gleiche Ebene zu bringen.

Körpersprache: Ein Kollege nimmt plötzlich seine Brille ab und wirft sie – oder seinen Kugelschreiber – auf den Tisch.
Mögliche Bedeutung: Dies ist Zeichen einer starken negativen Reaktion auf das, was Sie gerade gesagt haben.
Ihre Reaktion: Fragen Sie nach, um herauszufinden, was der andere einzuwenden hat; gehen Sie das Thema noch einmal neu an.

Körpersprache: Die Hand wird aufs Herz gelegt.
Mögliche Bedeutung: Diese Person drückt Aufrichtigkeit und Ehrlichkeit aus.
Ihre Reaktion: Erwidern Sie diese Haltung, sofern es angebracht erscheint.

Körpersprache: Ein Mann klappt pausenlos die Bügel seiner Brille auf und wieder zusammen.
Mögliche Bedeutung: Vielleicht langweilt er sich.
Ihre Reaktion: Versuchen Sie ein Gesprächsthema zu finden, das für beide von Interesse ist.

Körpersprache: Eine Frau betritt den Raum mit schnellen und entschlossenen Schritten.
Mögliche Bedeutung: Diese Person ist selbstsicher und selbstbewusst.
Ihre Reaktion: Vermitteln Sie durch Ihre Körpersprache einen ähnlichen Eindruck.

Körpersprache: Jemand verschränkt die Hände fest hinter dem Kopf und schlägt die Beine übereinander. Später beißt er die Zähne zusammen.
Mögliche Bedeutung: Möglicherweise zögert er, etwas zu sagen; er hält sich zurück.
Ihre Reaktion: Ermuntern Sie ihn dazu, aus sich herauszugehen. Stellen Sie offene Fragen und hören Sie aktiv zu (s. S. 122ff.).

Zum Kapitel »Erfahren Sie die ganze Geschichte« (S. 135):

Von geschlossenen zu offenen Fragen

Ihre Vorschläge können auch ganz anders aussehen. Sie sollten die folgenden Möglichkeiten nur als Beispiele betrachten.

Um zu überprüfen, ob es Ihnen gelungen ist, die geschlossenen Fragen in offene abzuändern, fragen Sie sich, ob es möglich ist, Ihre Frage mit einem einfachen »Ja« oder »Nein« oder mit einer kurzen faktischen Angabe zu beantworten. Wenn dies möglich wäre, dann handelt es sich immer noch um geschlossene Fragen.

Wann ist das passiert?	*Was hat dazu geführt?*
War Ihre Reise ein Erfolg?	*Was haben Sie während Ihrer Reise erreicht?*
Sagt Ihnen der Bewerber zu?	*Inwieweit meinen Sie, dass der Bewerber unseren Anforderungen entspricht?*
War Ihre Besprechung gut?	*Was hat sich bei Ihrer Besprechung ergeben?*
Warum ist das passiert?	*Was denken Sie, wie es dazu gekommen ist?*

Zum Kapitel »Der Anfang bestimmt das Ergebnis« (S. 170f.):

Einrahmende Aussagen

1. »Peter, ich möchte mit dir über unsere Teambesprechung reden. Mir ist aufgefallen, dass du dabei häufig mit deinem Nachbarn leise redest. Das stört mich aber sehr, weil ich möchte, dass alle Beiträge vom ganzen Team gehört werden.«
   Sie haben dabei darauf verzichtet zu erwähnen, dass Peters Flüstern auch eine Störung für die anderen sein könnte, da dies nur Ihre Vermutung ist. Sie haben Peter gesagt, was Sie wollen, und nicht, was Sie nicht wollen.

2. »Carla, hättest du einen Moment Zeit? Ich möchte mich mit dir über etwas unterhalten, was mich sehr stört?«
   In diesem Fall könnten Sie eine »Ich-Botschaft« einsetzen. Sie können Carla nicht zwingen, ihre Angewohnheiten zu ändern, aber Sie können ihr klarmachen, wie Sie selbst dadurch beeinträchtigt werden.
3. »Danke, dass du gekommen bist, Manny. Wir wissen beide, dass die Geschäftsleitung den Zeitaufwand für verschiedene Prozesse reduzieren und gleichzeitig die Produktion erhöhen will. Ich glaube, wir beide könnten einen Plan entwickeln, um dies zu bewerkstelligen. Wenn du zustimmst, möchte ich gern Möglichkeiten besprechen, wie wir zusammenarbeiten könnten, um die Bearbeitungszeit in unseren Abteilungen zu verringern. Wir könnten ein Brainstorming durchführen und dann vielleicht auch eine Besprechung unserer Arbeitsgruppen ansetzen, um herauszufinden, welche Ideen unsere Mitarbeiter dazu haben. Wie findest du das?«
   Wichtig ist die Zusammenarbeit, um Verbesserungen zu erreichen.
4. »Sean, danke, dass du Zeit für mich hast, damit wir meinen Vorschlag für einige Anschaffungen besprechen können. Zuerst möchte ich dir erklären, warum ich diesen Vorschlag eingereicht habe, und vielleicht das Wesentliche zusammenfassen. Dann, hatte ich mir gedacht, könnten wir das Für und Wider meines Vorschlags besprechen und etwaige Bedenken, die du noch haben könntest, anmerken. Ich möchte dafür sorgen, dass du über sämtliche Informationen verfügst, die du für deine Entscheidung brauchst.«
   Wir wollen sanften Druck auf Sean ausüben, ohne dass er sich in die Defensive gedrängt bzw. sich unbehaglich oder bedrängt fühlt.
5. »Danke, dass ihr gekommen seid. Ich habe euch hier zusammengerufen, um einige Anregungen zu bekommen, wie wir die Verkaufszahlen schneller an die einzelnen Abteilungen weitergeben könnten. Ich habe mit allen Abteilungsleitern gesprochen – sie stimmen darin überein, dass eine Verringerung der Rücklaufzeit von drei auf zwei Wochen für sie sehr vorteilhaft wäre. Zuerst

möchte ich am Flipchart alle Faktoren auflisten, die uns bremsen. Wer hat einen Vorschlag?«
Beachten Sie, die Haltung ist hier ganz eindeutig nicht: »Ihr werdet es schneller oder besser machen müssen«, sondern: »Wie können wir uns verbessern?« Dies führt eher zu kooperativer Mitarbeit und Anregungen.

6. »Ellen, leider muss ich dich wegen verpasster Termine ansprechen. Als wir dieses Problem bei deiner Leistungsbewertung und auch im vergangenen Monat besprochen haben, meintest du, du würdest selber spüren, dass du dich besser organisieren musst. Ich würde gerne erfahren, welche Veränderungen du in deinen Arbeitsgewohnheiten vorgenommen hast. Vielleicht kann ich dir ja auch in einigen Punkten behilflich sein. Aber wir müssen uns wirklich damit befassen.«
Wir behandeln dies als ein Problem, das gemeinsam gelöst werden muss. Was hat sie getan, um sich besser zu organisieren? Welche Unterstützung könnte sie von Ihrer Seite nötig haben? Wenn sie sich inzwischen tatsächlich besser organisiert hat, gibt es eine andere Erklärung für die verpassten Termine?

WHID

Hier einige WHID, die Sie früh im Gespräch einbringen können:

1. (Für Peter) Stärker von den anderen Mitgliedern des Teams respektiert bzw. akzeptiert werden; von Ihnen nicht mehr zurechtgewiesen werden.
2. (Für Carla) Reibungsloser Durchlauf der Arbeit durch die Abteilung; persönlich stolz darauf sein, Termine einzuhalten; Ihnen behilflich sein (es war Carla vielleicht nicht bewusst, dass sie Ihnen Schwierigkeiten bereitet hat). Zumindest werden Sie sich besser fühlen, weil Sie Ihrem Ärger Luft gemacht haben.
3. Sowohl Sie als auch Manny werden bei der Geschäftsleitung Punkte für Ihre Verbesserungsvorschläge sammeln; (für Ihre Mitarbeiter) Die Teilnahme an Entscheidungsprozessen erhöht die Arbeitszufriedenheit.

4. Wenn Sean Ihr Vorhaben genehmigt, wird dies die Produktivität Ihrer Abteilung steigern, dadurch wird auch sein Ansehen steigen. Er wird keine Bedenken bezüglich seiner Entscheidung haben, da er über alle benötigten Informationen verfügen wird.
5. (Für Ihre Mitarbeiter) Indem Sie überflüssigen Aufwand, unrationelle Arbeit und Engpässe eliminieren, werden ihre Aufgaben leichter und weniger belastend; sie erhalten Gelegenheit, an der Verbesserung des gesamten Arbeitsprozesses mitzuwirken, der auch ihre Tätigkeiten einschließt.
6. Eine Chance für Ellen, sich in dem einzigen kritischen Punkt ihrer Arbeitsleistung zu verbessern und hervorragend in allen Aspekten ihrer Tätigkeit zu werden; eine Gelegenheit, eine wichtige Schlüsselqualifikation zu optimieren (Selbstorganisation).

Zum Kapitel »Treffen Sie die richtige Wortwahl« (S. 178):

Synonyme und Bedeutungsnuancen

»Ordnung«

Geordneter Zustand	Reihe	Reihenfolge
Das Ordnen	Formation	Zucht
Gesund sein	Regel	Gehorsam
Gesetz	Vorschrift	Disziplin
Keine Probleme	Aufgeräumt	Benehmen
Klasse	Stufenfolge	Größere Einheit (Biol.)
Aufbau	System	Einwandfreier Zustand

»Schlagen«

Prügeln	Verprügeln	Zerschlagen
Hauen	Verhauen	Zusammenschlagen
Sich balgen	Raufen	Boxen
Rangeln	Schneiden	Abhauen (Brennholz)
Einen Baum fällen	Singen (Vögel)	Töten (Raubtiere)
Bilden (Falten)	Formen	Treiben (Blech)
Prägen (Münzen)	Töne erzeugen	Eine Wunde zufügen
Jemandem gleichen	Schaum machen	

Zum Kapitel »Die Sprache des anderen sprechen« (S. 186f.):

Auswertung des neurolinguistischen Testes

Um herauszufinden, welche Wahrnehmungsarten Sie bevorzugen und in welchen Sie noch mehr Übung benötigen, um Ihren »Sprachschatz« zu erweitern, zählen Sie in jeder Reihe zusammen, wie viel Antworten Sie angekreuzt haben. Je mehr es sind, desto stärker benutzen Sie diese »Sprache«.

Treffen acht oder mehr Aussagen auf Sie zu, zeigt das eine ausgeprägte Vorliebe für diese Wahrnehmungsart. Sind es dagegen vier oder noch weniger, ist Ihnen diese Methode sehr fremd.

Visuell	Der untere Kasten auf Seite 186 zeigt Ihre Neigung, Informationen optisch aufzunehmen und zu vermitteln. Sind Sie ein »Augenmensch«?
Auditiv	Der untere Kasten auf Seite 187 zeigt Ihre Neigung, Informationen akustisch aufzunehmen und zu vermitteln. Sind Sie ein »Ohrenmensch?«
Kinästhetisch	Der obere Kasten auf Seite 186 zeigt Ihre Neigung, Informationen kinästhetisch aufzunehmen und zu vermitteln. Sind Sie ein »Gefühlsmensch«?
Logisch	Der obere Kasten auf Seite 187 zeigt Ihre Tendenz, Informationen methodisch aufzunehmen und zu vermitteln. Sind Sie ein »Wortmensch«?